Annual Report on Confucius Institute Studies

孔子学院研究年度报告

主　编　宁继鸣

2018年·北京

图书在版编目(CIP)数据

孔子学院研究年度报告. 2018/宁继鸣主编. —北京:商务印书馆,2018
ISBN 978 - 7 - 100 - 16839 - 7

Ⅰ. ①孔… Ⅱ. ①宁… Ⅲ. ①汉语—对外汉语教学—教育组织机构—研究报告—2018 Ⅳ. ①H195 - 40

中国版本图书馆 CIP 数据核字(2018)第 260286 号

权利保留,侵权必究。

孔子学院研究年度报告(2018)
宁继鸣 主编

商 务 印 书 馆 出 版
(北京王府井大街 36 号 邮政编码 100710)
商 务 印 书 馆 发 行
北 京 冠 中 印 刷 厂 印 刷
ISBN 978 - 7 - 100 - 16839 - 7

2018 年 11 月第 1 版 开本 787×1092 1/16
2018 年 11 月北京第 1 次印刷 印张 19¾
定价:78.00 元

山东大学重点智库团队项目“孔子学院与对外文化传播”研究成果

主　编

宁继鸣

副主编

马晓乐　王彦伟

作　者

（按音序排列）

矫雅楠　孔　梓　刘洪东　马晓乐

孟　昀　宁继鸣　王　琦　王彦伟

语言是了解一个国家最好的钥匙，孔子学院是世界认识中国的一个重要平台。作为中外语言文化交流的窗口和桥梁，孔子学院和孔子课堂为世界各国民众学习汉语和了解中华文化发挥了积极作用，也为推进中国同世界各国人文交流、促进多元多彩的世界文明发展做出了重要贡献。希望孔子学院继续秉承“相互尊重、友好协商、平等互利”的校训，为传播文化、沟通心灵、促进世界文明多样性做出新的更大贡献。（习近平在全英孔子学院和孔子课堂年会开幕式上的致辞，2015 年 10 月 22 日）

世界各国人民创造的灿烂文化，是人类共同的宝贵财富。我们应该通过交流互鉴和创造性发展，使之在当今世界焕发出新的生命力。孔子学院属于中国，也属于世界。中国政府和人民将一如既往支持孔子学院发展。让我们一起努力，推动人类文明进步，推动人民心与心的交流，共同创造人类更加美好的明天。（习近平致全球孔子学院建立十周年暨首个全球“孔子学院日”的贺信，2014 年 9 月 25 日）

目　录

CONTENTS

序　言

孔子学院共同体意识：全球治理与区域合作

2018 年，人们意识并感觉到，我们面临着一个正在发生深刻复杂变化的国际环境。遍布世界 140 多个国家或地区的孔子学院也不例外，经济、政治、文化、社会等外部环境或制度要素对其存在与发展的影响愈加明显，不同国家或地区的孔子学院呈现出各自不同的办学景象，抑或区域经验和地方实践。一方面，世界各国的孔子学院以协商合作为基础，结合当地需求，多样化发展，更多的品牌项目出现并落地，服务功能进一步增强和拓展，惠及当地民众和社区，促进中外大中小学间交流合作，受到国际社会的普遍欢迎和关注，影响力不断增强；另一方面，作为中国人文交流领域代表性的“中国符号”，孔子学院不可避免地成为某些国家或人士攻击中国的标靶。在这方面，尤以今年初美国右翼政客呼吁关停孔子学院，以及美国国会举行听证会指责孔子学院为间谍机构的言论为甚。面对新的历史阶段和发展环境，如何在坚持办学宗旨、改革创新的基础上，更好地理解和固化孔子学院共同体意识，引进并落实全球治理理念与相应机制，总结与提升区域合作与地方实践能力，提供更多更好的全球或区域性语言文化公共产品，成为孔子学院发展“新常态”下的必然选择。

一

孔子学院是一个以教授汉语和传播中华文化为宗旨的综合性教育机构。在共商、共建、共享的基础上，按照符合国际惯例、遵从合作办学理念等基本原则，经过10余年的快速发展，现已初步搭建起一个合作共赢、开放包容的中外人文交流平台。无论是从理念的角度还是从实践的观察，孔子学院都可称之为当代中国以教育国际合作的方式，向世界提供全球公共产品，参与全球文化治理的一种创新与尝试，是一项服务于构建人类命运共同体理念的重要实践活动。

在人类文明的进程中，共同体意识长期存在，人类社会是一个相互依存的共同体已成为当代的共识。人类命运共同体思想的提出和实践超越了种族、文化、国家与意识形态的界限，提醒人们更加关注“在追求本国利益时兼顾他国合理关切，在谋求本国发展中促进各国共同发展”。2018年3月11日，“发展同各国的外交关系和经济、文化的交流，推动构建人类命运共同体”，写入第十三届全国人民代表大会第一次会议通过的宪法修正案。《孔子学院章程》规定，其宗旨是增进世界人民对中国语言和文化的了解，发展中国与外国的友好关系，促进世界多元文化发展，为构建和谐世界贡献力量。无论是从其理念，还是从其实践看，用“共同体”一词来形容这个群体都是非常恰当和毫不夸张的。世界各地的孔子学院身份共有，特质趋同，各成员秉承相同的信念，向着共同的目标迈进，演化生成了“全球孔院共同体”。孔子学院在服务和实践人类命运共同体理念的同时，也在建构和实践中国话语的一种表达方式。2016年，笔者在《中国话语的一种表达——“命运共同体”框架下的孔子学院》中指出，孔子学院全球存在的形态与内涵，建构了一种基于语言与文化传播的话语生产机制，搭建了一个在全球化环境和“命运共同体”框架下，追求本国利益兼顾他国合理关切，代表当代中国且极富影响力的中外教育合作与人文交流模式。孔子学院的三种话语表达方式：基于物理存在与传播实践的话语表达、基于文本呈现与内涵诠释的话语表达和基于价值生成与影响扩散的话语表达，恰恰是孔子学院物理存在、文本存在与价值存在的三种方式。[①] 之所以得出这个结论，无论是从物理层面，还是从文本和价值层面看，既是基于共同体概念及其内涵的界定，也是源于一个不可忽视的社会事实——“全球孔院共同体”的存在。

---

① 宁继鸣．中国话语的一种表达——“命运共同体”框架下的孔子学院［A］．孔子学院研究发展报告（2016）［M］．北京：商务印书馆，2016.

伴随世界多极化、经济全球化、社会信息化、文化多样性的不断发展与深入，全球治理体系和国际秩序变革正在加速推进，世界各国相互之间的联系和依存程度日益加深，合作、共生、融合、共赢成为时代发展的共同或主流选择，共同体概念被更加广泛地应用于社会学、政治学、哲学等不同的学科领域，其理论价值和现实意义再次得到突显。无论是基于利益，还是安全、情感或地缘，共同体的真实存在及其价值观念成为全球化时代的一个重要命题，人们对它的理解和关切亦越来越客观深刻。正如美国哈佛大学迈克尔·桑德尔所言，对于共同体的描述及建立于其上的权利理论都是多元的，而参与共同活动有助于创造共享认同。[①]“我们生活在这样一个时代：对共同体的需求在增长，同时又感觉到共同体的衰落。然而，人们从未像今天一样，如此努力地构建、复兴、寻找和研究共同体。”[②]

“共同体”是德国学者斐迪南·滕尼斯的代表性观点，其本意是指共同生活，指学习者在共同目标的引领下，在同伴支持和知识共享的基础上，通过对话、分享、协商、反思等实践活动，以达到有意义学习为目的，以促进个体发展为旨归，以追求共同事业为目标的特殊组织形式。在其《共同体与社会》一书中，滕尼斯把共同体界定为拥有相同特质、相同身份与共同价值观的群体关系，是建立在自然基础上的、历史和思想积淀的联合体，是有关人员共同的本能和习惯，或思想的共同记忆，是人们对某种共同关系的心理反应，表现为直接自愿的、和睦共处的、更具有意义的一种平等互助关系。[③]齐格蒙特·鲍曼在滕尼斯的基础上指出，共同体一直是一个象征着互助、和谐和信任的褒义词，其本质是传递出一种安全、愉悦和令人神往的满足感，意味着怀念一种传统的稳定生活，或者渴望重新拥有一个团结和谐的世界。他同时提出，滕尼斯

① 李德顺，桑德尔．“共同体”意识：当代世界性价值观念变革的节点——中美哲学家的“合作式对话”［J］. 探索与争鸣，2018（08）：11-15.

② C. R. Badcock. Eugenics. in K. Christensen & D. Levinson(eds). *Encyclopedia of Community: From the Village to the Virtual World*. Great Barrington, MA: Berkshire Publishing, 2003(02):469-470.

③ 共同体所指涉的乃是与拥有相同身份、特质、本能、职业、地域、习惯和记忆的人群相关，是人与人结合而成的“现实的有机生命”。引自：（德）斐迪南·滕尼斯．共同体与社会：纯粹社会学的基本概念［M］. 北京：商务印书馆，1999：52+58.

之所以把共同体置于如此神圣的位置是因为，由个体自然联结而成的几乎所有族群或部落尽管表现形式不同，但都是为了寻求共同体作为庇护安全的意义和本质。而在现实世界中，这种族群或者部落是一种普遍的存在，无论是基于血缘的还是地缘的，抑或是利益相关的。雷蒙德·威廉斯在《关键词：文化与社会的词汇》中指出，“community”这个词的拉丁文词源（communitatem）意指由关系与情感所组成的共同体，在英文中，主要有五个意涵，其中包含拥有共同特质、相同身份与共同价值观之意。马克思、涂尔干、韦伯等也对这个概念有相应的论述，并持积极态度，认为“这个词构成了他们‘想象’人类美好生活的重要组成部分”。[①]

共同体不是部件的随意结合和机械相加，不是成员随机组合的松散结构，而是具有共同目标，遵循共同规约，履行相同义务，持有共同意志，具有情感共鸣，在交往与实践中结合而成，利益相关是共同体存在和发展的关键要素之一。从发生的角度来讲，共同体具有原生、次生和再生之分。如果将全球孔子学院视为一个“生机勃勃的有机体”，赋予其生命，那么她是原生共同体，即“基于某种与生俱来的‘共同性’而结成的共同体，这种‘共同性’具有遗传性和不可重塑性”。[②]孔子学院是在遵循和践行《孔子学院章程》的基础上生发出来，具有同一生命细胞核，具备基因扩散的意义，可以代际传递，既是空间的共时性存在，也将成为时间的历时性产物。从其现实运行来讲，孔子学院具有再生共同体的属性，即基于某种理性建构的“共同性”而结成的共同体，包括目标、利益、任务等。这些“共同性”既不是与生俱来的，也不是遗传的，而是相关国家或组织历时发掘出来的某种“特定义务”或“松散义务”，如欧盟、东盟、上海合作组织等。从共同体的类别来说，熟知的有经济共同体、利益共同体、学术共同体等等。应该讲，孔子学院共同体具有上述共同体的一般特性，也有其特殊性，如从驱动和构成来讲，或许用需求共同体来描述似更稳妥。中国经济与社会的发展带来了全球普遍的汉语学习需求，需求的地域和时间特征、需

① 谭志敏．流动社会中的共同体［J］．内蒙古社会科学（汉文版），2018（02）：160-165.

② 陈曙光．超国家政治共同体：何谓与何为［J］．政治学研究，2017（05）：68-78+126-127.

求的规模与层次、需求的连带反应和当地应对等，对孔子学院的产生与发展起到了激发和促进作用。截至 2018 年 9 月，全球 530 所孔子学院和 1 113 中小学孔子课堂，无一不是这种激发和作用的结果。在需求的基础上，孔子学院作为共同体的功能与特征愈发显著，其边界的完整、目标的明确、规约的制定与标准的实施等逐渐优化完善。我们可以看到，在世界正处于大发展大变革大调整的社会背景下，这种需求和关切依然是旺盛和正向的，这为孔子学院共同体的发展提供了源泉和动力，换句话说，站在实现中华民族伟大复兴中国梦的新起点上，不断被激发出的社会需求，必将为孔子学院共同体生命力的积累和释放，提供更加稳固的基础和有力的保障。

共同体的基本功能是为其成员提供某种确定性和安全感，使其成员之间能够维系较为紧密和谐的社会关系，理性交往、积极对话，实现相互之间的信任和依存。或用当前较为通行的表述，通过共商共建共享，实现和谐共生。孔子学院诞生以来，保持了较为稳定的发展，实践和经验的积累不断丰富，制度和规约不断完善，办学主体之间的理解和信任不断增强，资源获取及其配置能力不断向前推进，不仅彰显出相应的确定性和安全性，还形成了一定弹性的自由和发展空间。全球孔子学院共同体自身结构的张力并不明显，或者说各孔子学院之间并不存在显著的博弈和竞争关系，共同体成员践行办学宗旨、合作协商、因地制宜、积极推进的态势，都成为其功能实现的表征和体现。正如鲍曼所描述的：“‘共同体’是一个具有‘感觉’的词汇，给人以‘不错’‘好东西’的感觉，传递着快乐的气息。”“共同体是一个‘温馨’的地方，一个温暖而又舒适的场所。它就像是一个家，在它的下面，可以遮风避雨；它又像是一个壁炉，在严冬的日子里，靠近它，可以暖和我们的手”，“在共同体中，我们能够相互依靠对方”。①

确定性和安全性的保障和供给是保持孔子学院共同体生命力的源头活水，是孔子学院能否释放后发优势的关键所在。这种确定性和安全性，既受到外部环境的影响，也受到内部力量的制约。“知己知彼，百战不殆”，对于一项事

① (英) 齐格蒙特·鲍曼. 共同体 [M]. 南京：江苏人民出版社，2003：2.

业而言，知己是非常重要的。这里的“己”，包括孔子学院自身的内部治理、适应外部环境和统筹协调的能力等问题，也包括人力资源体系、产品供给系统以及合作办学机制创新等在内的诸多结构与关联性要素。如果共同体的资源支撑体系或者制度安排体系出现问题，那将很难排除在个别国家或地区产生席卷型、裹挟性“灾难”的可能。

对于孔子学院共同体而言，安全性可能不是其成员的首要需求，这区别于其他的共同体组织，如经贸共同体、军事共同体、战略合作共同体等。通常意义上的安全性取决于政治、经济、环境和意识形态范畴。当前，孔子学院的安全性问题更多表现在确定性或稳定性方面，这是共同体成员更为直接或者刚性的需求。很多孔子学院的发展已经嵌入当地社区、大学、基础教育体系、企业等，严重的不确定性或非稳定状态将会离散甚至瓦解这种结合，从而造成整体利益的亏损。这种确定性或稳定性，既取决于共同体自身的体制和结构，也取决于保障、运行机制、办学环境，甚至人力资源配置和教学资源供给等诸多直接和细化的内容。面对新的发展阶段，在孔子学院的完善与创新中，要坚持办学宗旨和任务，更要跟上和把握时代的节奏和脉搏，其中包括中国新的发展理念，以及国际国内环境发生的深刻复杂变化。作为汉语和中华优秀文化走向世界的一种实践，无论是由于社会环境、文化适应、合作预期等产生的“障碍”，还是源于政治考量、意识形态、接受心理等引起的“观照”，对于孔子学院来讲，都是其身份建构中的必然，是一个不断认知、不断调整、不断提高的过程。[①]而所有这些，都会直接或间接影响到共同体成员对共同体能否实现合作共生、融合共赢目标与愿景的“感知与想象”。在这个过程中，基于对孔子学院共同体意识的理解、认知与接受，人们更愿意为实现自己的目标或共享认同的事情做出更大的努力，付出更多的心血。因此，关于孔子学院共同体意识的认知、固化与增强，不仅是孔子学院全球存在的根本，也是其可持续发展的条件。

① 宁继鸣．孔子学院的社会身份及其发展中的想象［A］．孔子学院研究年度报告（2017）［M］．北京：商务印书馆，2017.

二

孔子学院的办学模式是一种典型的国际合作，是跨国界多层级国际教育行为主体之间，基于相互利益的基本一致或部分一致而形成的、在教育和人文交流领域进行的一种国际合作与互动。改革开放以来，国人对国际合作，如教育合作或经济合作的形式、内容或路径已经变得“驾轻就熟”，但对于如何通过国际合作参与全球治理，似乎仍在学习和探索之中。尽管中国学者早就关注到了治理与全球治理研究，但直到十八大，中国才明确提出推进国家治理体系与治理能力现代化的战略目标，并以更加积极的姿态参与全球治理和人类命运共同体建设。

习近平总书记对中国参与全球治理极为重视，多次在不同场合阐述对全球治理的看法，包括对加强能力建设和人才培养问题的看法。2015 年 10 月 12 日，习近平在中共中央政治局专门就“全球治理格局和全球治理体制”进行集体学习时指出，要推动全球治理体制更加公正更加合理，为我国发展和世界和平创造有利条件。他特别指出，全球治理体制变革离不开理念的引领，全球治理规则体现更加公正合理的要求离不开对人类各种优秀文明成果的吸收。要推动全球治理理念创新发展，发掘中华文化中积极的处世之道和治理理念同当今时代的共鸣点，继续丰富打造人类命运共同体等主张，弘扬共商共建共享的全球治理理念。要加强能力建设和战略投入，加强对全球治理的理论研究，高度重视全球治理方面的人才培养。①

作为一个人类社会进入全球化以来为应对日益纷繁复杂的发展问题而产生的新概念，“治理”不同于传统意义上的“统治”和“管理”，而是一种包括政府、社会组织和个人等多种主体合作与互动的过程。国际组织和学界都曾对何谓治理做出过内涵各异的诠释和定义。联合国全球治理委员会于 1995 年发表的《我们的全球伙伴关系》将治理定义为各种公共的或私人的机构管理其共同事务的诸多方式的总和，是使相互冲突或不同利益得以调和并采取联合行

① 习近平．推动全球治理体制更加公正更加合理　为我国发展和世界和平创造有利条件［N］．人民日报，2015-10-14.

动的持续过程。[①] 联合国开发计划署将治理界定为一个社会通过国家、公民社会和私人部门之间的互动来管理其经济、政治和社会事务所依靠的价值、政策和制度体系。它是一个社会自我组织做出决策并执行决策，以达成相互理解，取得共识并采取行动的方式。[②]

关于治理的概念、理论及其应用，中国学者也做了不少探索和研究。俞可平认为，治理是指在一个既定的范围内运用权威维持秩序，满足公众的需要。治理的目的是在各种不同的制度关系中运用权力去引导、控制和规范公民的各类活动，以最大限度地增进公共利益。[③] 王绍光认为，治理指的是公共管理（包括治国理政）的方式、方法、途径和能力，不是指市场化、私有化，不是指“无需政府的治理”，也不是指“多一些治理，少一些统治”。党的十八届三中全会提出：“全面深化改革的总目标是完善和发展中国特色社会主义制度，推进国家治理体系和治理能力现代化”，就是在这个意义上使用“治理”。治理体系和治理能力的话语体系包括两个方面：一方面是做事的方式方法和途径，另一方面是治理国家的能力，这就回到了治理的本源，形成了自己的话语体系。[④]2016 年，《中国社会科学》在“人类命运共同体视角下的全球治理与国家治理”栏目，发表了蔡拓的文章《全球治理与国家治理：当代中国两大战略考量》。他认为积极参与全球治理对当代中国有着特别重要的意义。第一，表明中国对现有国际体系、国际秩序的认同，有助于澄清当下国际社会对中国的质疑与误解。十八大对中国积极参与全球治理的明确宣示，显然有助于塑造更有利于中国参与国际事务的氛围。第二，表明了当代中国的担当，有助于化解国际社会对中国“参与不足”的指责。全球治理依赖于各行为主体的积极参与，特别是依赖于国家提供更多全球公共物品。全球公共物品的提供和管理是实施全球治理的重要保障，也是深入推进全球治理的有效途径。第三，表明了当代中国维护人类共同利益，推进人类共同进步的理念与追求，有助于提升道

① Oxford University Press. Our Global Neighborhood: The Report of the Commission on Global Governance[J]. *George Washington Journal of International Law & Economics*, 1995(03):754–756.

② 周红云 . 国际治理评估指标体系研究述评［J］. 经济社会体制比较，2008（06）：23–36.

③ 俞可平 . 治理与善治［M］. 北京：社会科学文献出版社，2000：19.

④ 王绍光 . 治理研究：正本清源［J］. 开放时代，2018（02）：153–176.

德制高点，赢得国际社会的尊重，引领人类的发展。全球治理区别于传统的国内治理和国际治理之处，就在于其倡导人类整体论和共同利益论的本质。它把公共性扩展至全球而不再局限于一国，把利他性升级为整个人类而不是某个群体。当代中国对维护人类共同利益、坚持互利共赢的强调，对构建人类命运共同体的呼唤与倡导，都体现了这种理念与诉求。[①]

在全球治理体系中，全球文化治理是其中一个非常重要的子集，与其他子集比较，文化治理的复杂性和敏感性更强，治理的难度和尺度更加难以把握。对于孔子学院来讲，从参与教育国际合作到参与全球文化治理，从开展汉语教学与文化传播活动到提供全球或区域性语言文化公共产品，这种转变绝不仅仅是概念的更换，或组织或工作层面上的变化，也不仅仅是“提质增效、创新发展”的需要，而是与国际社会接轨，与当代中国发展理念同步，是对“积极参与全球经济治理和公共产品供给，提高我国在全球经济治理中的制度性话语权，构建广泛的利益共同体”[②]的积极响应和具体实践。在这个问题上，孔子学院需要面对的不仅有压力和挑战，更有被时代赋予的责任和担当，是再一次彰显思想、勇于创新、主动作为，为中国积极参与全球治理贡献智慧和经验的历史责任与时代担当。

理论源于实践。数据表明，自 2005 年第一所海外孔子学院成立以来，无论是在制度设计与计划安排方面，还是在项目组织与具体实践方面，孔子学院已经积累了丰富的国际交流与合作经验、广泛深入的社会和人脉资源、特色鲜明的网络框架和行业优势，不仅在办学主体之间形成了稳定的组织与协作机制，而且还成功引起了民众、社会团体，以及所在国家政府及有关部门的关注、参与和支持。这些都为孔子学院参与全球治理与区域合作，供给全球与区域公共产品等奠定了广泛坚实的社会基础。

为更好地激发办学活力，需要平衡好总部适度管控与各孔子学院自主运营的关系，构建一种统分结合的孔子学院治理框架。这种关系和框架已日见雏形。其中，一年一度的孔子学院大会以及每年定期召开的各大洲或地区的区域

① 蔡拓 . 全球治理与国家治理：当代中国两大战略考量［J］. 中国社会科学，2016（06）：5-14.

② 中国共产党第十八届中央委员会第五次全体会议公报［EB/OL］. http://ncws.sina.com.cn/c/nd/2015-10-29/doc-ifxkhcfk7417721.shtml.

合作联席会议，参与程度高、交流力度大，不仅是整合内外部资源、发挥协同效应、实现整体均衡发展的有效方式，也逐渐成为孔子学院参与全球及区域文化治理的重要途径。

截至2017年底，孔子学院大会已走过十二个年头，为全球孔子学院承办机构分享办学经验，共商孔子学院发展提供了交流平台。2017年12月举行的第十二届孔子学院大会，共有146个国家和地区的2 000多名代表，包括500多位中外大学校长参加，是孔子学院有史以来规模最大的一次盛会，是名副其实的世界“教育达沃斯”。纵观历届大会，“孔子学院与全球化教育”“促进孔子学院融入大学和社区”成为鲜明主题。第十二届大会上，时任国务院副总理、孔子学院总部理事会主席刘延东以“深化合作、创新发展，为构建人类命运共同体贡献力量”再次发表主旨演讲。她在总结和回顾孔子学院工作时指出，孔子学院创办至今，走过了一条不寻常的历程，得到了世界各国人民的共同呵护，呈现出日新月异、蓬勃发展的良好势头，成为人类命运共同体理念的积极践行者和促进者。面对未来，她代表中国政府和孔子学院总部提出要求，今天的孔子学院，需要彰显自身独特优势、肩负起更多责任，为构建人类命运共同体发挥更大的作用。一是倡导文明互鉴，为构建人类命运共同体贡献新智慧；二是提升办学水平，为各国民众多样化本土化需求提供新服务；三是加强平等合作，为社会各界广泛参与打开新空间；四是勇于开拓创新，为人文交流纵深发展塑造新品牌。①

十几年来，在“全球孔院共同体”的框架下，极具影响力的区域或地方性联席会（片会）制度，在孔子学院总部开展多边协商与区域合作中，发挥了重要的、不可替代的作用，积累了丰富的区域合作与工作经验。据不完全统计，自2006年以来，这样的区域或地方性联席会议已经举办了100多次。其中，各大洲的区域性合作联席会议至少有38次，按国别来分的会议有34次，大洲内部的地方区域性会议有11次，按语区开展的会议有8次。②这种按照大洲

① 刘延东. 深化合作　创新发展　为构建人类命运共同体贡献力量［EB/OL］. http://conference.hanban.org/news/detail28.html.

② 数据来源：国家汉办官方网站，《孔子学院年度发展报告》.

或地区召开的区域性合作联席会议，对于孔子学院总部规划总结、协商合作与指导参与各孔子学院的区域合作与发展更具层级感和针对性。例如，2018 年 5 月 14 日在莫桑比克首都马普托召开的非洲孔子学院联席会议，有来自非洲 41 个国家的 60 多所孔子学院和孔子课堂的中外校长、院长以及中非企业和机构代表，共计 300 多人参加，规模创历届之最。与会代表围绕“孔子学院创新与特色发展”“提升孔子学院办学质量”“加强孔子学院协同合作与经验分享”等议题进行了案例分享和深入研讨。全国人大常委会委员长栗战书出席此次会议开幕式并致辞。他强调，非洲目前有 41 个国家设立了 54 所孔子学院和 30 个孔子课堂，累计培养各类学员达 140 多万人，是全球孔子学院办学成效最好的地区，每一所孔子学院都独具特色，欣欣向荣。特别是很多孔子学院积极帮助所在大学设立中文系，推动汉语教学进入所在国家国民教育体系，开设了大量汉语教学和职业技能培训课程，全方位参与“一带一路”建设，服务中非友好合作大局，在中非人民之间架起了亮丽的文化之桥、友谊之桥和心灵之桥，为践行“真实亲诚”理念，巩固中非世代友好关系做出了不可磨灭的重要贡献。[①] 再如，2018 年 5 月 23 日，欧洲部分孔子学院联席会议在希腊首都雅典召开。来自欧洲 14 个国家的孔子学院代表通过分组讨论的形式，就孔子学院教学质量标准及课程大纲、关于《孔子学院督导提纲》的意见与建议、孔子学院发展中存在的主要问题，以及如何提高孔子学院办学质量等进行了深入交流。孔子学院总部副总干事赵国成在会上表示，这次会议的重点是如何提高孔子学院办学质量。他说，孔子学院的体量非常庞大，如何让庞大的孔子学院运转得更加高效、更有质量是目前面临的问题。他从加强标准体系和评估系统建设，不断完善中外结合、专兼职结合教师队伍体系，实施国际汉语教材工程，创新教学方法等四个方面，向与会来宾详细介绍了孔子学院总部近期就如何提高全球汉语教学质量这一问题所采取的举措。[②]

---

①2018 年非洲孔子学院联席会议在蒙大孔院召开 栗战书出席并致辞［EB/OL］. http://news.cri.cn/20180515/fe2aada1-6165-eb87-950c-d26ab5bac77e.html.

②2018 年欧洲部分孔子学院联席会议在希腊召开［EB/OL］. http://www.hanban.edu.cn/article/2018-05/23/content_733564.htm.

值得关注的是，孔子学院总部在优化治理结构和提升运行效率等方面不断进行新的尝试，其中包括总部“海外事务代表”组织形式及其工作权限的某些变化。如 2013 年 11 月 20 日，在美国华盛顿成立孔子学院美国中心；2014 年 5 月 12 日，在智利首都圣地亚哥成立孔子学院拉丁美洲中心。在孔子学院美国中心成立揭牌仪式上，时任教育部部长袁贵仁表示，成立美国中心，就是要努力改善孔子学院总部服务学院的方式，公开透明地向美国民众介绍孔子学院，促进美国各孔子学院和孔子课堂之间资源共享和信息交流，与美国社会各界一道加强合作，共同提升在美汉语教学质量和汉语推广水平，广泛深入推进中美人文交流。孔子学院美国中心理事会主席、美国乔治·华盛顿大学校长史蒂文·纳普在讲话时说，在美国蓬勃发展的孔子学院为美国教师和学生们提供了宝贵的教育交流平台，也为两国的文化和语言交流做出了很大贡献。他说，在美国首都建立孔子学院中心可以为所有拥有孔子学院或与孔子学院开展合作的大学提供便利，同时也为美国大众了解孔子学院提供各种协助。① 在孔子学院拉美中心揭牌仪式上，时任孔子学院总部总干事许琳表示，孔子学院拉美中心的成立，标志着拉美所有孔子学院和孔子课堂有了一个常规的合作交流机制和全新的服务平台，旨在根据拉美文化特点，协调整个拉美区域的孔子学院工作，强化区域内孔子学院的交流与合作，必将有力地促进拉美孔子学院的发展。②

上述地区或地方中心正在发挥区域合作与治理的功能。据孔子学院总部官方网消息，2018 年 9 月 15 日，孔子学院美国中心在全美新闻俱乐部举办第三次年会暨年度优秀学员颁奖典礼，表彰了从全美学校系统中选出的十名优秀孔子学院学生。包括杰出的商界领袖、政府官员、外交官、教育界人士、媒体代表和艺术家在内的 220 多位嘉宾齐聚一堂，分享孔子学院对全球教育的重要价值及对中美人文交流的积极贡献。美国工程院院长丹·牟德在致辞中说，孔子学院是全球最多样化的国际教育平台。美国 49 个州中的 100 多家孔子学院根据各自所在社区的需要，提供需求驱动的教育项目。孔子学院项目使中文教

① 孔子学院美国中心举行揭牌仪式［EB/OL］. http://money.163.com/13/1121/14/9E7A33OH00254TI5.html.

② 孔子学院拉美中心在智利揭牌［EB/OL］. http://www.hanban.edu.cn/article/2014-05/14/content_536150.htm.

学和文化普及活动走进了美国千家万户，尤其是许多原本没有资源可以学习中文的人们都受益匪浅。这项全球教育网络是“独特的，创新的和重要的”，想不出世界历史上还有什么教育项目能与孔子学院的意义和作用相提并论。[①] 据不完全统计，类似于这样的地区或区域性活动，渐已成势并具一定规模和较大影响，成为孔子学院全球发展不可或缺的一个重要层级结构，成为孔子学院进入“新常态”的前期预演，以及参与全球文化治理的重要资源和力量储备。

区域合作是为达某一特定目标，行为主体之间通过协商达成共识，相互配合而采取的一种共同行动。在孔子学院的区域合作中，有很多共同行动是在地方实践的基础上形成的，表现为对某一地方实践特征的集群性总结和凝练，或碎片化经验与成果的集成和集约表述，是对地方实践百花齐放态势的归纳和提升。区域合作比地方实践更加包容、宽泛和规范，具有普遍意义，而地方实践比区域合作更加生动灵活、更具特色。区域合作是孔子学院共同体存在发展的重要基础，其共享范围的扩大、共享机制的创新、共享深度的拓展，在某种程度上形成了更加稳定的公共空间，或如传播学者施拉姆所说的“共同经验范围”，这种公共空间为共同体的发展创造了条件，强化了集体意识和群体归属，也增强了群我格局的亲和性和紧密度。区域合作共同行为的集合为共同体的产生提供了结构性的支撑，也在一个更高的层面上固化和强化了群我关系，为参与各方的成长提供更具针对性的资源和土壤。

当前业已形成的孔子学院共同体与区域合作实践的格局与架构尽管具有原生特质，但这种交往关系和存在样态也非一蹴而就，是在协商对话中共进的。共同体的发展依赖于广泛的成员参与，以及成员对共同目标的贡献度，成员之间的对话与协商是参与的一种积极式样和途径，是对共同体生命力的激活与激发。伴随孔子学院稳定发展，特别是在“全球孔院共同体”科学发展急需完善的空白区，协商的几率和普遍性都将得到加权，这种协商可能是语言层面的，也可能是行为和制度层面的。协商可能是顺畅的，也可能是曲折和反复的。协商，体现了一种理性交往，实现互利共生，久而久之，必然会升华为孔子学院

① 孔子学院美国中心 2018 年年会暨年度优秀学员颁奖典礼在华盛顿举办［EB/OL］. http://www.hanban.edu.cn/article/2018-09/21/content_744871.htm.

成员之间的交往理性，继而演化为孔子学院共同体的理论共识和哲学基础。

“作为中外语言文化交流的窗口和桥梁，孔子学院和孔子课堂为世界各国民众学习汉语和了解中华文化发挥了积极作用，也为推进中国同世界各国人文交流、促进多元多彩的世界文明发展做出了重要贡献。”[①] 如果说“一带一路”建设是构建人类命运共同体的伟大实践，那么，新时代的孔子学院需要从参与全球文化治理建设的高度，按照构建人类命运共同体理念和实践的要求，根据自身的属性和定位，根据大环境总要求的变化进行相应的改革与创新。“因为，丰富的成果表明，‘一带一路’建设实现了各国政策和发展战略对接，深化了务实合作，促进了协调联动发展，使各国民众在合作中得到了实惠，彼此距离进一步拉近，各方愈发形成更加紧密的利益共同体、命运共同体、责任共同体，开辟了合作共赢的新天地。”[②] 而一系列的数字、成就和生动实践，也充分证明了与“一带一路”建设同样秉持合作共赢理念的孔子学院，“从语言入手，以文化交流，用心灵沟通，受到各国人民的广泛欢迎，为增进中外人民的相互了解和友谊，促进人类文明交流互鉴发挥了独特的作用，做出了重要贡献”。[③] 在孔子学院身上，人们可以看到中国积极参与全球文化治理的努力和愿望，体现了一个有责任大国主动融入世界的姿态和行动，是在人类命运共同体理念的框架下，汉语和中华优秀文化走进世界言说中国的一个重要方式。[④] 人们有理由相信并寄予希望，面对当前国际环境和社会需求，作为一个超大型跨国教育机构，步入新时代的孔子学院完全可以通过“深化改革创新，完善体制机制，优化分布结构，加强力量建设，提高办学质量，使之成为中外人文交流的重要力量。”[⑤]

---

① 习近平在全英孔子学院和孔子课堂年会开幕式上的致辞［N］. 人民日报，2015-10-22.

② 陈须隆 .“一带一路”建设是构建人类命运共同体的伟大实践［J］. 求是，2018（08）：16.

③ 丝绸之路上的耀眼明星——孔子学院［EB/OL］. http://www.hanban.edu.cn/article/2018-09/29/content_745394.htm.

④ 宁继鸣 . 孔子学院的社会身份及其发展中的想象［A］. 孔子学院研究年度报告（2017）［M］. 北京：商务印书馆，2017.

⑤ 中央全面改革深化领导小组 . 关于推进孔子学院改革发展的指导意见［EB/OL］. http://news.cctv.com/2018/01/24/ARTIfU2p3SdCod2DU82EEKnC180124.shtml.

第一章

编撰设计

第一节　编撰说明

《孔子学院研究年度报告》是以关涉孔子学院及其相关研究的文献为基础形成的年度系列成果。其定位是对孔子学院年度研究文献进行集成与梳理，对研究现状开展综合分析；其功能是对孔子学院研究发展脉络的呈现、规律要义的洞悉、动态导向的判断；其目标是使孔子学院这一新生事物在社会语境和学术语境中获得相应的定位和意义空间，获得功能与价值的确认与诠释。

对孔子学院研究文献的统计和分析，可以更好地了解孔子学院的建设与发展动态，以及社会对其存在的认知路径、基本态度与价值判断。对孔子学院研究文献的系统分析，既是对孔子学院内理、结构、概念、功能、意义等意识性存在的离析与挖掘，也是对政府决策、内部治理、行业发展、社会预期以及舆情舆论的一种影响与策应。

在持续三年的编撰过程中，《孔子学院研究年度报告》不断调整完善，形成了一套较为完整的设计流程与撰写框架，其中包括预估、设计、汇总、编撰、审阅等环节。如图 1-1。

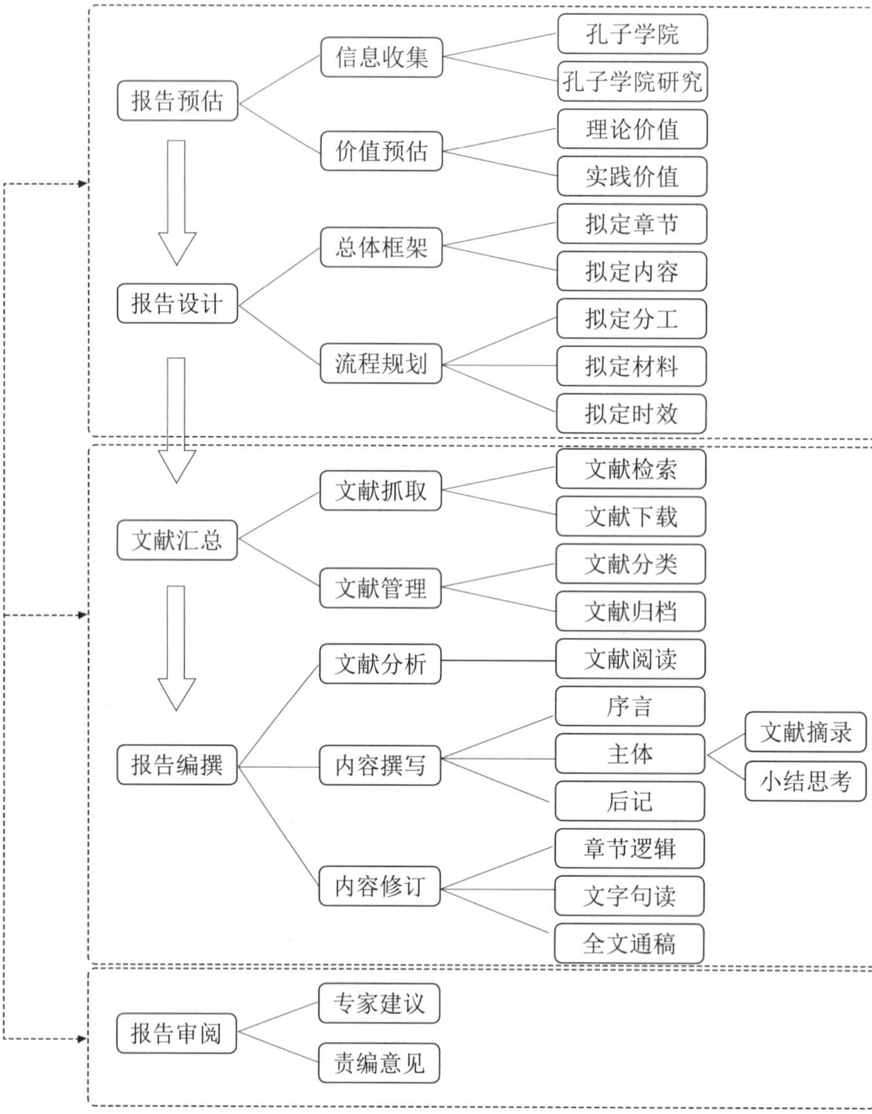

- 报告预估
  - 信息收集
    - 孔子学院
    - 孔子学院研究
  - 价值预估
    - 理论价值
    - 实践价值
- 报告设计
  - 总体框架
    - 拟定章节
    - 拟定内容
  - 流程规划
    - 拟定分工
    - 拟定材料
    - 拟定时效
- 文献汇总
  - 文献抓取
    - 文献检索
    - 文献下载
  - 文献管理
    - 文献分类
    - 文献归档
- 报告编撰
  - 文献分析
    - 文献阅读
  - 内容撰写
    - 序言
    - 主体
      - 文献摘录
      - 小结思考
    - 后记
  - 内容修订
    - 章节逻辑
    - 文字句读
    - 全文通稿
- 报告审阅
  - 专家建议
  - 责编意见

图 1-1　《孔子学院研究年度报告》编撰流程图

《孔子学院研究年度报告》编撰的主体部分主要遵循以下三个步骤：

第一，研究和确定文本文献的来源数据库、网络文献来源站点，以及文献的检索方式。根据年度报告的写作要求，将文献按照专题研究和相关研究进行分类，并确定相应的检索条件。在选择和确定中外文文献数据库和网络站点的基础上，对文献资料进行了检索、查重和汇总。与此同时，设在海外的文献采集点，按照外文文献数据库的检索条件进行相关资料的搜集。

第二，为了确保研究对象的系统全面与真实有效，在四个方面进行了人工干预。一是在数据库中对本领域学术研究较为活跃的专家学者进行专门检索；二是对本领域较为活跃但尚未收录到数据库中的辑刊文献进行补充检索；三是对外文期刊、报纸文献和网络报道进行针对性检索；四是在上述工作的基础上，基于文献事实及文献内容对所有文献进行重复筛查和无效文献的剔除。

第三，注重和坚持“学术研究”在成果价值与观点选择中的作用。根据年度报告的编纂目的以及年度文献状况，以学术规范作为文献分析和观点析出的原则，突显“学术研究”杠杆在谋篇布局、思想观点撷英中的作用。对待优秀研究成果，尽可能地呈现其要、其精、其彩；对待通篇虽平但不乏点睛妙论的成果，在忠于原作的基础上，对其论点和论述择要摘录梳理，叙述出来；对待那些或选题立意好，或具有创新意义，或体现研究前沿动态，或涉及发展重要命题的文章，在尊重作者主张和文章主旨的基础上，择要摘录部分文字，以求见微知著。重点摘录的文献在文后直接标注其来源；语句援引或参考信息的文献以脚注方式注明。

按照《孔子学院研究年度报告》的编写原则，每年撰写一篇原创主旨文章作为报告的序言。该文章力求体现开放、客观和理性原则，注重思想、话语和理论分析，具有“与时俱进”的学术思考与价值判断。今年序言的题目为“孔子学院共同体意识：全球治理与区域合作”。

在广泛听取专家、读者建议和意见的基础上，《孔子学院研究年度报告（2018）》更加注重文本解读与综合分析，追求客观呈现关涉孔子学院及其相关研究的现状，集中反映专家学者普遍关心和关注的重点与热点问题，择要表达他们的思想、观点和建议，同时保证行文的通畅与可读性。

《孔子学院研究年度报告（2018）》对章节设置、文献选择、写作方法等进行了进一步的调整和完善。第一，对报告的章节做了调整和优化；第二，舆情研究的变化。进一步扩大文献来源，采取新的检索方式。前两节按照境内和境外两个部分重新分类，并对舆情态势从多个维度进行大数据分析和图文呈现；第三，案例研究的变化。为了更好地描摹并呈现孔子学院的发展样态，从本年度开始改为以国家或地区、重点项目、特殊群体等主题为线索，进行案例研究的撰写；第四，进一步丰富和改进写作方法与规范，以利于更多的思想与观点、设想或建议进入报告，更加客观全面地反映孔子学院研究的现状和水平。

本年度报告按照教学研究、发展研究、影响研究、舆情研究、案例研究等五个维度，对研究文献进行了划分，对五个章节的主要内容和功能作用进行界定和说明，其中：

教学研究是指，在汉语国际教育框架下，围绕孔子学院建设与专业人才培养，基于海外教学环境的变化，教学对象的多样性，教学需求的多元化，以及相关理念、理论、实践，包括网络与教育技术的采用等问题展开的研究。

发展研究是指，与孔子学院自身建设和发展相关的研究，主要涉及制度设计与政策建议、资源配置与综合协调、质量建设与发展评估，以及如何服务于国家对外开放和人文交流等问题。

影响研究是指由于孔子学院的存在和发展，对政治、经济、文化、外交等内外部环境，以及中华文化走出去和国家软力量建设等产生影响的相关研究，同时，也是对孔子学院功能和价值的观照和呈现。

舆情研究是对境内外媒体刊载或发布的关于孔子学院的报道与评论，以及专家学者对相关报道评述的分析和研究，旨在通过对相关舆情信息的综合分析，客观呈现孔子学院的年度舆情生态、媒体舆论中的孔子学院形象以及孔子学院媒体话语的生成机制与构建策略。

案例研究是指，对海外孔子学院建设与发展过程中的个案呈现与分析。案例分析沿着三条主线来展开，每年选取其中一条主线甄选案例进行分析：一是围绕孔子学院某个主题项目；二是围绕某个国家（地区）的孔子学院；三是围绕孔子学院的某个群体。

我们深知，尽管《孔子学院研究年度报告（2018）》较上期有了较大改进和完善，但正如上期所言，本报告在逻辑框架的确定、研究文献的选择，以及相关思想与观点的提炼总结等方面仍存在着很多不足和改善空间，其中既有内外部环境的变化以及理论、方法和手段等方面的原因，更受制于作者自身的眼光、视野、能力和水平，若有遗漏和偏误，敬请方家指正。

《孔子学院研究年度报告》将继续坚持以文本为研究本体的出发点，以观点要点析出为要，以类别分析为序，以数据统计为据，以大政方针为纲，以格局洞察为体，以实践的优化提升为用，以综合学术判断为旨归的基本原则。期望本报告以年度集成和动态聚焦的形式，持续清晰地呈现在读者面前，引发社会各界更多的关心和关注，为开展孔子学院跨学科研究提供参考，以利于挖掘孔子学院的功能和价值，探讨和解决其建设发展中的相关问题，更好地发挥学术研究对孔子学院社会实践活动的引导作用。我们坚信，在专家和读者，特别是孔子学院建设与发展中的直接参与者或相关人士的热情关注和坚定提携下，本报告一定会不断地改革、提升和完善，直至更加接近我们共同的预期！

第二节　文献来源与选择

《孔子学院研究年度报告（2018）》是对 2017 年度文本研究文献进行系统考察、综合梳理、整体判断的成果。为了更好呈现孔子学院研究的“态势”，本报告将孔子学院研究文献大致分为专题研究和相关研究。专题研究是指，该研究以孔子学院为核心或视角展开。相关研究是指，在文献主题中将孔子学院视为重要概念、举证展开的研究。据此，我们确定了专题研究和相关研究文献的检索关键词和检索条件。

数据来源主要为国内外较为通行的中外文数据库。其中，中文数据库包括中国（CNKI）学术文献总库（以下简称“知网”）、中文科技期刊数据库（以下简称“维普”）、万方数据库（以下简称“万方”）、读秀学术搜索引擎（以下简称“读秀”）；外文数据库包括 Ebsco、Elsevier、Jstor、ProQuest、Scopus、Summon、Web of Science 等。

为了确保文献的客观与全面，本报告对中外文期刊文献和学位论文采取了跨数据库检索与去重复合并的方式。其中，中文期刊文献来源于知网和维普；外文期刊文献来源于 Ebsco、Elsevier、Jstor、ProQuest、Scopus、Summon 以及 Web of Science。中文学位论文来源于知网和万方；外文学位论文来源于 ProQuest 和 Summon。

其他文献，如中文会议文献、辑刊文献主要来源于知网；中文图书文献主要来源于读秀，并以亚马逊（Amazon）等网站作为补充。外文图书文献主要来源于 Summon，并参考国外重要购书网站。

根据专题研究和相关研究文献的定义与分类，报告确定了研究文献的检索关键词和专业检索公式，分别对不同类型文献进行跨库精确检索，采集、保存各类文献的相关信息，利用 NoteExpress 等软件工具进行重复文献的筛查。在此基础上进行必要的人工干预，以保证报告分析文献的准确性和科学性：第一，对无效文献的剔除。根据文献内容和学术规范进行无效文献的筛查，剔除包括通讯类文献、内容与孔子学院无关的文献，以及不符合基本学术写作规范的文献等。第二，对重要文献的补充。对本领域学术研究较为活跃的专家进行专项检索，对本领域较为活跃但未收录于数据库中的辑刊进行专项补充。遵循上述规则，对检索结果统一信息格式，进行统计和分析使用。

需要说明的是，鉴于舆情研究和案例研究的特殊性，相关文献采用独立的检索方式。其中，舆情研究的文献来源主要包括三个部分：一是报纸文献，二是网络新闻，三是学术论文。案例研究的文献来源也主要包括三个部分：一是孔子学院工作报告、会议材料和访谈资料，二是网络新闻，三是学术论文。为了便于读者阅读，关于舆情研究和案例研究的文献来源及其相关说明详见对应章节。

第三节　文献统计与概述

根据前述文献检索和筛选标准，本报告最终确定 2 130 篇 / 部中外文文献作为研究对象进行总体概述、框架设计、择要摘录和探究分析，其中包括中文文献 2 074 篇 / 部，外文文献 56 篇 / 部，基本反映了 2017 年度孔子学院研究文献的概貌和代表性成果。

根据文献类型统计，期刊文献 1 178 篇，包括中文文献 1 135 篇、外文文献 43 篇；学位论文 865 篇，包括中文文献 857 篇、外文文献 8 篇；图书文献 16 部，包括中文图书 11 部、外文图书 5 部；中文会议文献 39 篇、中文辑刊文献 32 篇。如图 1–2。可以看出，期刊论文和学位论文是孔子学院研究的主要来源，分别占文献总量的 55.31% 和 40.61%，与上一年度的各文献类型数量所占比例基本一致。如图 1-3。

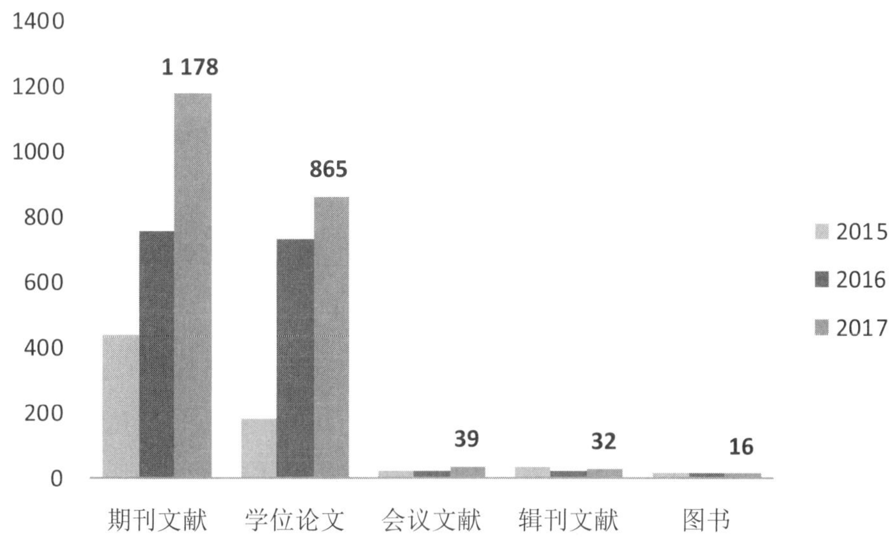

图 1-2　2017 年度孔子学院研究各类文献数量统计

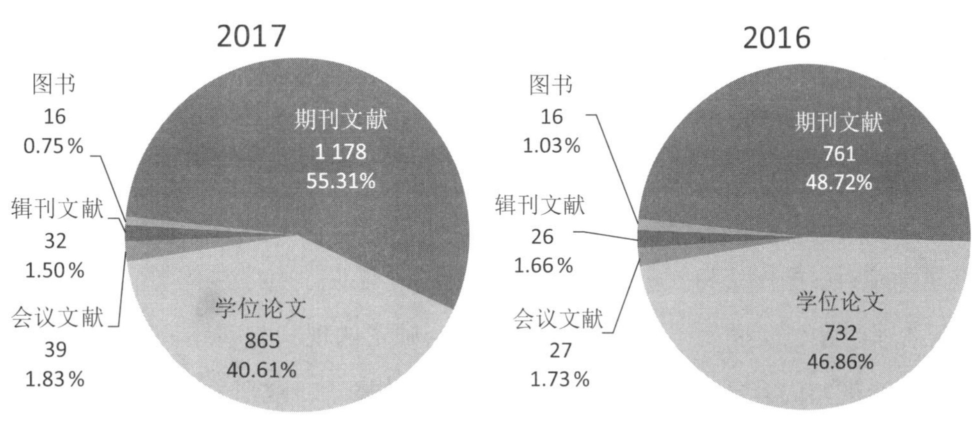

图 1-3　2017 与 2016 年度孔子学院研究文献类型分布

从文献数量来看，2017 年文献较 2016 年在总量和不同类型文献数量上都有不同程度的增长。期刊文献增加 417 篇；学位论文文献增加 133 篇；会议文献增加 12 篇；辑刊文献增加 6 篇。

巴赫金和福柯认为，话语中的语言学要素固然重要，但是其背后所隐藏的社会情境与社会意识形态更为重要。作为一个社会存在和一个全球现象，近年来，孔子学院的学术话语不断丰满，孔子学院的符号意义也在这些阐述中更加多元。孔子学院的价值和意义已经嵌入各个学科的话语体系当中，成为学术研究的选题或举证，既是孔子学院自身发展与影响力提升的现实推动，是学界对孔子学院的社会价值、文化价值，以及经济、教育、政治等存量价值探讨意识的提升，也是社会语境下公众对孔子学院认知转变的反映。

这种意识的提升与认知的转变在2017年度的期刊文献表现显著。2017年期刊文献的增长率约为54%。纵观期刊文献的选题与内容可以发现，超过45%的期刊文献将孔子学院作为主要或重要论据以支撑研究论点。相关主题主要包括孔子学院与“一带一路”倡议的互动与互助；孔子学院在国家形象塑造中的功能与价值；孔子学院与海外中国关注的演变与渐进等。在这些关于“一带一路”倡议研究、国家传播能力与形象塑造研究、海外汉学研究等文献中，都不乏孔子学院的“身影”，孔子学院研究的空间更为开放。

孔子学院具有总部在国内、分部在海外，支撑在国内、实践在海外的特点，因此孔子学院的发展也会引发海外学者的关注和讨论。Ding 和 Saunders 较早发表了孔子学院影响力研究，探讨了孔子学院对汉语国际推广和中国文化实力提升的影响问题[①]，此后每年都会有几位学者或学生发表孔子学院研究成果。从近年的文献看，海外学者对孔子学院的研究主要体现在三个方面：一是孔子学院对中国外交和软实力的影响；二是孔子学院、办学主体与合作大学的关系与张力；三是孔子学院的教学、课程与师资的现状与问题。2017年海外研究的选题与内容延续以往的主题，但是在具体概念、国别关注和意识认识上显现出一定的转变。早年的一些海外研究强调，孔子学院是中国的外交方式之一，是中国提升软实力的重要路径，也是中国加强地缘政治影响力的重要举

---

①Sheng Ding & Robert A. Saunders. Talking up China: An Analysis of China’s Rising Cultural Power and Global Promotion of the Chinese Language[J]. *East Asia*, 2006, 23(02): 3–33.

措。[①]2017 年有美国学者提出，在全球语境下，孔子学院的存在和发展实际上是一种地缘文化影响力，而无须过分强调孔子学院的政治影响力作用。该学者重新定位了孔子学院地缘文化影响力的意义，认为地缘政治强调国家间权力的关系与动态，地缘文化则是一个国家影响其他社会的文化趋势、价值或其他习惯习俗。地缘文化强调文化反作用力的作用，其影响不体现在政治交往中，而是体现在社会发展的进程当中，体现在媒介、艺术、大众文化等文化形式和符号流动中，并不完全遵循政治的界限。[②] 这一研究分析了孔子学院的文化影响力，淡化了孔子学院的政府色彩，更加客观地阐述了孔子学院何所为，也更加理性地分析了孔子学院何以为。

在全球化语境下，追踪国际研究前沿热点，跻身国际学术行列一直是学者们努力贯彻并终生追求的目标，孔子学院研究也不例外。孔子学院国内研究近年来可谓“百花齐放”，与此同时，一些学者也开始拓展自己的学术领地，向国际期刊“转身”。2017 年，在孔子学院研究外文文献的作者中，也不乏中国或华裔学者。Jiani 分析了孔子学院对吸引来华留学生学习汉语的影响[③]，Chen 分享了美国宾汉姆顿大学孔子学院的京剧推广与传播经验[④]等。这些文章为海外学者了解中国研究视角提供了路径，有利于推动孔子学院研究国内与国际的接轨与对话。

---

①Falk Hartig. Confucius Institutes and the Rise of China[J]. *Journal of Chinese Political Science*, 2012, 17(01): 53–76; Sheng Ding & Robert A. Saunders. Talking up China: An Analysis of China's Rising Cultural Power and Global Promotion of the Chinese Language[J]. *East Asia*, 2006, 23(02): 3–33; James F. Paradise. China and International Harmony: The Role of Confucius Institutes in Bolstering Beijing's Soft Power[J]. *Asian Survey*, 2009, 49(04): 647–669; R. Kluver. The Sage as Strategy: Nodes, Networks, and the Quest for Geopolitical Power in the Confucius Institute[J]. *Communication Culture & Critique*, 2014, 7(02): 192–209.

②R. Kluver. Chinese Culture in a Global Context: The Confucius Institute as a Geo-cultural Force[A]. *China's Global Engagement: Cooperation, Competition, and Influence in the 21st Century*[M]. 2017:389–416.

③M. A. Jiani. Why and How International Students Choose Mainland China as a Higher Education Study Abroad Destination[J]. *Higher Education*, 2017, 74(04): 563–579.

④Chen Zuyan. Promoting Beijing Opera in America: The Confucius Institute of Chinese Opera at Binghamton University[J]. *Chinoperl: Journal of Chinese Oral and Performing Literature*, 2017, 36(02):116–119.

团队合作、团队规模等的构建与提升对学术影响力具有放大作用。[①]孔子学院研究文献数量的增长一方面反映了孔子学院在学术话语体系下的升值，另一方面也得益于近年来新兴的孔子学院研究团队的努力，如华南理工大学安然团队、中央民族大学吴应辉团队、山东大学宁继鸣团队等。2017 年孔子学院研究就在一定程度上显示出了团队的集成效果，在图书出版层面的体现尤为突出。山东大学宁继鸣团队出版《孔子学院研究年度报告》皮书系列，华南理工大学安然团队出版《孔子学院跨文化传播影响力研究》等专著或编著，都对孔子学院研究具有推动作用。

相关文献是对孔子学院研究选题、研究领域和研究范式的归纳与整合，以期更好地呈现并阐释孔子学院研究的重点关注与未来指向。根据本报告对研究文献划分的五个维度，对教学研究、发展研究、影响研究和舆情研究等四个维度进行了统计和分析。[②]其中，教学研究 1 166 篇 / 部、发展研究 224 篇 / 部、影响研究 721 篇 / 部、舆情研究 19 篇。与 2016 年的比较情况如图 1-4。

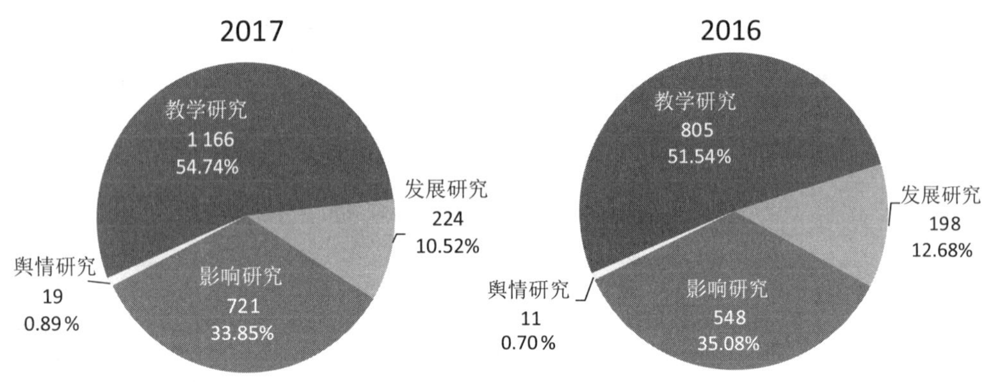

图 1-4　2017 与 2016 年度孔子学院研究文献内容分布比例图

汉语教学是孔子学院存在的基础，也是孔子学院发展中的首要任务，教学研究也一直是孔子学院研究的重要方向之一。与上一年度相比，2017 年孔子学院教学研究增加了 361 篇，所占比重也增加近 4 个百分点。该类文献从汉

① 阎光才 . 学术团队的运作与人才成长的微环境分析［J］. 高等教育研究，2013，34（01）：32–41.

② 案例研究文献另行处理，不纳入分析范围。

语和文化教学、人才与师资培养、方法完善与资源配置等方面呈现孔子学院海外教学现状与问题，探讨教学相关要素的改善与提升、完善学科专业的理念与框架。

从不同类型文献所关注的内容来看，期刊文献更多地关注学科专业建设与人才培养问题；学位论文文献更多地关注孔子学院海外教学现状、汉语教学实践等问题。文献所呈现出的现象也较为符合现实情况：学位论文的写作群体主要为汉语国际教育硕士研究生，他们具有海外孔子学院汉语教学的一线经验，便于将实践落实到毕业论文的选题当中；汉语国际教育的发展现状、专业学生培养的局限、海外孔子学院教学质量的反馈，推动专家们反思专业建设的问题、完善人才培养的体系，并付之于学术期刊加以探讨。

事物的发展通常会经历起、承、转、合等阶段，在建设发展的新时期与新阶段，以提质增效为核心的孔子学院进入了发展的"新常态"。对下一阶段孔子学院的体制与机制、治理与管理、方式与策略等问题的探讨成为业内专家和孔子学院相关者非常关心的话题。然而，由于孔子学院直接参与者的学科背景相对集中和单一，囿于地理位置国内研究者难以开展较为深入的实地调研，孔子学院发展研究文献在数量和质量上都略显不足，这也导致了孔子学院建设者、合作者和一线教师对其下一阶段发展政策、结构、方式等的困惑和焦虑。2017年孔子学院发展研究文献数量较上年虽然略有上升，但在整体文献中所占的比重仅为10.52%。探讨孔子学院的发展问题，不仅需要跨学科理论支撑和海外一手资料，更需要研究者不断提高学术研究素养，跨学科学者的加入与专业学术团队的协作成为孔子学院研究的重要影响因素。值得注意的是，国内传播学、语言学、经济学、政治学等领域的重要学者已经开始关注孔子学院研究问题，相关孔子学院研究团队也正在集聚与建立，发表了一系列相关文章，对未来孔子学院研究的持续"加热"具有推动作用。

随着孔子学院自身发展和国际影响力的提升，孔子学院已不再作为一个孤立的、被感知而不被认知的语言与文化推广机构而存在，它开始融入社会发展中，嵌入学术话语、官方话语和媒体话语体系当中。2017年孔子学院影响研究占研究总量的三分之一，与往年文献相比，研究主题从外交能力、贸易影响、文化交流等中观层面向人类命运共同体、全球公共产品供给等更为宏观的命题拓展。学术研究不是完全“价值无涉”的，孔子学院的功能、价值和影响一直是海内外学者共同关心的话题，由于国家利益的出发点、文化价值观与意识形态的差异性，对孔子学院影响因子的抓取、凝练和解读受研究者自身价值观影响，存在着一定的博弈，这也使得孔子学院的形象更加立体、生动。

在事件有了某种形态、价值或问题，能够加以报道时，也就有了产生广泛的舆论分歧的空间；新闻不是社会状况的一面镜子，而是对已经显露出头角的那方面的报告。[①]对新闻报告的关注，能够让我们及时掌握事件发展的动态，挖掘背后的社会、心理意义，从而应对并预警已经发生或可能发生的风险，延续并完善具有积极效用的方式和功能。整体而言，孔子学院在海外发展的客观现实有目共睹，但近年来从海外传来的不少“风声”也促使我们从“他者”视角来重新审视海外孔子学院所处的环境和面对的问题。2017 年孔子学院研究文献中不乏海外媒体报道，特别是美国媒体，有很多涉及孔子学院的报道。孔子学院作为一个象征符号，其意义可以是多样和灵活的，而权威人物或关键人物对它的阐释和解读则更容易扎根于公众心中。对海外官方或权威媒体的报道进行话语分析研究，能够及时把握当地公众对孔子学院的认知状况，更好地选择孔子学院的传播内容，完善传播方式，改善传播效果。

学术话语的解读与舆情话语的解读一样，都需要将概念或符号置于一定的语境当中。正如经济学视角下的孔子学院是促进经贸交流及对外投资的重要路径，而传播学视角下的孔子学院则是讲述中国故事、塑造国家形象的重要平台。同样，专题研究与相关研究中的孔子学院也具有不同的解读意义。专题研究是指以孔子学院为核心或关键词展开的研究，相关研究是指将孔子学院视为重要概念、素材或举证展开的其他主题的研究。专题研究是针对孔子学院自身发展、功能实现与社会影响的直接研究，相关研究是针对其他研究选题而间接呈现孔子学院的功能、发展与社会影响。

2017 年孔子学院研究文献包括专题研究共 353 篇 / 部，占总数的 16.57%，

---

①（美）沃尔特·李普曼．公众舆论［M］．上海：上海人民出版社，2006：244-245.

相关研究共 1 777 篇 / 部，占总数的 83.43%。如图 1-5。专题研究包括期刊文献 195 篇（含外文文献 19 篇）；学位论文 136 篇（含外文学位论文 2 篇）；图书 7 部（含英文专著 1 部）；会议文献 3 篇、辑刊文献 12 篇。相关研究包括期刊文献 983 篇（含外文文献 24 篇）；学位论文 729 篇（含外文学位论文 6 篇）；图书 9 部（含外文图书 4 部）；会议文献 36 篇、辑刊文献 20 篇。

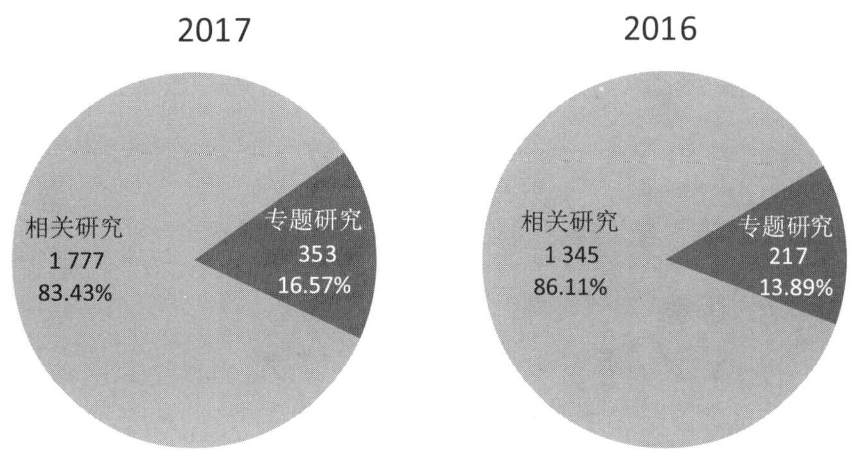

图 1-5　2017 与 2016 年度孔子学院专题研究与相关研究文献分布图

通过对文献的阅读分析发现，高质量相关文献在孔子学院研究方面的价值和重要性并不亚于专题研究。孔子学院在相关研究中的高频率“出场”，更加清晰地反映出孔子学院的社会嵌入性，其在人类命运共同体的宏观语境、在国家形象与国家能力的中观语境、在汉语教学推广的微观语境中的价值正日益形成学者共识，成为这些研究领域的普适性素材。这种现象在 2017 年期刊文献相关研究中尤为明显，983 篇期刊相关研究中，孔子学院影响研究有 446 篇，占 45.30%。不少探讨人类命运共同体、文化自信、“一带一路”等宏观命题的研究文献中都会分析孔子学院的作用：在理解人类命运共同体及其构建的中国选择中，孔子学院被视作重要内容之一[①]；国家形象塑造需要适切的对外传

① 郇庆治．理解人类命运共同体的三个重要层面［J］．人民论坛·学术前沿，2017（12）：13-20；李建嵘，张玉华，孙英．构建人类命运共同体的中国选择［J］．学术探索，2017（05）：18-22.

播方式，孔子学院作为对外文化传播的主要方式之一，讲好中国故事能够对海外中国形象的认知具有正面效应。①

为方便读者更好地了解孔子学院研究中文文献的相关情况，本报告对中文期刊文献和学位论文文献进行了分布统计，包括所刊载期刊的级别情况、中文学位论文来源机构情况等。

2017 年孔子学院研究中文期刊文献共 1 135 篇，涉及期刊 520 余种，其中核心期刊文献 265 篇，占中文期刊文献总量的 23.35%。如图 1-6。

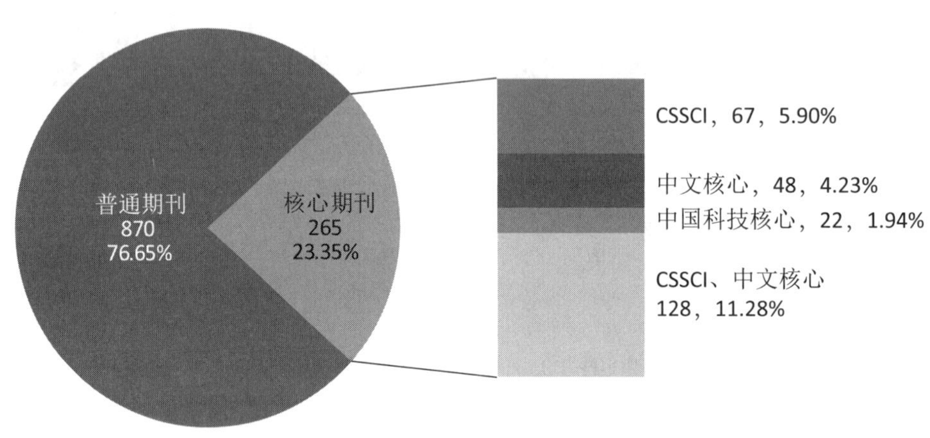

图 1-6　2017 年度孔子学院研究核心期刊文献和普通期刊文献统计

在核心期刊中，CSSCI 来源文献 195 篇，中文核心期刊来源文献 176 篇，中文科技核心期刊 22 篇。其中，有 128 篇文献发表在既是 CSSCI 又是中文核心的期刊上。2017 年刊发孔子学院研究的中文科技核心期刊数量上升，主要是中医药领域的期刊，发表文章多为孔子学院对中医药文化传播的发展、影响等问题的探讨。2017 年发表孔子学院研究文献 3 篇及以上的核心期刊共 17 种，见表 1-1。

① 吴献举 . 国家形象的跨文化生成逻辑及传播策略［J］. 中州学刊，2017（05）：164-169；张伟 . 国家形象的文化塑造——基于价值认同的视角［J］. 理论视野，2017（03）：23-27.

表 1-1 2017 年度孔子学院研究来源核心期刊

期刊名称	刊载数量（篇）
大学教育科学	6
广西社会科学	5
华文教学与研究	5
人民论坛	5
中国高等教育	5
东南亚研究	4
华南师范大学学报（社会科学版）	4
新疆师范大学学报（哲学社会科学版）	4
中国高等教育研究	4
比较教育研究	3
当代传播	3
国际贸易问题	3
高教探索	3
民族教育研究	3
现代传播	3
现代教育管理	3
语言文字应用	3

除表 1-1 所列核心期刊外，《东岳论丛》《国际经济合作》《江苏社会科学》《拉丁美洲研究》《理论月刊》《社会科学》《首都体育学院学报》《思想理论教育导刊》《现代国际关系》《新闻大学》等核心期刊分别刊发 2 篇孔子学院相关研究文献。与 2016 年相似的是，孔子学院相关问题在文化、教育、政治、经济等领域继续得到关注，部分高校学报也相继刊发孔子学院研究论文。与 2016 年相比有所发展的是，传播学领域相对权威的期刊发表的孔子学院研究得到了广度和深度的延伸，从传播视角和语境出发探讨孔子学院的运行管理、话语建构和国家形象塑造问题，体现出孔子学院研究在传播层面进行理论探讨的可能性和必要性。

专题研究文献是对孔子学院针对性问题的抓取和挖掘，2017 年度发表孔子学院专题研究文献 2 篇及以上的期刊共 18 种，见表 1-2。

表 1-2　2017 年度孔子学院专题研究来源期刊

期刊名称	刊载数量（篇）
国际汉语教育	5
云南师范大学学报（对外汉语教学与研究版）	5
新闻研究导刊	4
对外传播	3
北方文学	3
东南亚纵横	3
新闻研究导刊	3
中外交流	3
鞍山师范学院学报	2
产业与科技论坛	2
改革与开放	2
广西社会科学	2
国际贸易问题	2
湖北师范大学学报（哲学社会科学版）	2
沈阳师范大学学报	2
现代传播	2
中国高等教育	2
中国民族博览	2

其中，《国际汉语教育》《云南师范大学学报（对外汉语教学与研究版）》《对外传播》《现代传播》都是业界认可度较高的期刊。

2017 年孔子学院研究中文学位论文共 857 篇，其中有 20 余篇关于公共外交、语言政策、经济投资、国际关系等领域的博士论文，将孔子学院作为案例或举证。博士论文《孔子学院的品牌成长——基于服务导向的实证研究》（山东大学）开展跨学科研究，运用扎根理论探讨了孔子学院品牌建设与发展的问题。

836 篇硕士论文来源于全国 110 多所院校，数量与 2016 年基本持平。需要说明的是，由于多种原因，部分学位论文没有进入数据库，据此推断，国内学位论文及其来源高校的实际数量应超过上述数字。学位论文主要来源机构（前

30位）的整体情况见表1-3。

表1-3　2017年度孔子学院研究学位论文主要来源机构

高校名称	论文数量（篇）	高校名称	论文数量（篇）
北京外国语大学	41	哈尔滨师范大学	20
上海外国语大学	34	山东师范大学	20
西安外国语大学	33	四川师范大学	20
广西大学	31	新疆大学	20
山东大学	30	广东外语外贸大学	19
河北大学	29	沈阳师范大学	17
天津师范大学	28	新疆师范大学	17
广西师范大学	25	安徽大学	15
吉林大学	25	上海师范大学	14
郑州大学	25	中央民族大学	13
兰州大学	24	广西民族大学	13
渤海大学	24	重庆师范大学	13
云南师范大学	23	江西师范大学	12
华中师范大学	22	华东师范大学	11
黑龙江大学	20	河北师范大学	10

其中，孔子学院专题研究学位论文数量较多的高校包括：山东大学14篇、北京外国语大学13篇、哈尔滨师范大学10篇、上海外国语大学9篇、广西师范大学7篇、渤海大学7篇、上海师范大学和四川师范大学各4篇。

与2016年学位论文高产来源机构相比，2017年北京外国语大学、山东大学、华中师范大学、兰州大学等依然是孔子学院研究学位论文出产量较高的学校。此外，天津师范大学、广西师范大学、华东师范大学等师范类院校的孔子学院研究学位论文数量也不断上升。这种情况可能的原因是：首先，上述学校设置国际汉语教育等相关专业，招生人数可能影响学位论文的数量；其次，上述学校重视孔子学院的建设、发展与交流；再次，上述学校派遣汉语教师志愿者赴海外孔子学院任教的人员数量较多，积累了实践经验与一手材料；最后，上述院校的研究生导师支持孔子学院研究或孔子学院框架下的汉语教学与文化活动研究。

在会议与辑刊文献中，2017 年举办的第十四届国际汉语教学学术研讨会发表了多篇孔子学院研究论文，《孔子学院发展研究》《汉语国际传播研究》等辑刊也都较为关注孔子学院研究问题。

以上数据与信息是基于文献事实进行的统计，旨在客观反映 2017 年孔子学院研究文献的概况。对文本内容的挖掘与分析将在教学研究、发展研究、影响研究、舆情研究和案例研究五个章节分别阐述。

第二章

教学研究

在新的发展阶段，孔子学院需要“加强力量建设，提高办学质量，使之成为中外人文交流的重要力量”①。汉语教学是孔子学院存在与发展的基础，加强孔子学院框架下的汉语教学及相关研究，有助于在新的目标指引下进一步更新汉语国际教育理念，树立科学的教育观、发展观、人才观和教学观；有助于基于孔子学院平台的教育规模、结构、质量、效益和速度协调发展；有助于在遵循第二语言教育教学规律的基础上，提升孔子学院服务社会需求和国家发展的适切性。

2017 年是汉语国际教育硕士专业学位设立第二个十年的开端②，也是孔子学院更加关注调整结构、内涵发展的重要时期。在此背景下，汉语国际教育学科的研究对象和研究主题以及业界对孔子学院和汉语国际教育的关注和理解，也更趋深入和理性。为进一步实现学科理论建构与社会应用的同步发展，突显学科特色，汉语国际教育在第二个十年需要通过加强理论阐释、实践反思和学术创新，强化学术自觉以平衡外部驱力，推动其走向学科繁荣。

2017 年，教学研究相关文献主要呈现两个新特点：一是对孔子学院在地化和本土化发展的思考更加深入。其中既包含对“三教”问题的持续探索，也

① 《关于推进孔子学院改革发展的指导意见》，于 2018 年 1 月 23 日中央全面深化改革领导小组第二次会议审议通过。

② 2007 年 5 月 31 日，国务院学位委员会办公室下达《关于开展汉语国际教育硕士专业学位教育试点工作和推荐全国汉语国际教育硕士专业学位教育指导委员会委员人选的通知》，批准北京大学等 25 所研究生培养单位开展汉语国际教育硕士专业学位教育试点工作。

包含对外部多元驱动的综合审视；既包含特色教学模式和特色文化传播的“走进”与融入，也包含海外研究者对该过程中教师身份认知和行为模式转换的关注。二是关于汉语国际教育人才培养的多维审视和机制创新。妥善处理汉语国际教育人才专业化与职业化、大众化与精英化等内在张力，推动专业人才培养与职业需求接轨是学界持续关注的问题。另外，本年度还出现了服务于孔子学院和汉语国际教育发展的词表研究，这有助于推动汉语本体研究向汉语国际教育实践转换，有助于吸纳多学科研究成果，促进学科内理论传承和学科间活跃对话并行的良性机制的形成。

第一节　学科与专业建设

汉语国际教育实践在全球不断拓展与深入，全面系统研究汉语国际教育如何融入当地、自主发展，显得尤为突出、复杂和迫切。李宇明、施春宏《汉语国际教育“当地化”的若干思考》一文认为，尽管该问题被学界持续关注，但尚缺乏整体性思考和系统分析，该文章从内涵、本质、目标、主要内容以及中国和当地的角色定位等方面提出了对“当地化”的理解。

在术语选择和意涵阐释上，文章认为“当地化”相较于“本土化”“本地化”等常用提法，视角更加客观全面，并在构词上比“在地化”更加顺畅。同时基于对“化”作为“转化的趋向”的理解，作者认为，所谓“当地化”体现的是一种汉语教育逐步融入当地因素、逐渐具有当地特色的发展趋势，并非一定要达到甚至也不需要达到“彻头彻尾、彻里彻外”的“当地”程度。据此，文章指出，汉语国际教育“当地化”可整体理解为以“助学当地化”为手段，即利用当地的语言资源、文化资源、教师资源等提高学习效率，以“中国故事”为教学内容，目标是使学习者具有“汉语生活”。

在论及汉语国际教育当地化过程中的角色定位时，文章认为，需要厘清中国的职能定位，以及当地及其学习者在当地化过程中的角色。一方面，中国应由“我为中心”的角色转变为智慧的引导者和有效的支持者。具体包括：1. 政府、教育机构、教师、社会应处理好中国引导与当地办学主体间的关系；2. 尽可能在全球范围内做到有求必应；3. 引导、参与一系列的汉语教育的高层活动，包括制定汉语国际教育的语言标准和教学标准、参与教师培训和教材编写、融入教学管理和建设；4. 使汉语国际教育具有不断增强的“需求驱动”。另一方面，对当地及学习者而言，他们是汉语教育的最大受益者，因此也应是汉语国际教育的主办者和推动者。文章提出，基于对外语学习“机会成本”[①]的关注，汉语国际教育当地化要特别关注当地化之“后”，要帮助学习者学习之后实现学习汉语的价值，提高获取更大收益的机会。这也牵涉到汉语最终能否走出去、到底能走多远的问题，牵涉到汉语国际教育可否持续发展的根本问题。

在谈到汉语国际教育当地化的内容时，文章主要从观念、教学内容、教学和服务四个方面进行分析。文章提出：1. 汉语国际教育当地化首先是观念的当地化，亦即关注学习者的语言、文化背景等对语言学习的补益作用，关注语言学习之后对学习者和所在地的影响，强调发挥当地办学等方面的主动性。2. 教学内容当地化讨论的核心问题，是如何制定适合当地的语言文字标准和教学大纲以及如何进行评测。3. 教学当地化中，在师资上，从事汉语国际教育的一线教师应主要由当地人担当，中国的外派教师要合理地融入当地；在教材上，选材内容要结合当地的生活、文化、观念，所需教学量要与当地的学制、学时相匹配，内容的呈现方式要适合当地经济、文化、民族性格等特点；在教法上，以提高语言交际能力为目标，形成适合当地语言生活和学习习惯的教法和教学模式。4. 在服务上，管理的当地化和资源的当地化是实现有效、及时服务的两个重要抓手。前者要让当地管理机构和教师更多地参与到汉语国际教育的教学管理和规划中来，甚至让他们成为主要的管理者、推动者；后者主要包括资源库（网络资源和非网络资源）、语料和语料库、工具书等的当地化问题。

作者总结提出，汉语国际教育当地化涉及一系列理论和具体问题。这些问题的思考与解决，将会带来汉语国际教育理念、理论、实践、方法等诸多方面的转变。文章特别指出，当地化的一个重要的体现，应该是汉语教育市场的

---

① 文章认为，所谓“机会成本”，是学习者本可利用这些学资和时间做其他事情，但因学习这种语言而失去了一些机会，失去之机会理应在学习这种语言之中、之后得到补偿，而且这种补偿应有相对高的附加值。

当地化。市场因素是一个最长久的、巨大而无形的手，在市场中能形成你情我愿、相互依托、双利双赢的语言学习、语言教育新局面，能更好地推动汉语走向世界。

来源文献：李宇明，施春宏．汉语国际教育“当地化”的若干思考［J］．中国语文，2017（02）：245-252+256.

对当地汉语教学和教育情况的全面了解和透彻分析，是实现汉语国际教育“当地化”的有力抓手。刘乐宁在《美国的汉语教学或教育的现状和前景》一文中，以其长期在美从事汉语教学的丰富经历与经验，从美国的教育体制和外语教育政策入手，介绍了美国大学和中小学的汉语教育现状，并对未来美国汉语教学的发展前景提出了自己的观点和看法。

文章介绍了美国汉语国际教育发展的新情况。作者认为，美国大学汉语教育近年来的变化很大，其总的趋势是开设汉语教学的院校越来越多；学汉语的人数总体呈上升趋势；汉语学生的成分越来越非华裔化；汉语教师专业化水平越来越高；教材越来越多样化、本土化；测试也越来越标准化；教学方法越来越强调交流，方式越来越多样，多媒体教学手段也在增加；学生入学时的汉语水平和结业时的汉语水平也较之以往有所提高；获得中文专业或者第二专业学位的学生人数有所增长。

在学生人数和中文项目的增长方面，作者给出了具体数据加以论证：在20世纪60年代，全美高校学习汉语的人数只有598人。1990年达到19 427人，2000年是34 156人，到了2016年达到将近7万人。中小学学习汉语的学生人数增长更为显著，至2016年已经有20多万人。在项目数量上，2005年美国高等院校有263个中文项目，到了2012年增加到450个，而到了2014年又增加到515个。从2005年到2014年，中文项目的数量几乎翻了一倍。在办学方式多样化方面，一是在美国本土各自的校园开设regular classes（普通班），二是越来越多的学校在中国开设暑期项目。据作者估计，美国大学在中国开设的暑期项目至少有20多个。另外，文章特别提到了在美孔子学院和孔子课堂的独特作用，即美国不少大学开设了孔子学院，并通过孔子学院向下延伸到很多中学的课堂。

作者对近几年美国大学汉语教育发展中存在的一些问题，提出了自己的见解和看法。作者认为汉语教育在美国发展的前景取决于两个很重要的因素。首先是中国经济的持续发展和中国国际地位的不断提升。因为一个国家的语言在世界上的影响力与国家的地位和国际影响有直接的关系。其次是中美关系。作者认为，中美两国在相当长的一段时间里，互相需要又互相戒备的关系可能不会改变。

作者认为，美方开展和支持汉语教学的动机更多的是政治驱动和经济驱动，这种情况对汉语教育会产生以下影响：第一，美国政府对汉语教育的态度短时间内不会发生大的变化。为了满足美国社会需求，美国政府会继续支持向下延伸的“星谈计划”和向上延伸的“旗舰计划”。第二，美国政府对汉语教学的态度更趋实用。例如 NRC 国家资源中心积极鼓励哥伦比亚大学开发专用汉语，鼓励其与商学院、医学院、工程学院和新闻学院等这类专业学院开展合作。第三，美国政府对中国国家汉办派来的公派教师和志愿者的态度是既欢迎又有某种程度的保留。例如美国教育部的官员对哥伦比亚大学开办的汉语国际教育师资培训项目非常重视，尤其重视项目里美国本土已经具有美国公民身份的学员。对此，作者认为，应该关注和满足美国学生的切身需求，为推动美国的汉语教育，至少在大学层面上，要开办多样的汉语课程。作者提出，如果我们只是希望学生增强文化认同的学习动机，而不采取措施满足学生的专业、就业方面的工具性需求，我们的汉语教育会难以为继。

文章特别强调了中国企业的作用。作者认为，中资企业在美国的进一步投资，给当地提供更多的就业机会，将是一个重要推动因素。作者以日语教育在美国中西部的发展情况为例，指出在该地区，一些非常重要的公立大学，日语的选修人数始终两倍于汉语学习人数。其重要原因是日资企业在美国中西部有大量投资，他们雇用了很多美国人，培养了这些员工对企业的忠诚和热爱。这也影响了他们的家人，据说这些员工的家人都是日本文化的爱好者。因而，作者认为，如果中资企业在美国的投资越来越多，雇用更多美国人，向美国学生提供更多的就业机会，这样的合作一定会影响到美国主流社会对汉语学习态度的改变。

文章特别提到，以高科技为支撑的美国民间教育服务企业可能会在今后的汉语教育开展中发挥很大作用。尤其是这样的机构一旦和各个大学的中文部门进行业务上的合作，会有更好的前景。例如很多在美的留学生毕业以后在美国开办的汉语教育企业非常成功。

来源文献：刘乐宁．美国的汉语教学或教育的现状和前景［J］．国际汉语教学研究，2017（03）：25–30.

一个专业的良性和可持续发展与其办学理念、办学质量及其就业问题密切相关。赵世举《汉语国际教育类专业的困境与出路》一文指出，汉语国际教育类专业发展迅速，为满足世界对中国语言文化的需求做出了有目共睹的巨大贡献，但也出现了一些办学质量参差不齐，学生“专业迷茫”、就业难等问题。

作者充分肯定了汉语国际教育专业建设的成效，认为汉语国际教育专业为培养国内外汉语师资、中国语言文化国际传播人才、涉外事业和单位的相关人才等，发挥了巨大作用，对我国改革开放和国际化发展，对提升中国语言文化国际影响力、争取国际话语权、改善中国国际形象等，做出了重要贡献。

对于出现的问题，作者总结认为主要症结有四个方面：一是发展过快，导致过剩。二是专业门槛偏低，水平参差不齐。三是专业口径狭窄，就业面有限。四是专业定位不明确，培养标准差异大。

基于当前汉语国际教育类专业存在的问题，作者认为，在宏观和微观两个层面都需要付出努力。一方面需要主管部门加强宏观指导和管理，另一方面需要专业所在单位规范办学，加强建设，创新发展，提升质量。重点做好以下几个方面的工作：

一是研制专业标准，规范专业建设。这是专业建设的基础。国家主管部门应及时组织力量，深入研究有关问题，理顺、优化汉语国际教育专业层次和类型的设置，规范专业名称，制定各层次类型的专业标准，以作为指导专业建设的依据，进一步规范办学，强化建设和管理，提高办学水平。

二是优化专业布局，调适发展规模。要深入调研汉语国际教育类专业现状，准确研判国内外对汉语国际教育各类人才的实际需求，科学规划我国汉语国际教育类专业发展。在对现有专业科学评估的基础上，实行优胜劣汰，优化全国汉语国际教育专业点的层次结构和地区分布，动态调控发展规模。既要保证满足国内外相关人才需求，又要避免发展过热或滞后。同时，对于那些不适合开办汉语国际教育专业的学校，采取停办或进行专业转向改造等措施。

三是改进培养模式，提升培养质量。这是专业建设单位永恒的任务。应根据时代和社会对汉语国际教育人才素质和能力的要求，结合学生个人发展的需求，进一步调适专业定位和培养目标，不断改进和优化培养模式。尤其要着力构建科学完善的课程体系和培养流程，注重打牢宽厚的基础，优化知识结构，努力提高学生的综合素质和适应能力，确保培养质量。

四是抓住新机遇，谋求新发展。鉴于汉语国际教育专业面临的困难和社会发展对相关人才的新需求，应该与时俱进，充分利用各种有利条件，通过开拓创新谋求生存和发展。一方面可以基于专业和所在学校的优势，结合所在地区的特点及需求，在保持本专业基本特色的前提下，拓展专业口径，开展个性化培养、特色化发展。另一方面，借助各种新的机遇，搭车前行，创新发展。作者认为，“一带一路”建设的实施，急需大量的语言服务和国际化语言人才，是汉语国际教育专业建设很好的发展机遇。有条件的高校，可对汉语国际教育专业进行适当改造，可以利用该专业的“语言”和“国际”专业优势，积极对接“一带一路”需求，创新培养模式，有针对性地为“一带一路”建设培养急需人才。这既可为“一带一路”建设做贡献，又拓展了本专业的生存发展之道。

来源文献：赵世举.汉语国际教育类专业的困境与出路[J].中国大学教学，2017（06）：46-49.

【小结与思考】

十年来，汉语国际教育学科建设快速发展，在教育教学实践广泛开展并不断延伸的基础上，学界不断致力于对研究对象、概念体系和方法理论等问题的探讨，以明晰汉语国际教育学科属性与定位，探寻其持续和科学发展的可能。

与此同时，孔子学院的存在与多样化需求对学科建设提出了更高要求：一是要积极应对复杂环境，包括教学环境、教育对象和教育群体的多元化，在实践层面对一些新现象进行客观分析、谨慎研判和积极回应；二是要主动调整和完善学科架构，坚持理论与实践相结合的原则，进一步夯实专业发展的理论根基，保持理论对实践的说服力与穿透力。这是汉语国际教育绕不过去的问题，是生存和发展中必须正视的机遇与挑战。

在本年度文献中，学界对该问题的思考与探索主要呈现以下特点：

一是对事业长期发展中形成的所谓“热点问题”，研究者以返身回顾的姿态，投入更多的学理关注和省思，从学科知识积累与理论建构的角度剖析问题。如在探讨“汉语国际教育当地化何为”这一带有鲜明“为用”色彩的问题之前，研究者以“何谓汉语国际教育当地化”引领对该问题的概念澄清和理论思辨，在理论的抽象性、一般性和实践的具体性、特殊性之间拓展该主题的阐释空间。也有研究者再次审视汉语国际教育学科定位和边界问题①，延续了此前学界对学科边界划定与厘清的相关探讨。这种本质追问的思维方式在一定程度上有助于加深对学科建设一系列基础问题的省思，推动对学科理念和专业发展的认识与理解。

二是对学科发展中课程设置和培养模式建构等问题，研究者基于对教育实际的解释与理解提出质疑与反思，试图修正此前视之为“理所当然”的程式与判断。语言本身兼具工具属性与文化属性，语言教学活动与人的社会环境及日常生活密切相关，因此在汉语国际教育的学科建设与学科理论建构方面，更应关注教学活动参与者行为的情境性、生成性与社会性。由此观之，本年度文献中，无论是对汉语课程体系的反思与规划，还是对孔子学院海外汉语传播的观察与思考，均体现出将人置于真实的语言文化环境中进行体察与思考的研究取向。有研究者采用 27 位中国志愿者在欧洲 6 国 6 所孔子学院的实习记录为研究素材，呈现欧洲孔子学院在中华文化国际传播、汉语教学等方面的状况，提出“外派教师和志愿者最为紧迫和重要的不是掌握教材编写能力，而是对教

---

① 鲁健骥．“对外汉语教学”的内涵应该如何表述？［J］．国际汉语教学研究，2017（01）：87–89.

材进行选择和取舍调整的能力”，海外孔子学院教师在情感交流、课堂指令及管理方面应该更多使用媒介语等观点。通过接触海外孔子学院的实际教学，研究者对志愿者教师掌握剪纸、太极拳等中华文化技艺以增强学生学习兴趣有了更加深刻的感知，认可其作为志愿者教师行前培训内容的必要性，并进一步强调了在师资培养层面对一线师生开展深入调研的重要性。[①]

三是对于汉语国际教育政策及实践等问题，学界普遍认识到，应进一步克服传播者本位的视域局限，让多元视点与不同观点在汉语国际教育主题下交锋与交融。有两个问题值得关注：一是华文教育的多元驱动问题；二是孔子学院如何融入所在大学的问题。关于汉语国际教育的多元驱动问题，汉语国际教育和华文教育的关系引发了学界较多关注、研讨，甚至争论。有研究者指出，华文教育也正面临世界政治、经济、社会、文化等方面诸多新形势，正处于以规模发展为主向以内涵建设、质量提升为核心任务的转型期，处于进入所在国主流社会、主流教育的融合期。在当前“全球化”与“逆全球化”的博弈过程中，在“民粹主义”与“全球主义”的对抗过程中，如何建立起中国文化传播的国际话语体系是一项重大课题。在此背景下，有研究者认为，分析和把握汉语国际教育（包括华文教育）的“多元驱动机遇”尤为值得关注，其中包括中国崛起的政治驱动、中国发展的经济驱动、“一带一路”发展的区域驱动、华侨华人生存与发展的内生驱动、中华文化的文化驱动、企业的投资驱动、科技发展的创新驱动，以及民间力量参与的民间驱动等。[②] 在探讨孔子学院如何融入所在大学等问题时，有研究者以韩国孔子学院汉语教学融入大学为主题，尝试从当地视角考察孔子学院的融入与发展问题，从大学管理者的角度考虑与孔子学院的合作与共同发展。一是着力打造通识汉语课，使面向全校的普及型汉语教学进入学校学分课程体系，以保证孔子学院大学汉语教学的规模与质量；二是与大学有关部门或学院合作，建设特色鲜明的实用汉语课程，获得品牌效应。[③]

---

① 汲传波，刘芳芳．欧洲孔子学院汉语国际传播现状与思考［J］．理论月刊，2017（02）：173-178.

② 贾益民．世界华文教育发展新形势与多元驱动［J］．世界华文教学，2017（00）：78-81.

③ 解植永．韩国孔子学院汉语教学融入大学研究［J］．华文教学与研究，2017（02）：1-9.

在研究的层次和类别上，汉语国际教育研究大致可分为三类：一是推动学科基础理论的建构，突出学术性与思辨性的研究，包括汉语国际教育的价值理念、意义阐释以及发展规律。承担这类研究的研究者包括本领域及相关领域的专家、学者以及部分博士研究生。二是以理论转化为主要目标，关注理论应用和教育实践的研究，主要包括政策研究、教师发展和教学研究等。承担该类研究的包括政府部门、专门机构以及教学科研人员。三是以经验反思为目标，加强来源于教学实际的问题与现象的研究。承担这类研究的包括海内外一线教师、管理者和其他人群。相比以往，本年度第一类研究的数量和影响力有显著提升。我们认为，为进一步把握学科建设理念，促进专业发展，构建一个学科背景多元、层次丰富、结构合理的研究梯队很有必要。在孔子学院更加关注结构调整、内涵发展的重要时期，研究者对概念谱系和理论体系的自觉探讨与建构，对于进一步明确研究视角，划定学科边界，坚定学科立场具有不可替代的作用。同时，也可以看到，不同学科、领域和身份的研究者通过跨学科、跨领域协作，以项目、团队和研究机构为依托，从对具体现象的分析出发，兼顾基础理论与应用实践研究，显示出分析和解决复杂问题的独特优势，成为促进汉语国际教育基础理论与应用理论发展的重要力量。

我们看到，“一带一路”倡议的全面展开与落实，以及中国高校“双一流”建设理念的全面推进与实践，为汉语国际教育的发展提供了外部需求和内生动力，如何在这一背景下加强学科专业的调整优化，确立其学术导向与服务导向，是学界应持续关注和思考的问题。特别对于类似“三教”问题等一些伴随孔子学院设立与发展，受到学界长期关注和广泛探讨的课题，我们须进一步加强在一定学科视角和研究范式观照下的理论探究。通过对其影响因素的结构化分析厘清问题的层次与内外部关联，自觉建构多学科的理论阐释空间，以期形成清晰的问题解决路径，使其不至于流于一种通俗化的学术话语表达。这些问题也使我们进一步意识到，学界对学科理念和专业发展的探讨与创新，不仅要及时回应多元化的社会需求，做好语言教育服务工作，也应有更高的站位，积极探寻学科发展规律，遵循学科建设专业逻辑，丰富学科内涵，进而对孔子学院发展和汉语国际传播活动做出主动的、系统的、前瞻性的反应。

第二节　教师与人才培养

国际汉语教师走出国门赴海外任教，不仅传播了中国的语言文化，也参与了全球人才交流与学术流动，受到海内外研究者的广泛关注。Wei Ye 和 Viv Edwards 的《孔子学院教师在英国：动机、挑战和变革型学习》（*Confucius Institute Teachers in the UK: Motivation, Challenges, and Transformative Learning*）一文，以在英国孔子学院工作的教师群体为研究对象，依据他们的跨文化体验，研究其任教动机、适应过程以及对其职业发展的影响。

文章认为，孔子学院的教师在海外传播中国语言文化的同时，也在教学过程中不断了解和熟悉新的环境，以期为当地做出更多贡献。因此，研究和关注他们参与孔子学院工作的动机以及孔子学院工作对他们个人生活和职业生涯带来的影响，是值得探讨的问题。

文章以在英国孔子学院工作的管理人员和教师为研究对象，采取焦点小组讨论和访谈形式对上述问题展开研究。文章以 Byram 和 Feng（2006）跨文化经历评估的五项标准[①]作为孔子学院教师文化—心理转变的关键触点，运用 NVivo 整理录音文本，围绕动机和期望、文化冲击和调整、交往以及理念变迁等四个主题对孔子学院教师的跨文化经历进行分析。

研究结果表明，在参与动机方面，虽然讨论小组成员的观点及遇到的主要问题各不相同，但对职业及个人发展的考虑，是他们选择参与孔子学院工作的主要原因。此外，研究结果还表明，孔子学院教师表现出不同的批判思维水平：对教学法的反思带来了知识的变革，对全纳教育的反思改变了教师们的理念和价值观，增强了民族自豪感，加强了对差异的欣赏。这些改变为他们解释和总结海外教学经历确定了基调，并且重塑了他们看待整个世界的假设。（Mezirow，1991）

文章强调，从整体看，孔子学院项目侧重中国语言文化在海外的传播，

① 五项标准具体为：1. 具有了解他人生活方式及向他人传播自己文化的兴趣；2. 具备转换角度的能力；3. 具有适应不同文化的能力；4. 具备进行跨文化交流需要的文化知识；5. 对跨文化交流过程有所了解。

而在一定程度上忽略了孔子学院教师回国后带来的潜在利益。为了帮助孔子学院教师最大限度地利用其在跨文化经历中的所得，项目组织者可以在他们行前培训中考虑更多因素（如全纳教育、英语教学法、课堂管理和辩证思维），并向受训人员提供回国后工作与生活情况的咨询服务。

文章指出，对孔子学院教师的评论和反思的描述，有利于化解对孔子学院教师的很多误解，更加准确地理解这一特殊跨国群体。作者强调了海外教学的多种益处，鼓励更多的教师参与到孔子学院及其他国际项目中。文章认为，除了扩大中国大学的触及范围外，孔子学院项目还为具有全球意识的教师提供了宝贵的教育和职业发展机遇。

来源文献：Wei Ye & Viv Edwards. Confucius Institute Teachers in the UK: Motivation, Challenges, and Transformative Learning［J］. *Race Ethnicity & Education*, 2017（04）：1–15. 李桂春译，刘淑红校 .

自 2007 年国务院学位委员会设立汉语国际教育硕士专业学位以来，该学位专业培养模式的建构及优化问题一直受到学界关注。李东伟、吴应辉《我国汉语国际教育硕士培养模式现状与优化策略》一文，基于 2015 年至 2017 年对全国 63 所已有四届毕业生的汉语国际教育硕士（以下简称“汉教硕士”）培养单位的调查，从招生就业、人才培养、人才评价等方面展开考察分析，提出优化汉教硕士培养模式的策略。

在培养模式的调研与评价上，作者将各校培养模式归纳为定向培养和非定向两大类[①]，并特别指出在非定向培养单位中，近 80% 的院校既未走定向培养之路，也未挖掘和利用培养单位自身优势，仅是机械地按照教指委《指导性培养方案》开设相应课程。这种“保守型”培养模式普遍存在同质化现象，缺

① 文章认为，定向培养模式是指针对某个国家、某个区域、某种语言或某个年龄段学生群体培养汉语师资的培养模式，具体可细分为国别定向、区域定向和层级定向三个子类。非定向培养模式是指在其培养模式中并未体现定向培养特点，而是笼统地针对海外培养汉语师资的培养模式。具体也可细分为三类：一是学术—实践型，培养院校较为注重对学生学术能力的培养，同时尽量兼顾实践能力训练；二是实践型，培养院校十分“重视对汉教硕士研究生实践能力的培养”，并在实践能力培养方面已经摸索出一套较为科学的方法；三是保守型，多数院校机械地按照《指导性培养方案》开设相应课程，并无明确的培养模式。

乏结合对象国实际和本校资源状况的培养模式创新。作者认为，汉教硕士专业学位的使命在于为海外汉语教学培养教师。海外汉语教师需求应该是汉教硕士人才培养的逻辑起点。

在此基础上，文章提出汉教硕士培养模式优化的六项策略：一是明确培养目标，发展特色教育。文章认为，培养单位在确定汉教硕士培养目标之前，应首先进行海外汉语教学环境和需求分析。但作者同时也指出，市场需求和学习者需求是多元的，有时候甚至存在冲突。此时培养单位应科学筛选各种需求，以便确定本单位汉教硕士人才培养目标。二是调整课程设置，培养学生实践能力。在《指导性培养方案》的基础上，依据培养单位的具体培养目标调整课程设置，突出特色课程。同时，培养单位应科学合理地设计汉教硕士的实践实习活动，而非“随机”选择海外实习国家，更不能“随意”选择国内的实习工作。三是创新培养方式，优化教学手段。文章强调，“中外联合培养”是创新汉教硕士培养方式的首选。这种方式便于学生及早适应和融入就业对象国教育体系。四是加强师资建设，提高管理水平。作者提出，须加强“双师型”和“多元化”师资队伍建设，并将加强管理保障纳入培养模式优化的措施之中。五是实施双导师制，对接海外就业。作者认为，如若实现国内、国外双导师制，学生将海外实习中遇到的问题作为毕业论文选题，深入研究，同时得到海外导师的指导和帮助，论文写作质量将会大幅提高，论文内容专业性将会有所提升。六是组织专家论证，力求科学可行。文章指出，科学性和可行性论证是汉教硕士培养模式优化的最后步骤。汉教硕士培养模式优化方案出台之前，培养单位有必要组织业内专家科学论证本单位的培养模式，确保培养模式的科学性、系统性和可行性。

来源文献：李东伟，吴应辉．我国汉语国际教育硕士培养模式现状与优化策略［J］．中国高教研究，2017（10）：62-66.

汉语国际教育专业硕士培养模式的优化既需要来源于内部的自我审视与剖析，也需要比较视野下的博采众长与借鉴整合。王添淼、郑又嘉《两岸汉语国际教育专业硕士研究生培养模式比较研究》一文，从培养目标、课程安排、学分设置和教学实习四个维度，对大陆高校和台师大华语文教学系暨研究所的汉语国际教育硕士研究生（以下简称“汉教硕”）的培养模式进行了比较研究。

在培养目标上，两岸在培育对外汉语优质师资、第二语言教育相关知识、语言文化推广以及科技运用方面，培养目标大致相同。在汉语本体知识、教材及测试方面上，台师大将其纳入培养目标，大陆高校虽没有明定于培养目标中，但开设有相对应的选修课程。此外，台师大没有将中华文化以及跨文化交际列入培养目标，且相对应的选修课程较为缺乏。

在课程安排上，两岸所开设的汉教硕课程都比较多元，能够覆盖彼此培养目标的各个方面。不同之处主要在于中华文化以及跨文化交际的相关课程、华侨教育以及与科技结合的相关课程等方面。如台师大设有较多科技辅助的课程供学生修习。一些课程的教学方法与互联网和现代科技紧密结合，如使用互联网与正在海外实习的学长进行视频，直接观摩第一手的教学实况，再辅以教师点评讲解，使学生可以更直接地了解海外汉语教学的状况，并且从中学取经验。

在学分设置上，两岸在毕业学分及实习学分上并无明显差异，但在必修学分、选修学分以及教学实习学分是否计入毕业学分的设置上有所不同。第一，必修学分差异。台师大必修学分为 15 学分，总计五门必修课程。而一般大陆高校汉教硕的必修学分包括两部分：一是学位公共课程 6 学分，包含政治 2 学分、外语 4 学分；另一个是学位核心课程 12 至 18 学分（各校不同），总计为 23 至 26 学分不等，约为台师大的 1.5 倍。第二，选修课程弹性程度不同。虽然台师大的选修课中必选学分高于大陆高校，但是由于毕业学分数与大陆各高校并无太大差异且必修学分比大陆高校少近一半，台师大亦无规定其余学分一定要从所内修习，故选修课程的弹性较大，学生较有机会修习其他领域的课程。

在教学实习上，台师大教学实习的时数较长，为大陆高校教学实习时间的 1.6 至 2.5 倍。此外，台师大要求硕士研究生教学实习周数须满 7 周以上，且必须于申请论文答辩前完成，就时数及时间相关规定而言较大陆高校严格。

据此，文章对两岸汉教硕士培养模式提出以下改进建议：第一，大陆高校可适当降低必修学分，以有利于增强学生对课程的选择性，促进其自主学习和多元发展，给予学生空间培养第二甚至第三专长或兴趣。第二，台师大应注重学生传播中华文化以及跨文化交际的相关知识与技能的培养，将其融入汉教硕的培养目标和课程设置之中，使培养更为全面。第三，两岸都应增加与科技应用结合的相关课程。开设更多与科技结合的课程，运用现代科技的教学方法，增强学生对现代信息技术的认识、运用和创新的能力，使汉教硕培养课程与时俱进，更加多元和丰富。第四，促进两岸汉教硕培养的交流与资源整合。如，通过远程视频或慕课的方式共建跨文化交际课程。再如，设立硕士生之间的学术论坛和非学术性的交流与合作，或者通过交换生等模式，增进彼此的互动与了解等。

来源文献：王添淼，郑又嘉．两岸汉语国际教育专业硕士研究生培养模式比较研究［J］．云南师范大学学报（对外汉语教学与研究版），2017，15（01）：77–84.

在“双一流”建设新形势下，汉语国际教育本科专业的建设问题也受到学界普遍关注。曹贤文《“双一流”背景下综合性大学汉语国际教育本科专业建设的思考——以南京大学为例》一文，探讨了在综合性大学“双一流”建设中，汉语国际教育本科专业建设面临的挑战和出路。其中特别是对“挑战”的分析，即对不利的学科生态环境、所依托学科的漂移性以及人才培养和师资队伍建设等问题的分析，反映了汉语国际教育学科建设中的普遍共性问题。

当谈到不利的学科生态环境时，文章指出，综合性大学的特点是学科比较齐全。众所周知，任何大学的学科发展都不可能一般整齐，在建设一流学科的过程中也不可能平均用力，而是有自己的学科重点，这就是学科生态效应问题。在综合性大学中，汉语国际教育专业普遍处于弱势地位，这种不利的学科生态环境给建设一流汉语国际教育本科专业带来了巨大的挑战。

文章指出，在当前“双一流”建设中，应关注和重视汉语国际教育专业所依托的学科漂移性问题。作者认为，大学是围绕学科建构起来的，学科是大学的组织基础和立学之本，是相对独立的知识体系，专业则是高校培养人才的一种方式，是不同课程的组合。而从目前的情况来看，汉语国际教育的学科性质或者学科归属仍缺乏普遍的共识。人们不禁要问：汉语国际教育究竟是一门独立的学科，还是中国语言文学、外国语言文学、教育学、新闻传播学抑或其他学科的下位学科？如果连基本的学科属性都不能确定，没有稳定的依托学科，就无法在“双一流”建设中以学科平台为基础扎根发展。

当谈到人才培养和师资队伍建设时，文章指出，建设一流师资队伍是中央“双一流”建设方案提出的五大建设任务的首要任务。在综合性大学中，一般越是强势的学科，在学校中的声音越大，越能得到锦上添花的支持；而弱势学科在学校中的声音比较微弱，有自己的主张也不受重视，即使是雪中送炭的支持也往往不易获得。由于汉语国际教育专业核心学术期刊少，发表高质量学术论文和获得国家级科研课题不易，与其他强势学科相比，本专业一般教师晋升高级职称十分困难。这种高标准一方面使得本专业难以从校外引进合适的专业人才，另一方面由于部分高校对于青年教师聘任采用“非升即转”的方式，如果不能在规定时期内获聘高级职称，就要转岗或离职。这样内外夹击，使得本专业人才队伍建设出现了一些困难，面临核心专业人才不足、整体师资队伍青黄不接的困境。

对此，文章在总结新形势下综合性大学汉语国际教育本科专业建设的出路时，特别指出：一是要在宏观层面努力争取政策支持；二是要融入学科平台，促进教师和专业发展；三是要建设适应新的大类招生和人才培养需要的课程体系；四是要开拓汉语国际教育（留学生本科）专业建设；五是要着力提升专业核心竞争力，增强在校内外平台上的显示度。

作者特别指出，一个专业要想在综合性大学中安身立足，首先必须具有较强的专业核心竞争力，能够打造出本专业独有的学科架构、知识体系、课程体系，以及人才培养的专业能力，才可以在激烈的竞争中站稳脚跟。在增强本专业教师学术显示度方面，汉办等国家主管部门可推出专项研究课题，学界可借鉴英语作为世界语言的经验组建多种学术组织，由主管部门或学术组织主持开展各种较高层次的学术活动，评选优秀学者奖或优秀成果奖，等等。在增强本专业学生学术显示度方面，可借鉴外语教学界的做法，开展全国性 / 地区性竞赛类活动，如全国大学生汉语国际传播能力大赛、全国汉语国际教育本科生学术论坛等。

来源文献：曹贤文．“双一流”背景下综合性大学汉语国际教育本科专业建设的思考——以南京大学为例［J］．国际汉语教学研究，2017（03）：85-88.

汉语教师志愿者项目自 2004 年正式实施以来，已派出志愿者近 3 万人次，这些志愿者成为汉语国际教育教师庞大队伍中的一支重要力量。周之畅《“国家汉办—美国大学理事会”赴美汉语教师志愿者项目回顾与展望》一文，总结和反思了“国家汉办—美国大学理事会”赴美汉语志愿者项目的运作经验，阐释了该项目在中美人文交流中的重要作用，提出高质量的培训和全方位的管理是保证该项目良好发展的有效举措，同时指出近期美方政策的调整以及需要应对的挑战。

文章指出，根据美国相关法律法规要求，参加该项目的志愿者候选人除必须满足学历、资质和教学经验等条件外，还需经中美双方两轮面试合格，接受国内行前培训和在美岗前培训，培训全部合格后才能最终登上美国中小学的讲台。与派往其他国家的汉语教师志愿者相比，该项目汉语教师志愿者的工作量和工作强度更大。美国学校把志愿者当成一名全职教师来看待，每周在校工作时间为 35 至 40 小时，志愿者校外备课时间因人而异，基本都在每周 10 小时以上。志愿者每天要上 4 至 5 节中文课，课间休息时间通常只有几分钟，还可能是面向不同年级、不同汉语水平的学生，甚至一天要跑两、三所学校。此外，志愿者还要承担学校安排的其他任务，比如看管学生用餐，进行宿舍管理等。还有相当一部分志愿者教师被安排教授中文沉浸式课程，他们要用中文教授数学、艺术、自然科学等各门课程，面临的挑战更大。

为帮助志愿者更好地适应环境和应对挑战，国家汉办安排了针对性的行前培训、实战性的岗前培训，以及具有时效性的岗中培训。其中，行前培训针对志愿者特点以及任教岗位要求设计。鉴于该项目候选人 80% 以上为英文相关专业背景，中文基础较弱、英语水平相对较高的特点，培训强化了汉语本体知识和汉语作为外语教学能力培训的课程，同时细化了英语培训的内容，比如把美国中小学教师手册，美国教师发给家长、校长的电子邮件原封不动搬来作为英语培训资源，让这些英语专业的在职教师在英语培训中也能有切实收获。

具有实战性的岗前培训是在真实的美国环境下进行为期十天左右的集中培训。在此阶段，志愿者通过集体备课、给美国学生授课以及教学后的反思，进一步学习实用的教学技能，掌握开展教学活动的实践能力。

具有时效性的岗中培训在志愿者赴任后三个月左右进行，意在为志愿者及时"充电"，帮助他们解决教学中遇到的新问题和新挑战。同时，该阶段的培训也为志愿者提供了相互交流和学习、释放压力、沟通情感的平台，增进志愿者之间的经验交流。

管理团队建设主要包括四个层面：第一层"统筹总管"，由国家汉办志愿者工作处项目官员和大学理事会项目官员构成，他们从项目管理者的角度整体把握项目的总体运行；第二层"走访调研"，由志愿者管理教师团队组成，通过有计划地实地走访志愿者开展调研，并现场协助志愿者解决困难；第三层"教学支着儿"，由志愿者顾问团队组成，通过定期召开视频会议或视频培训，解答各种教学方面的问题；第四层"自我管理"，由志愿者自身构成，通过 QQ 群来分享教案、课件、课堂活动和游戏方案等，同时沟通感情、交流经验、释放压力。

在谈到该项目发展的机遇与挑战时，文章认为，首先是要充分发挥中美人文交流高层磋商机制的作用。作者引用了时任中美人文交流高层磋商机制中方主席刘延东在机制成立仪式上的讲话："人文交流是增进彼此了解、信任和友谊的桥梁，建设 21 世纪积极合作全面的中美关系，需要我们不断开拓两国人文交流的深度和广度。如果说战略与经济对话机制旨在从战略高度和长远角度规划两国关系，共同研究解决重大现实利益问题，那么人文交流机制则旨在从人与人的交流和心灵沟通层面，夯实两国关系的社会基础和民意基础。"其次要积极应对近期美国签证政策调整带来的挑战。2016 年 2 月，美国调整了 J1 访问学者教师类签证的申请条件，将原来的 3 年全职教学经验缩减为 2 年，但对申请中文教师岗位的申请人专业进行了更严格的限制，非语言和教育相关专业将无法报名。在此基础上，考虑到工作岗位是美国的中小学，该项目的签证担保机构国际教育学院（Institute of International Education，缩写为 IIE）还要求报名者是中小学在职教师或是即将于一年内毕业的汉语国际教育专业硕士，大学在职教师将不接受报名。这将在一定程度上影响该项目的运作和管理。

来源文献：周之畅．“国家汉办—美国大学理事会”赴美汉语教师志愿者项目回顾与展望［J］．云南师范大学学报（对外汉语教学与研究版），2017，15（03）：83-87.

国际汉语教师派出工作的成功运作不仅与教师自身能力密切相关，也与其所在国家的政策与环境关系紧密。基于在美国大学的执教经验与体会，李惠文等在《当前国家汉办外派教师赴美工作中存在的问题与对策》一文中，通过调查采访和政策分析发现，在美中小学中文项目高速发展的同时，也存在一些问题。这些问题既有老问题，也有新问题；既牵扯两国政策和规划，也涉及教师自身问题。需要各方长远打算，互相配合，不断调查研究，制定并实施有效的方针策略，使在美语言文化项目稳定持续发展，促进两国友好交流。

文章从美国对教师资格要求、赴任时间、教师质量、教师培训、教师文化适应、教师对教学与生活环境的期待，以及教师资格证等七个方面分析了当前美国中小学中文项目运行中出现的问题与相应对策。

文章指出，2015 年及以前，赴美的汉办教师（不包含志愿者教师）主要来自国内高校，因此，来美国中小学任教的教师几乎都是大学教师。2016 年，美国政府要求来美国中小学工作的访问教师必须来自于国内相同或对等级别的学校（即小学对小学、中学对中学）、必须具有两年国内中小学教学经验、赴任前必须在中小学任教，2017 年政府换届后对使用外国雇员政策骤然收紧，这些变化无疑给我国提出了很严峻的问题和挑战。这些问题解决不好，在美项目必然会受到不良影响。对此，文章建议国家尽快评估美国政策变化给项目带来的冲击，尽快联络各级教育行政部门、外事外交部门，启动关于中小学在对外教育交流中的作用和比重的讨论，并根据情况及时调整汉办教师的来源、结构、选拔方式、待遇、组织协调等方面的政策和措施。为保证项目不出现大的波动，国家汉办需要根据现实需求，积极调整近期、中远期目标和相关政策，并积极做好与各级教育行政部门的协调工作。

在教师质量方面，文章指出，尽管许多学者看到了教师自身存在的许多问题，但对问题的实质没有进行全面深入的分析。看待这些问题，不能仅仅停留在表面，应当看到其反映出的理念、观念以及核心症结。文章认为，有两个普遍的理念性错误值得关注：一是会说汉语就能教汉语。作者指出，对外汉语教师首先需要扎实全面的汉语基础，同时需要具备先进的国际教学理念和能力。二是会说英语就能教美国人。作者认为，对外汉语教师要胜任教学工作，必须熟悉汉语作为第二语言教学的基本理论和方法，要充分了解美国主流外语教育理念和教育体制。

文章建议，应加强国内对外汉语专业后备人才的培养，在中英语文能力、汉语语言文学及文化知识、汉语第二语言教学技能、国际教育理念等方面加强学历教育。引导储备人才积极关注国际教育理念、了解和掌握先进教学方法。培训机构在各种实用技能方面进行重点强化，聘请美国一线教学专家进行相关培训。增加国际教学技能考核，从课堂设计的理念，到目标及检测手段，再到教学过程设计，必须有严格的要求，而且考核专家必须有一定比例来自国外教学一线，以保证考核录取的质量。

在教师资格证问题及对策方面，作者所调查的美国东部几个州的规定:（除特殊情况学校外）一般公立中小学教师必须具有教师资格证，不具备美国汉语教师资格证的教师不能单独进入课堂教授语言，只能做行政和文化推广工作。为防止出现法律问题，有些学校不得不额外派一名本土教师（大部分是班主任）在教室“陪同”汉语教师授课。作者认为，美国教师资格证的申请非常烦琐，且美国对教师资格证的要求会越来越高，越来越严，如果这个问题不能解决，要么影响汉办教师的积极性和稳定性，要么影响与美方学校的长期稳定合作。

文章特别指出，该问题涉及两国法律、各州政策及合作互信等因素，解决起来具有很大难度。因此建议，一方面美国大学向汉办教师候选人提供必修课，让他们在抵达美国前即具备进入美国学校实习的条件，经过短暂实习，即可申请当地的教师资格；另一方面，帮助汉办教师候选人进行各种资料认证，在赴任前就完成访问教师资格证的资料准备工作，抵达学区后由学区迅速审批，然后进入领证程序，这就会大大缩短资格证申请时间。当然，汉办也应充分考虑教师的经济承受能力，尽可能帮助他们解决费用的负担。另外也建议汉办积极探讨中国国际汉语教师资格证与美国汉语教师资格证对接和互认的可能性，并做出积极努力。

来源文献：李惠文，关春梅，庞晖．当前国家汉办外派教师赴美工作中存在的问题与对策［J］．云南师范大学学报（对外汉语教学与研究版），2017，15（03）：88-92.

【小结与思考】

随着理论探讨和实践反思的不断深入，教师培养作为解决“三教”问题的关键，其核心地位和基础性作用更加明确。学界对教师培养的关注也由要素探讨转向整体建构。国际汉语教师的培养和培训，选拔和管理等问题被逐步整合为培养体系、评价体系、配套政策和制度建设问题，以及培养规模、结构、质量和效益协调发展问题。

与往年相比，本年度教师及人才培养研究文献体现出如下特色：

一是更加关注从关系维度解析和阐释国际汉语教师角色的多重性。走出国门的汉语教师既是中国语言文化知识的传授者，也是中国故事的讲述者，还是国家形象的展示者。这些角色交织于他们的教学活动和日常生活中，形成了教师自我认知与环境适应两个紧密联系与相互影响的发展进程。在内部，它表现为教师对自身角色的不断认识与反思；在外部，则是教师与培养、培训、管理人员，以及当地学生、中外方同事和其他民众的各种交往与互动。在该背景下，相较于以往以数据统计和理论分析为主的研究方式，研究者基于对具体情境的洞察与理解，多采用“置身其中”的方法，探究个体的行动选择。有研究者指出，隐喻是研究教师职业思维和认知的一面镜子，并已成为研究人员研究职前教师在教师身份发展的关键阶段如何理解职业自我的一种非常有用的工具。研究者通过调查和分析68位汉语国际教育职前教师描述教师角色时使用的隐喻，探究他们的职前职业意识和信念，发现通过辩证分析他们的隐喻用法，职前教师可以反思有关教学、学习以及教育的个人价值、信念和理念，可以帮助他们更好地理解自己的职业角色和身份。① 同样基于海外教学情境的多元与复杂特征，有研究者在谈到国际汉语教育师资培养的重点问题时指出，需对教师“跨文化的国际视野与自觉的中国情怀”“传统教学方法与现代技术创新”“扎实的理论知识与灵活的实践应用”“跨学科综合素养与专业知识储备”进行辩证把握，实现平衡发展。②

二是与以往研究者从“入口”关注国际汉语教师的选拔和培养相比，今年的研究，强调由“出口”切入，直面汉语国际教育专业就业问题，从毕业论文写作和毕业生职业选择两方面对培养目标、课程设置和教学方式进行回视和反思，成为本年度文献的突出特点。在反思既有培养思路和培养模式上，学生学位论文的文本价值引起研究者重视并被深入发掘。在留学生方面，有研究者通过调查分析指出，留学生论文写作中的最大问题是书面语言表达障碍：首先是缺乏论文语体意识，其次是概括力差，对论文中的调查结果仅限于一般性描述，缺少深层分析。另外，留学生受母语负迁移的影响，论文格式、标点符号使用存在很多问题。③ 在中国学生方面，有研究者提出，学位论文作为学生学习实践、教师培养教育的一个总结，应充分体现应用型、复合型、国际化的学科特点。教学和实习是否有效，培养目标是否实现，很大程度上体现在该学科的学位论文能否有效地推动行业的发展。④ 这些问题的提出，都促使我们进一步关注、思考和探讨汉语国际教育硕士论文的写作指导工作，进而反思本科阶段培养方案的制定和专业课程设置等问题，对专业建设产生直接影响。

三是更加关注从外部环境视角探究教师的跨文化融入。跨地域和跨文化的语境是教师在海外生存和发展不可忽视的因素，教师的跨文化适应和融入问题也一直是学界的研究热点之一。在本年度的相关文献中，对该问题的探讨呈

---

①X. Ma & X. Gao. Metaphors Used by Pre-service Teachers of Chinese as an International Language[J]. *Journal of Education for Teaching,* 2017(43):71–83.

② 孙红 . 强化汉语国际教育的师资培养［J］. 中国高等教育，2017（Z1）：66–68.

③张幼冬 . 汉语国际教育硕士中外学生学位论文现状调查与分析［J］. 学位与研究生教育，2017（08）：21–25.

④ 周小兵 . 汉语国际教育专业硕士毕业论文的研究设计与写作（上）［J］. 国际汉语教育（中英文），2017，2（01）：25–32.

现更加多维和交互的研究态势。在持续关注教师自身提升跨文化理念、能力和实践水平的基础上，如何建构保证教师跨文化适应与融入的外部制度和资源保障体系等问题得到学界进一步重视，并在“一带一路”建设和国家公派教师项目、汉语国际教师志愿者项目等品牌项目的运作与管理中得到进一步探讨。有研究者指出，对孔子学院教师而言，语言能力很重要，但适应能力更重要。个人的跨文化适应与组织的整体适应及功能发挥相辅相成、相互影响，孔子学院工作人员的跨文化适应情况对自身的汉语教学及一系列文化活动的开展具有直接而又重要的影响，只有具备良好的跨文化适应能力，才能在此基础上正常开展教学、活动等工作，塑造良好的自我形象，提升孔子学院整体的跨文化传播影响力。①

在研究方法选择和研究方案设计层面，采用质性研究方法探索教师的角色认知和行动选择，对其话语意义进行深描和阐释，是本年度文献的特点之一，在外文文献中表现得尤为突出。所谓质性研究，是“以研究者本人作为研究工具，在自然情境下采用多种资料收集方法，对社会现象进行整体性探究，主要使用归纳法分析资料和形成理论，通过与研究对象互动对其行为和意义建构获得解释性理解的一种活动”，广泛应用于人类学、社会学、教育学、历史学、心理学等诸多学科和研究领域。② 作为一种兼具阐释主义传统和后现代批判意识的研究方法和理论取向，质性研究强调研究者与被研究者之间的主体间性和视域融合。国际汉语教师作为身处于跨文化情境中的能动个体，置身于当地独特的社会关系、制度结构和历史背景中，其自身心理结构在社会交往和社会行为中也在不断变化。对此，以“体验”和“移情”的方式，通过“参与”和“对话”对该变化进行描述和分析，系统呈现其特征，并进行理论阐释和建构，能够在一定程度上填补学界因专注理论思辨和实证分析留下的盲点或盲区，强化教师培养研究的生成性与建构性特征。特别在教师“实践智慧”“默会知识”和行动研究等领域，作为方法论的质性研究具有较强的适用性、可操作性和指

---

① 安然，何国华．孔子学院跨文化传播影响力评估维度研究［J］．广西社会科学，2017（03）：178-183.

② 陈向明．质的研究方法与社会科学研究［M］．北京：教育科学出版社，2000：12.

导意义。

当然，任何方法都具有一定的实用限度和适用边界，孤立、盲目、机械地使用某种方法，必然会造成路径偏离和效果缺陷。因而，作为一种不断“系统、精确、严格和形式化”的研究活动，质性研究对研究者的学术素养和技术应用能力提出了较高要求。研究者既要具备较为深厚的理论根基，还须遵循相对严格的研究程序，将“质”与“量”两种研究方法相结合，提升整个研究的适切性与科学性。

我们同时也看到，近年来关于加强汉语国际教育实证研究的呼声不断高涨，借助统计技术和计算机技术的发展，以实证为基础的量化研究受到持续关注，形成了包括实验研究、准实验研究，以及大数据分析等多种研究类型的方法体系。作为一个不断丰富、不断创新的方法链条，量化研究对教师培养和专业建设研究的功用不言而喻。研究者们在关注质性研究方法的同时，也须进一步着力提升量化研究的水平和质量，秉承求实精神，遵守实证原则，根据研究对象的特征和研究目的选择适当方法，推动汉语国际教育教师培养与专业建设研究进一步走向科学。

第三节　教学与资源建设

沉浸式教学是当前汉语教学界普遍关注的热点教学模式，特别是在美国，沉浸式外语教学已成为最重要的语言教学模式之一。崔永华《美国小学汉语沉浸式教学的发展、特点和问题》一文，回顾了美国小学汉语沉浸式教学的发展和现状，认为：1. 美国小学汉语沉浸式教学近十年的快速发展，在于这种教学模式具有特殊的第二语言教学效果；2. 美国小学汉语沉浸式教学兼有儿童母语教学和外语教学的性质，且汉语教学又有其特殊性；3. 汉语沉浸式教学，应当以隐性教学为主，同时也需要必要的显性语言教学。

在美国小学汉语沉浸式教学的特点方面，文章将其与成年人沉浸式汉语教学、母语儿童的语文教学、西方语言沉浸式教学进行了比较。主要结论包括：一是同以明德暑期中文学校为代表的成年人沉浸式汉语教学相比，小学汉语沉浸式教学中的汉语是沉浸的环境，而非直接的教学目标和内容。二是与汉语母语儿童的语文教学相比，小学汉语沉浸式教学属于二语或外语教学范畴，应当部分地遵循二语教学规律。三是小学汉语沉浸式教学是明显介于母语教学和二语教学之间的一种语言教学。四是与英语母语者学习印欧语相比，学习汉语的难度远远大于前者。其差别主要源于语言结构（语音、词汇、语法）和文字上的巨大差别，并特别体现在汉字的学习和运用方面。

文章通过以上比较，得到以下结论：1. 汉语沉浸式教学与中国儿童语文学习在学习目的、课堂环境、发音器官发育、学习心理、学习途径等方面有相通之处，因此教学设计要符合儿童学习的特点，包括儿童母语学习的特点；2. 汉语沉浸式教学具有第二语言教学性质，因此教学设计要考虑二语学习的一些特点，语言教学的方式应与儿童母语教学有所不同；3. 汉语沉浸式教学与印欧语的沉浸式教学有所不同，这主要体现在作为教学内容的语音、词汇、语法跟学习者的母语差距巨大，文字系统截然不同，因此在听说读写技能培养上难度大。在制定教学原则、选择教学方法上应当充分考虑这些特点。

作者根据观察和访谈指出，小学沉浸式汉语教学存在“高原现象”，即在幼儿园和一二年级，学生的汉语水平提高很快，幼儿园和一年级的学生尤为明显，但到三年级及以上，学生进步则大大放缓。对此，作者认为，缺少针对汉语沉浸式教学的外语性和汉语教学特殊性的教学设计，是产生“高原现象”的主要原因。其具体表现包括：1. 汉语教学内容大纲不明确。在汉语沉浸式项目中的美国小学生，其汉语知识、能力都是空白。教学设计中，必须明确教哪些语音、词汇、语法和汉字以及何时教，才能实施有效教学，并在此基础上培养学生的汉语交际能力。没有教学内容大纲和合理的进程安排，难以保证学习的质量和进度。前期缺乏扎扎实实的积累，基础没打好，很容易后继乏力。2. 缺少汉语教学的特点。美国小学汉语沉浸式教学对汉字教学的重视程度远不如汉语母语儿童的识字教学，缺少有系统的汉字教学方法和认真遵循汉字教学规律的汉字教学设计。汉字教学不力，必然影响读写能力的形成，更成为后续学习的瓶颈。因为学生的后续学习是以汉字和汉字使用能力为基础和工具的，特别是汉语课本的课文、词汇、练习等文本都是以汉字形式呈现的，缺乏汉字能力，必然严重制约后续的汉语学习。3. 缺少必要的显性教学。如缺少输出，缺少对汉语句型结构的明确学习，极少纠正学生的语音、词语、语法错误，缺少针对汉语教学难点的应对措施等。

针对显性教学问题，文章进行了因素分析与策略分析，提出四项具体建议：1. 制定明确的语言内容教学大纲，特别是要规定出基本的汉字、词汇内容，以利于学生按部就班、扎扎实实地掌握基本的汉字和词汇，为后续学习打好基础。2. 加强汉字教学设计，吸收一些中国儿童识字的手段，如背诵韵文、歌谣、诗歌等；也可以利用儿童记忆能力，采取死记硬背等手段，以获得汉字和阅读能力，保证掌握后续学习的工具。3. 在贯彻“输入大于输出”原则的基础上，保证学生有适当的输出，以利于学生真正掌握汉语的语音、词汇、结构，形成真正的汉语表达能力。4. 适时、适当地显性纠正学生的语音、词汇、语法、汉字以及交际中的错误，以提高汉语教学的效果。

来源文献：崔永华 . 美国小学汉语沉浸式教学的发展、特点和问题［J］. 世界汉语教学，2017，31（01）：116-127.

汉字是汉语教学的重要内容，在提高汉语学习者文化意识与跨文化理解方面具有独特功用。Fotini Diamantidaki 和 Katharine Carruthers《英国小学汉语教学：发展一种支持跨文化理解的新学习方法》（*The Teaching and Learning of Chinese in Primary Schools in England: Developing a New Learning Approach to Support Intercultural Understanding*）一文，结合伦敦大学学院教育学院孔子学院（下称“IOE 孔子学院”）所实施的英格兰新小学课程计划，指出当地少年儿童在语言学习早期学习汉字，可提高其文化意识和跨文化理解能力，并提出了具体教学策略。

文章指出，自 2014 年 9 月，英格兰小学开始实施新的小学语言学习项目，所有 KS2 年组（7 至 11 岁）的小学生必须学习包含汉语在内的一门外语。如何设置汉语课程和相应评估标准，成为相关研究者和一线教师共同关注的问题。Trapp（2014）撰写了一份 KS2 汉语学习大纲（PoS），并于 2016 年进行修订，在坚持以语言学习为中心的基础上，添加了更多文化内容，同一文件的新修订版本（Trapp，2016）包含更多文化内容，目的是强调语言与文化的交融，以促进跨文化融合。

文章认为，此做法有一定理论依据。汉语学习能够帮助年轻学习者拓展新思维、增进理解和沟通能力。汉语本质上是概念性的，与通过复杂语法和词汇寻求精确意义的欧洲语言相比，汉语使用语境将宽泛的概念缩小范围，来表达特定意义。（Trapp，2013：3）虽然有许多汉字和词汇具有精确的含义和不同词性（名词、动词等），但通常在汉语中，单个汉字或词语所承载的意义内涵只能通过具体语境才能获得确定意义。也就是说，在汉语中，语境化的词语和短语以及句子结构与其他语言中的时态、词性、单复数等起到同样作用，而根据语境来传递不同的信息和意义，恰恰是理解语言和文化的关键点。文章进一步指出，在过去 20 年里，语言文化教学方面的研究稳步增长，“学习一门语言不仅培养了一种有用的专业技能，而且还理解了沟通背后的语境和动机”。（Quist，2000: 137 as cited in Dervin & Suomela-Salmi，2010）为了交流而学习语言是不够的，学习一种文化和提高文化意识应该是语言教学的核心。将汉语作为外语学习内容呈现于英国语言课堂，一方面能够展示当地文化的生动和多元，另一方面，也向年轻学习者强调了分享文化的必要性，即他们可以将其他文化与自身文化相联系，从而进行反思，拓展文化理解的空间。（Race，2015：12）

根据上述理论框架，作者认为，应参照 KS2 语言学习项目的相关要求，制定一个新的汉语教学计划，在汉字教学和文化呈现方面采用新的策略。文章指出，在以往的教学中，为了简化语言习得过程，使习惯于罗马字母的年轻学习者更容易理解汉字的意义，教师常使用罗马拼音为汉语词注音。（Zhang & Zhu，2007）这种做法致使在新词汇的学习过程中汉字被拼音所淹没，特别在早期发音练习中，人们更依赖拼音。（Shu *et al.*，1993）对此，文章建议：1. 在汉语学习初级阶段，将拼音作为词汇学习“提示”而不是主要学习手段，学生通过反复朗读而非拼读学习词汇。通过听觉和重复建立汉字和发音之间的关联，使正确发音的基础更加牢固。（Trapp，2013：3）2. 在学习新汉字时，使用不同颜色对声韵母和声调进行注释，如用红色标识出所有读一声的汉字，用棕色标识读二声的汉字，等等。作为一种汉字识别和记忆策略，这种方法将视觉与词汇呈现结合起来，有助于促进学习者进行口头和听觉练习。

在汉字结构教学方面，文章指出，了解汉字结构是汉语理解整个过程中的一个重要环节。（Trapp，2013：3）虽然汉字已经演变成一个复杂的书写系统，不再完全保持其象形原貌，但不少汉字仍然保留了象形的本质。调查表明，对这类汉字的结构教学是吸引年轻学习者学习汉字的有效方法。另外，目前使用的大约 90% 的汉字是由形旁和声旁两个元素组成的形声字，其中，形旁具有指示汉字意义的作用。以此为线索，将汉字分解为某些便于理解和学习的“模块”，有助于低龄汉语学习者的学习。同时，用这种方式学习汉字也有助于加强学习者的书面和口头联系。

基于对文化教学的重视，文章认为，在对英国新汉语教师进行专门培训时，跨文化理解元素是必不可少的。特别应鼓励母语为汉语的教师，根据个人经验和兴趣，将传统中国文化融入他们的培训中，以帮助教师在教学中能够“关注不同文化群体之间的显著和细微差异”。（朱华，2014：199）

来源文献：F. Diamantidaki, K. Carruthers. The Teaching and Learning of Chinese in Primary Schools in England: Developing a New Learning Approach to Support Intercultural Understanding［A］. *Advancing Multicultural Dialogues in Education*［M］. 2017：71–85. 李桂春译，刘淑红校 .

词表是汉语作为第二语言课堂教学、教材编写及汉语测试的重要参考依据，研发合理、科学的词表作为汉语国际教育教学资源建设的一部分，逐渐得到研究者的关注。宋贝贝《汉语国际教育用词汇义类分布研究》一文，以《汉语国际教育用音节汉字词汇等级划分》（2010）的词汇部分为研究对象，以苏新春（2013）主编的《现代汉语分类词典》[①] 作为检测词汇义类系统的研究工具，系统考察了汉语国际教育用词汇的义类分布特征、存在的问题及义类分布属性。

① 该词典将现代汉语词汇义类层级分为五级，其中一级类 9 个，二级类 62 个，三级类 508 个，四级类 2 057 个，五级类 12 659 个，一至四级类之间主要体现为上下位关系，五级类内部主要体现为同、近义关系。

研究发现：1. 词语的一级义类分布体现为完全覆盖性，随词语级别提升，义类大体由薄变厚，这符合由少至多、由简至繁的习得规律；二至五级义类数量随词语级别提升而增长，义类的大幅增长尤其体现在中级水平词汇及下位义类；义类分布具有缺损性特征，从三级类开始出现明显缺损，越是下位类，缺损越明显；“普及化等级水平”词汇的一级义类分布体现为完全覆盖性、由薄变厚和由厚变薄的特征。2. 义类分布存在的问题主要体现为义类薄厚的变化和排序不符合词语习得规律。3. 义类分布属性体现为存缺性、复现性及序列性特征。这导致了一些问题，如义类的存缺性割断了同一义类词语学习的延续性，义类较大间隔的复现不利于及时巩固和复习，一些义类分布的词语不符合先口语后书面语的序列性特征。

对此，作者从词表研制、教材编写和课堂教学三个方面提出如下建议：

一是在汉语二语词表研制方面，须将义类分布作为考虑要素，并尽量使之符合习得规律。以往词表研制主要体现出唯频率标准的理念，缺乏从词义系统角度的考虑。今后词表研制应尽量增加义类分布的考量，以更顺应习得规律。如作者通过对“普及化等级水平”词汇义类分布的考察，发现在一级词分布的义类中，“辅助词”类排序靠前，义类较厚。该义类包含大量意义空灵的虚词，对入门水平的学习者来说难度较大，加重了入门词汇的难度，违背了先易后难的习得顺序。

二是在教材编写方面，须加强对义类分布属性的考虑。针对词表义类分布存在的存缺性、复现性和序列性等方面的问题，教材编写者应采取措施尽量回避这些问题。如尽量加强同一义类词语在不同水平教材中的复现，并且保持复现的连续性，避免较大间隔。初级水平教材注重教授口语词，到中高级教材再逐步强化书面语词。

三是在课堂教学方面，须根据学习者水平分配不同义类词语的数量。如初级阶段词汇教学应增加“具体物”类词语数量，尽量减少“抽象事物”“辅助词”类词语数量，而中高级阶段词汇教学应逐步增加抽象词的数量。

来源文献：宋贝贝.汉语国际教育用词汇义类分布研究［J］.语言文字应用，2017（03）：22-30.

如果说宋贝贝一文提出“以往词表研制主要体现出唯频率标准的理念，缺乏从词义系统角度的考虑”，那么李安《对外汉语词表的系统性及义类体系的作用》一文，则对词表研制中普遍采用的词频方法和语料库调查法的局限性做了进一步阐述和分析。文章通过对《新汉语水平考试 HSK 大纲》词表和《现代汉语分类词典》的统计对比，检验义类系统的作用，认为对外汉语词表须遵循系统性原则，广泛使用的频率法不能满足系统性的要求，也无法对词表提供系统性解释，而且作为频率来源的语料库调查法也存在问题。义类词典提供的义类体系一定程度上可以弥补频率的不足。上层义类可以为词表收词的整体性和语义分布的合理性提供依据，下层义类可以为词汇丰富性提供参考，整体上也为词表的词汇量提供依据。

对于在词表收词时所采用的语料库提取高频词的方法，文章认为，频率方法无法说明词表的语义属性，语料库调查法也存在局限性。频率方法的依据是 Zipf 定律，即在语料库中词出现的次数与其频次排名的乘积几乎是个常数。根据这一原理，高频词更具实用价值，而且频率也可以对词表的功能做一定程度的说明。但是频率本身也存在不足，虽然统计发现 5 403 个词的累积覆盖率达到 80%，但并不能说明学习者掌握了这些词就能看得懂 80% 的文本，或者应付 80% 的语言交流。而且频率也无法证明词表在语义系统方面的整体性和丰富性。与之对应，作为频率来源的语料库调查法也有局限性。作者将《新汉语水平考试 HSK 大纲》词表与《现代汉语常用词表（草案）》，以及从自建 2 亿字语料库中提取的词频表进行比较，发现共有词仅有 50% 左右。作者认为，这种差异虽有偶然因素，主要还是语料库调查方法的局限性造成的。首先，语料的构成对词频的影响非常大。其次，汉语词与词素界限不清晰的特点也对词频产生严重影响。再次，在微观层面存在大量相同、相近频次的词，这些词的取舍也会影响词表的客观性。

据此，作者提出，频率对词表研制有重要作用，语料库调查法也在不断改进，但还有不能解决的问题。需要能体现词汇系统的工具和方法来弥补这种不足，一方面对频率词表进行系统性检验和说明；另一方面帮助消除语料库各方面问题带来的误差、偏颇和模糊。从方法论的角度看，义类体系作为以词汇意义关系为核心建立的分层系统，结合数据库软件和统计手段，可以作为透视词表内在词义系统的工具，将混乱无序的词汇集合变成一个分层、有序的树形结构。

作者指出，义类体系在对外汉语词表研制中的应用主要体现在以下四个方面：一是通过上层义类规定词义系统的整体性与均衡性，二是通过下层义类考察词汇丰富性，三是为词表的等级安排提供系统性参考，四是为确定词量提供依据。

文章最后统计了《新汉语水平考试HSK大纲》词汇在《现代汉语分类词典》中的分布，发现大纲词表存在一些问题，主要有：较为完整地覆盖了上层义类，但也有个别义类没有收录；“生物、具体物”类词偏少；同义、近义层面收词不够丰富；词量偏少。这也验证了义类体系在对外汉语词表研制中的作用。

来源文献：李安．对外汉语词表的系统性及义类体系的作用［J］．语言文字应用，2017（03）：31-40.

国际汉语教材既是学习者接触汉语、了解文化的媒介，也是教材语料库建设的主体资源。周小兵等《国际汉语教材语料库的建设与应用》一文，基于“全球汉语教材库”的建设经验及体会，认为国际汉语教材语料库的应用价值主要体现在以下方面：教材编写指南的研制，教材评估与难度测定，测评软件的研制与使用，教材语料库与其他语料库的配合使用。

在研制教材编写指南方面，文章指出，如果能依据国际汉语教材语料库，根据教材中汉字、词汇、语法点、文化点的出现频率，研制出相应的字、词、语法点分级表和文化项目表，将会直接促进汉语作为第二语言教材编写，对国际汉语教学有重要的指导作用。

在教材评估与难度测定方面，国际汉语教材语料库可为教材评估与难度测定提供研究语料，依托语料库可以评估和测定教材中的词汇、成语、练习、文化项目等内容。研究者可以使用语料库和词汇分析软件，统计分析教材选词情况，从而判定教材难度如何，是否适合学习者使用。

在测评软件研制与使用方面，在教材语料库基础上，可以研制出相应的衍生工具，如教材语料难度分析软件等，促进智能化的教材评估、研究和编写。作者特别指出，“汉语文本指难针”是基于国际汉语教材语料库研制、面向汉语作为第二语言教学的文本语料难度测评工具。该工具采用语言数据智能技术，以“汉语教材语料库”中的课文语料为数据基础，提供汉语文本语料的难度评估与改编反馈。

文章特别强调了教材语料库与目标语语料库、中介语语料库和学习者母语语料库配合使用的问题。作者认为，在二语研究中，这三种语料库和教材语料库的功能有一定分工，须协同使用。例如，国际汉语教材语料库可考察“教什么、怎么教”；目标语语料库可以考察“教什么”；中介语语料库（学习者语料库）可以考察“怎么学”；学习者母语语料库可以考察“怎么学”。

文章最后对国内教材语料库建设存在的问题进行了归纳和总结：一是类别少，内部分类不够科学。海外非母语者教材语料库主要收录通用汉语教材语料，缺少专用汉语教材（如商务汉语、旅游汉语、医学汉语等）语料。在通用汉语教材内部，没有区分面向华裔的传承语教材和面向非华裔的汉语教材。二是规模不大，中山大学国际汉语教材语料库在国内规模最大，但仅有500万字。跟实际教材相比，汉语教材库收录的教材数量还是太少，且多以纸质媒体教材为主。多媒体教材只能查询基本信息，未将其纳入语料库建设。三是加工处理不够。如多数教材语料库仅做了分词、词性标注等加工。国际汉语教材语料库只能对字、词、显性语法点、显性文化点进行标注。教材的图片、表格、练习等内容尚未进行深入加工。

作者在比较国内外教材语料库后指出，国内教材语料库应用系统性不强，而国外这方面已初步形成从词汇到语法的各类应用，应用产品以词典、手机APP、教材等方式呈现出来。因此，作者认为，国内教材语料库发展的必然趋势，是依托现有教材库，编制出国际汉语教学各类大纲的参考依据，并形成教材编写的资源，通过从人工评定教材到机器自动评定的研发，构建出一套较完整的“人—机”评估模型基础，更好地应用于教学、服务于教学。

来源文献：周小兵，薄巍，王乐，李亚楠．国际汉语教材语料库的建设与应用［J］．语言文字应用，2017（01）：125–135.

语料库的平衡性是语料库建设中的一个全局性问题，要解决好这一问题，除了有正确的理念引导外，更重要的是在实践操作中贯彻和落实。李桂梅《“全球汉语中介语语料库”的平衡性考虑》一文，从影响汉语中介语语料库平衡性的关键因素出发，结合“全球汉语中介语语料库建设和研究”课题的研究经验，讨论了“全球汉语中介语语料库”在追求语料库平衡性方面的基本原则和采取的措施。

文章指出，影响汉语中介语语料库平衡性的关键因素主要有语料采集、语料类型的确定、语料比例的安排三个方面。大规模中介语语料库建设需要在一定时间内获得符合预期建库规模和要求的语料，同时获得实现平衡性所必备的各种背景信息。在此基础上按照特定的角度对语料进行分类，确定语料的属性标签，并且安排不同类型语料的比例。

在平衡性原则方面，文章指出，建设汉语中介语语料库的目的是为汉语作为第二语言的教学研究和习得研究服务，从这一目的出发，“全球汉语中介语语料库”建设的总体平衡性原则是以汉语国际教育的现实情况为主要参照，兼顾代表性和覆盖范围。

在平衡性措施方面，“全球汉语中介语语料库”从语料采集、语料属性标注、确定入库语料三个方面采取措施来实现整体语料库的平衡，并在语料库检索系统的设计上提供条件以满足不同研究者在使用中对平衡性的不同要求。作者认为，上述四个方面是“全球汉语中介语语料库”建设过程中保证语料库平衡的四个顺序性的阶段，每个阶段都很重要，并且前一个阶段为后一个阶段以及语料库的最终平衡奠定基础。

作者最后指出，中介语语料库的平衡性追求不可能有一个完美的状态，囿于理论和现实多方面因素的制约，总会有缺憾。因此，提供条件让语料库使用者自己选择符合特定研究要求的平衡语料尤为重要。要实现该目标，一是语料库总量要大，各类语料充足；二是语料要附带丰富的背景信息。

来源文献：李桂梅 .“全球汉语中介语语料库”的平衡性考虑［J］. 华文教学与研究，2017（02）：46-51.

【小结与思考】

汉语国际教育是一个复杂、多元，需要相互配合与支撑的体系。教学实践与资源建设作为其中两个重要子系统，既需要对其各自构成进行观察和剖析，关注和解决热点难点；也需要以系统思维和辩证思维进行统整思考，在教学理论与教学实践、教学的能动性与教育技术应用、宏观模式提取与微观方法选择的相互联系和相互作用中加以综合考察。这种思维特征在本年度相关文献中有所呈现，主要表现为：

一是对某些热点教学模式的探讨更趋理性与深入。随着“沉浸式教学”在北美地区取得显著成效，“MOOC”“翻转课堂”在全球教育界引起普遍关注，这些应用现代教育技术，融合创新教育理念，教学效果显著的教学模式被不断移植到汉语课堂中，研究者们对不同模式下的教学实施过程进行了较为全面的观察与分析。同往年相比，本年度关注该主题的研究者在积极回应和描述这些热点模式“是什么？”这一基本问题外，更加注重围绕该模式在汉语教学中“如何是？”，形成“向上”和“向下”两个路径的探寻。

其向上的路径是思考该模式在汉语教学中“应当如何”的思辨研究。尽管“汉语沉浸式教学”的提法由来已久，但崔永华《美国小学汉语沉浸式教学的发展、特点和问题》一文在对“汉语沉浸式教学”与“沉浸式汉语教学”“汉语儿童语文教学”“西方语言沉浸式教学”等相近教学模式系统比较的基础上，论证了该教学模式应遵循的基本原则和应着重关注的影响因素，加深了我们对该模式性质与特征的认识，促使研究者从价值层面对其应然状态有所思考，关注该模式在汉语教学中的适用范围及其与教学目标的契合性问题。

其向下发展的路径是形成描述或解释取向的实践教学研究。同往年相比，本年度文献对该主题的挖掘更加深入和细致。有研究者关注了慕课教学中教师角色的转换问题，指出教师实现从传统课堂教学到慕课教学的角色转换是教师适应教育革新的关键因素，其主要包含两个方面：一是慕课的到来，重新定义了教师的角色。它不仅需要教师提升综合能力水平，实现教学形式的全方位转变，更对教师心态调整提出了挑战；二是慕课对于教师的教学水平、知识的前沿性、综合性等各方面能力都提出了更高的要求，教师要作为“反思性实践者”，积极主动地提升自我，并在教育行动中不断反思，实现专业知识和能力的提升。[①] 基于在慕课教学情境下师生对自身角色认知的变化与转换，我们也可进一步思考这一新的教学形态对语言教学诸要素的影响，并基于教育教学技术的持续变革，探讨推动慕课与汉语教学有机融合的教学方式和人才培养策略。在对课堂教学的微观研究方面，有研究者以汉语二语课堂话语沉默现象为研究对象，基于会话分析理论，对话语沉默的类型与分布、沉默的时间长度、教师处理沉默的方式等进行描述和分析，指出教师要对沉默现象有正确的认识。课堂中过多的沉默行为不利于课堂话语互动。然而，这并不是说沉默现象应该完全避免，也不是说课堂沉默现象越少越好。正确对待沉默现象意味着教师能够区分有意义的沉默和无意义的沉默，为了减少无意义的沉默，教师在准备教学的时候越细致越好，这样可以大大减少课堂提问过于随意造成的沉默，而且合理转换教学环节和使用教具也会减少无意义沉默的时间。[②] 这些对课堂教学的细部研究无疑将有助于提升教学模式或方法的精准度和迁移性，给予教师和学生更多的“获得感”。

二是在教材建设层面，对教材评估标准框架和体系的探讨，以及基于具体教学对象和教学情境的教材二次开发和活用，构成了该论题下颇为引人关注的两类主题。在教材评估研究方面，与以往梳理教材发展史，分析教材文本内容，描述教材研发流程等通常采用的研究视角和路径相比，本年度研究更加关注教材建设的外部环境。有研究者以政策、需求、资金和机构为主要维度，通过 14 项具体指标评估东南亚 10 国汉语教材发展情况，指出该地区的汉语教材建设情况可大致分为“成熟型”“探索型”“待发展”三种类型。其中新加坡和马来西亚的情况属于“成熟型”，建议采取“主导、优化、辐射”的自主性发展策略；泰国、印尼、菲律宾、文莱的情况属于“探索型”，建议尝试“扎根本土、人才储备、聚集力量、市场引领”的汉语教育产业化发展道路；越南、

① 王添淼，张越 . 慕课教学中教师角色转换的叙事研究［J］. 课程 . 教材 . 教法，2017，37（03）：110–115.

② 李云霞 . 汉语二语课堂话语沉默现象研究［J］. 社会科学战线，2017（06）：273–277.

老挝、柬埔寨、缅甸的情况属于“待发展”型，建议采取“融入主流、加大扶持、注重效率”的帮扶式发展方向。[①] 我们认为，这种基于教材本土化与中外合作的教材建设理念，对当地汉语教材资源进行分类指导的研究思路，是一种颇为新颖的研究视角和有益尝试。在今后的研究中，包括教材编写者、出版者、中外合作者和学习者在内的多元主体，均可从不同视角参与国际汉语教材研发、出版和应用研究，从各个方面合力推动汉语国际教材建设。

此外，对教材本身的完善，特别是针对学习者偏好与学习特征对教材的二次开发，在本年度文献中再次得到研究者的关注。有研究者通过问卷调查区分视觉型与非视觉型两类不同学习者，并针对其学习风格对教材内容和练习形式进行相应处理，认为在实际教学中，教材不是金科玉律，任何一套教材都无法满足所有学习者的学习需求，因此教师需要根据学习者的特点对教材进行适度的二次开发。[②] 我们认为，教材二次开发作为“解决教材统一性与教学情境多样化之间矛盾的重要途径”，是汉语教材编写使用以及海外汉语教学开展的必要步骤，也是一个重要的研究领域，亟待引起学界的关注、思考和探讨。面对海外种类繁多，各具特色的汉语教材，汉语教师在教材二次开发过程中的转换作用不可忽视。如何结合教学环境和学习者需求，对教材内容进行有效设计和合理改造，是汉语国际教师必须具备的基本教学技能，而如何对该技能进行科学描述和有针对性地培训，并以此为抓手提升汉语教材在世界各国的适用性，则可成为学界关注和研讨的话题。

三是在对既有经验的梳理与总结上，回顾近 10 年来国际汉语教材编写和教育技术应用研究成果的综述类文章呈现出较高的学术水平，这对学界了解学科发展动态，反思发展短板提供了有益参考。有研究者对汉语国际教育 10 年以来汉语教材编写情况进行了概貌描摹，分析指出与 1979 至 2008 年同类论文相比，近 10 年汉语教材编写研究呈现以下新特点：一是教材建设展望和回顾类研究减少，对教材编写的一般性问题的探讨包括对教材中语言文化要素，以

① 梁宇．东南亚汉语教材发展评估的国别比较研究［J］．民族教育研究，2017，28（05）：113-121.

② 吴思娜，陈宣．基于不同学习风格的教材二次开发——以匈牙利罗兰大学汉语学习者为例［J］．云南师范大学学报（对外汉语教学与研究版），2017，15（01）：32-38.

及教材结构体例的研究增多；二是基础汉语、中高级汉语等类型教材研究比率减少，针对技能教材、选修课教材和特殊对象教材的研究数量增多；三是国别教材研究数量快速增长；四是教材个案研究地位弱化，教材史研究异军突起。作者认为，教材建设研究亟须加强教学理论创新研究，促进“教材”向“教学资源”的转变；加强教材编写基础研究，促进“静态教材”向“动态教材”的转变；加强教材编写的类型和国别研究，促进“多用教材”向“专用教材”的转变。[①]在对汉语教育技术研究成果的回顾方面，有研究者对2006年后在中国大陆公开发表的涉及教育技术研究的近1 600篇论文进行了梳理，发现既有研究体现出以下特征：多媒体汉语教学研究走向纵深；汉语网络教学和学习设计研究成为热点；关注前沿科技和中文信息处理技术的应用；研究方法上重视汉语教育技术应用的实证研究并引入计算机模拟的方法。基于此，作者认为，在世界教育技术大发展的背景下，需更新对汉语教育技术研究的认识，今后的研究重点和发展方向应聚焦于在教育技术研究的基本框架下开展汉语教育技术的理论与实践研究，加强基础研究并逐步建立汉语教育技术本土理论，以及以大数据研究方法推动汉语教育技术研究。[②]

总体而言，现实变化让我们深切感受到，科技发展正在并将进一步引发汉语国际教育领域的深度变革。这种变革在一定程度上表现为知识形态从“知识赋型”向“比特传播”的变革，课程从“栖居纸本”向“悠游网络”的嬗变，以及课程生产从“他者裁定”向“赋权增能”变迁。[③]伴随着人工智能、大数据和互联网等信息技术与教学的进一步融合，我们认为，技术将更加全面地隐身于教育的背后，或者说以一种隐形的或间接的方式影响汉语国际教育的方方面面。其中，既包括联通式学习和泛在学习等新型学习方式的不断出现，进一步突显语言学习崇尚自由、平等和交互的价值理念；也包括翻转课堂和网络教学等各类创新教学方式和教学模式的涌现，转换师生角色，以及教与学方式。

① 耿直．“汉语国际教育”十年来对外汉语教材编写研究综述［J］．河南社会科学，2017，25（04）：112-115.

② 郑艳群．汉语教育技术研究的新进展与新认识［J］．国际汉语教学研究，2017（04）：60-67.

③ 余宏亮．数字时代的知识变革与课程更新［J］．课程．教材．教法，2017，37（02）：16-23+60.

这些可感知、可描述和捕捉的新现象均将引起学界的进一步关注，形成新的问题指向。不过，我们认为，科技发展所带来的更加深层的影响在于互联网技术覆盖下的互联思维对人们知识观和语言观的变革。一方面，现代技术的引入使语言知识从线性走向网格，人们习得语言的方式也从系统性走向去中心化后的泛在性与交叉性；另一方面，语言的交际功能在网络虚拟环境中得到进一步强化，语言学习成为人们获得大众认可、肯定自我和关注他人的存在方式之一，以主体价值、多元价值和交互价值为基本结构的价值形态，影响着学习者对专家与教师权威性的认识、对作为产品终端呈现的教学资源的利用，以及对学习过程中教育支持服务的评估。

在该背景下，研究者对技术的颠覆性作用以及科技本质的思考显得尤为必要和紧迫。我们认为，基于教育模式变化的视角，重新思考互联网时代教育时间的运行和教育空间配置问题；探讨网络学习环境中，语言学习共时性特征和及时性特点，逐渐淡化对语言学习本质和教师作用的影响问题；教育数据服务的体系建设和监管问题等，均应成为当前研究者关注和思考的话题。延续该视角的思路，进一步观察、思考与研究人工智能、大数据和互联网背景下，汉语国际教育教学内容、教学资源、教学模式、管理方式、评价体系和教师角色等层面的诸多变革，及其对学科建设和专业发展的加速迭代效应，也许是实现信息技术与汉语国际教育深度融合的可行途径。

|第三章|

发展研究

2018年1月，中央全面深化改革领导小组审议通过《关于推进孔子学院改革发展的指导意见》，为孔子学院在新时代的发展提供了行动指南。会议指出，推进孔子学院改革发展，要围绕建设中国特色社会主义文化强国，服务中国特色大国外交，深化改革创新，完善体制机制，优化分布结构，加强力量建设，提高办学质量，使之成为中外人文交流的重要力量。新时期的孔子学院，需要通过改革创新更好地服务于国家建设文化强国的目标，更好地加深世界对中国文化和当代中国的理解。

本年度有关文献也在尝试对上述问题提出自己的观点和看法，并进行针对性地分析和解答。相比往年，2017年度文献的研究主题和内容呈现出三个方面的特点：从宏观层面来看，更加关注稳定、可靠的外部环境对孔子学院自身建设的影响，更加关注专业、持续的外部力量对孔子学院内部发展的支撑，这本身就是提高孔子学院治理能力的重要内容；从中观层面来看，体制机制和运行模式是一个无法回避的问题，关于此问题，伴随着孔子学院建立与成长就一直被关注和争论，本年度相关文献呈现出的主要特点是更加理性、客观、系统，尽管一些观点还有待商榷和论证，但无疑将引导学界和实践者去思考，去揣摩，去争鸣；从微观层面上来看，逐渐对若干现实问题形成聚焦，关注孔子学院在海外教育机构或社区物理存在这一运作优势的凝练与发挥、关注孔子学院文化传播中内容选择与路径选择的协调性等等，逐渐形成“由点到面”式的研究观点。

鉴于此，本章第一、二、三节分别以上述三个方面，以“资源整合与力量建设”“体制机制与运行模式”“传播场域与传播路径”为题进行设计。从文献的研究视角和作者的专业背景看，孔子学院和汉语国际教育领域的管理者和参与者开展了不少宏观层面的研究，中观、微观层面涉及孔子学院机构自身发展的研究，主要是来自传播学等社会科学领域的跨学科剖析。这是一个值得关注的现象，一方面，业内人士“跳出孔院看孔院”，理性分析外部环境对孔子学院发展的影响；另一方面，关于孔子学院的研究在政治学、传播学、教育学等研究领域也开始得到一种“身份认同”，不同背景和专长的研究者，开始把孔子学院放在国内外整体环境中，考察它与政治、经济、社会、文化、教育等各种社会现象的关系。

2017 年的报告曾在“第三章 发展研究”中设立了“‘一带一路’建设中的开放与合作”专题，有关文献大多在关注“一带一路”为孔子学院带来的机遇与挑战。相比以往，今年的文献更加注重在国家对外交往日益深入、“一带一路”稳步推进的背景下孔子学院的发展对策和具体操作等问题。基于此，本章第四节以“专题：区域与国别研究”的形式进行设计与呈现，以利于引导各国各地区的孔子学院发挥各自竞争优势、实现特色发展与嵌入式发展。

第一节　资源整合与力量建设

2017 年 6 月 2 至 3 日，北京外国语大学举行“国内承办院校孔子学院可持续发展论坛”，国内部分高校孔子学院管理机构负责人围绕“提升支撑能力，促进孔子学院新发展”和“打造海外学院，加快高校国际化进程”两个议题进行了深入探讨，分享了各高校相关工作内容的思考和实践，并对未来孔子学院的发展提出了设想和建议。主要建议包括：建立相关机制，将参与孔子学院建设纳入高校的核心评价体系，调动学校各部门的积极性，整合各方面资源，形成联动机制；因地制宜，打通各孔子学院之间、各承办院校之间的交流合作渠道，形成合力，资源共享，促进区域发展；提升文化活动的规模和影响力，搭建教育文化合作交流平台；对海外孔子学院，加强顶层设计，开展科学规划，实行分层分类管理等。

随后，2017 年《国际汉语教育（中英文）》第 3 期专门设置了以“中国大学与孔子学院建设”为主题的专栏。专栏以上述论坛研讨为基础，邀请有关专家从理论和实践两个方面，探讨孔子学院在国家发展与建设中的定位和作用以及大学如何通过参与孔子学院建设实现“双赢”，即中国大学如何通过体制机制创新，提升支撑能力，更好地发挥办学主体作用，促进孔子学院新发展，助力构建“人类命运共同体”，促进“一带一路”建设；同时探讨怎样加快中国大学自身国际化进程，促进“双一流”建设。

“孔子学院在第二个十年如何发展”是专栏文章的核心命题之一。关于这一命题，见仁见智的观点很多，但“提质增效”的理念已成为下一步发展的共识。为实现这一目标，孔子学院在新时期发展路径的选择、外部环境的营造、内部治理结构的设计等，都是其可持续健康发展的关键要素。宁继鸣在《新常态：孔子学院的完善与创新》一文中指出，在新的发展阶段，新常态是孔子学院可以借鉴和引进的概念。作者指出，新常态是指一种不同以往的、相对稳定的状态。换句话说，是经过一段非常规态之后，人们通过总结和反思，对事物有了一个更加完整的体验和认识，从而重新恢复的一种正常状态。从“新常态”的特点及其内涵或本质看，这一主要用于经济领域的治国理政观念完全可以借鉴和引进到孔子学院发展建设中。“新常态”的本质“提质增效”，是孔子学院下一阶段最重要的发展理念和目标要求。因此，在目前已有的层级和基础上，研究和探讨如何面对新的形势和要求，通过调整节奏、改善结构、增强定力等手段和措施，强化构建“制度信任”机制，有效吸纳社会参与力量，以期实现一个更好、更稳定的健康可持续的发展状态，是孔子学院的“新常态”。

文章认为，按照“新常态”的内涵与要求，所有的改变或指向都应该是为了孔子学院“运行更稳、结构更优、发展更具动力”。新的发展阶段，孔子学院需要强化“共享空间”，规避“无限责任”；需要保持政策定力，加强能力建设；需要向改革创新驱动要发展动力。鉴于此，文章重点讨论了以下四个方面的问题：

第一，辩证理解“双重使命”，坚持话语表达“内外有别”的原则。作为一个语言与文化传播机构，孔子学院教学活动过程中的感知与接受、沟通与交流过程中的认知与理解等，都是国际社会观察和接触中国的重要途径。通过孔子学院，国际社会及各国民众可以更加真实和准确地了解中国，了解中国文化，了解中国人民，从而为中国的建设和发展提供一个更加稳定与和谐的外部环境。应该指出，孔子学院对于国家“软实力”建设的贡献有很多，但最基础最扎实的贡献还是体现在教师及其教学实践活动中。在宗旨与使命框架下，孔子学院的“双重使命或任务”是职责所在，并没有背离机构本身的属性与定位。因此，无论是从社会的视角还是从媒体的聚焦关注看孔子学院的功能与价值，将孔子学院与国家“软实力”建设联系在一起，是有依据和理由的。只是应该注意，当这个问题与某些较强意识形态话语“假设”联系在一起时，容易引起一些人的联想和误解。从这个意义上讲，我们的话语表达或媒体宣传还是应该注意区分语境，坚持“内外有别”的原则。

第二，明确办学主体及其责任与义务，统筹处理好“三个关系”。一是孔子学院与政府以及政府部门之间的关系：与政府的关系不仅关涉机构的属性和定位，而且直接影响体制机制、评价体系、资源配置和外部环境，目前二者之间的关系是不稳定的，责任边界是不明确的。二是在孔子学院与承办院校以及地方教育机构关系方面，需要厘清彼此之间的关系是“委托代理”“购买服务”还是“公共平台”，以及谁是办学主体；相互之间的关系和定位不仅关涉目标与规划，而且直接影响办学资源的配置及其优化。三是孔子学院与社会的关系，也可表述为与社会力量（公众舆论、企业、其他）之间的关系。这个关系将会影响到改善“外部环境”，促进“资本合作”，提升“服务质量”，以及在互利共赢的基础上，在办学目标和理念宗旨的框架下，能否实现各自的预期与价值。

第三，对汉语师资分类管理，为孔子学院发展提供制度和环境保障。孔子学院应做到最大限度地利用好政府资源和社会力量，进一步改革和完善国内汉语教师的从业环境和成长机制，建立国际汉语教师志愿者就业与储备机制，解决关涉海外本土教师的培养机制和资格认定等问题。这些问题仍是当前最紧迫最基础的工作，也是最需要政府出面解决的。政府在孔子学院发展的不同阶段应该扮演不同的角色，发挥不同的作用。作为推动者和监管者，政府需要在一定的法律体制下，对孔子学院的国内参与主体以及海外业务等进行监督和管理，为孔子学院的发展提供必要的制度保障和环境保障。①

第四，建立中方院校汉语教师队伍建设的长效机制。负有办学主体责任的国内承办院校，是人力资源（教师或中方院长）的主要供给方，受到传统办学模式以及各种主流评价指标的影响，特别是在职称职务晋升标准或条件方面，很多院校常常还是会采取“短线操作”的方式，缺乏汉语教师队伍建设的长效机制。作为一个具有较高人文素养和职业能力要求的岗位，作为一项服务于国家发展战略和中华民族的事业，孔子学院对“合格师资”的政策性观照和安排理应得到政府以及所在单位的制度保障。评价体系既是一种引导，也是一种动力。孔子学院的支撑要素，特别是教师要素进入评价体系后，不仅资源配置可以优化和稳定，孔子学院也可以最大程度上消除各种不确定因素带来的影响，消除外界关于政府不得不承担“办学主体”的种种猜想；孔子学院的日常运作不再是依靠文件精神或“投资驱动”，而是依靠内部机制形成的动力，依靠办学主体的主观能动性。

文章最后指出，新常态下，孔子学院的“力量建设”应该得到重视和保障，其建设和发展过程应该是“稳定”的，是依照“轨道”运行的。完善与创新的根本在于顶层设计的科学性和有效性，其中包括孔子学院的支撑力量是否纳入体制内进行考量和安排，以及如何建立一个能够激励社会力量广泛参与的内外部环境。新常态的关键之一在于“制度信任”，在于办学主体对办学资源的“计划性安排”，在于资源配置的主观能动性。新常态下的孔子学院，应该是社会运行的一个组成部分，不应是附着在主流社会或承办机构主体运行轨道上面的一朵“鲜花”。

来源文献：宁继鸣．新常态：孔子学院的完善与创新[J]．国际汉语教育（中英文），2017，2（03）：10-15.

① 转引自：王海兰，宁继鸣．适度干预：孔子学院发展中的政府行为选择[J]．云南师范大学学报（哲学社会科学版），2016，48（01）：54-61.

中外大学是孔子学院建设的重要“力量”，建好孔子学院是双方共同的目标。这一目标的实现，有赖于双方的利益共同体的意识，处理好各自利益需求，有效规避或化解利益冲突。周勇在《中外大学合作建设孔子学院的利益分析》一文中指出，如何在“汉语教学”“文化传播”和“学术交流”之间找到平衡点，使得各参与方，特别是作为主要参与方的中外大学的利益诉求都得到一定程度的满足，是孔子学院得以持久发展的关键所在。为揭示满足双方利益的相关点，文章就中外大学建设孔子学院的利益诉求及其满足条件逐一进行了分析。中外大学利益诉求见表 3-1，“+”表示行列所示需求存在正相关（一致性），“–”表示行列所示需求存在负相关（冲突），“+/+”表示行列所示需求存在高度一致性，“+/–”表示行列所示需求同时存在一致性和冲突。

表 3-1　中外方大学利益诉求的相互关系

中方 外方	国家战略	大学国际化	学术交流	学生交换	资金支持
多元文化	+/–	+	+	+	+
中文教育	+/–		+	+	+
学术交流		+	+/+	+	+
学生交换		+	+	+/+	+
社会影响	+/–				+/–
资金支持		+	+	+	
独立性	–				–

表 3-1 清晰地反映了中外双方利益诉求的一致性和潜在冲突。如在“学术交流”方面，外方高校希望借助孔子学院这一平台，促进和中方合作院校在中华文化传播等不同领域的校际学术交流。外方大学的学者，特别是与中国问题或中国研究相关的学者，借助孔子学院的平台开展与中国同行的交流合作。这些学者成为孔子学院发展的受益者和孔子学院“利益相关方”，就会更多地关注和支持孔子学院。而对于中国大学，获得世界声誉和影响力的重要条件就

是其学者的学术影响力，这需要广泛的学术交流。孔子学院作为双方大学的共有平台，对中外学者进行学术交流，尤其是人文社会学科的学术交流，发挥了平台和促进作用，这种作用越明显，中方院校领导和教授的支持力度就越大。再如，中方“资金支持”和外方“独立性”利益之间同时存在一致性和可能的冲突。对中方大学而言，通过孔子学院相关的资金支持，既可以增加留学生、邀请中国问题（汉学）专家交流访问，又能够推动本校人文社科学者赴外举办讲座，参加汉办支持的中外共同研究项目。而对于孔子学院的外方承办大学，在获取资金支持的同时，常常面临保持“大学独立性”的诉求。

鉴于此，文章的分析结果和结论如下：1. 在“学术交流”“学生交换”两类需求方面，中外大学的利益诉求高度一致，这是在中外大学合作建设孔子学院的过程中要特别强调的。2. 在中方的“国家战略”与外方的“多元文化”“中文教育”“社会影响”需求方面，中方“资金支持”和外方“社会影响”方面，存在着一致性和冲突共存的现象，这就要求我们在推行国家战略和提供资金支持的时候，一方面要让合作方能从中获取“利益”，另一方面务必注意尽量避免或缓解给合作方利益造成损失。3. 在中方“国家战略”和外方“独立性”，中方“资金支持”和外方“独立性”方面，存在着可能的冲突，需要我们有意识地弱化这些方面的影响，避免产生直接冲突。

来源文献：周勇 . 中外大学合作建设孔子学院的利益分析［J］. 国际汉语教育（中英文），2017，2（03）：16-20.

中方合作院校是孔子学院的办学主体之一，孔子学院建设与发展离不开中方合作院校在管理人才、师资、教材、文化项目等方面的全方位支持。张晓慧在《论中国大学对孔子学院发展的支撑能力建设》一文中，认为中国大学参与孔子学院建设应具备人力、物力和智力等三个方面的支撑能力。

文章指出，中国大学对孔子学院建设的支撑能力虽然不断增强，但仍然不能满足孔子学院快速发展的需求，进一步加强支撑能力建设是重要而紧迫的任务。在人力支撑方面，首先，外派人员选派难的问题一直未能很好地解决。不建立一个有效机制，教师、干部参与孔子学院建设的积极性就无法充分调动起来，选派的过程也就十分艰难。其次，各外语类院校未能有计划、成规模地培养通晓非英语语种的国际汉语教育人才，通晓非英语语种的汉语国际教育专业硕士占总人数的比例不足 20%，有些非英语国家孔子学院的中方人员中竟无一人懂当地语言。在物力支撑方面，外语类院校非英语语种师资力量不足，参与编写国别教材和工具书的能力有限，编写周期长，不能满足孔子学院急迫的需求。经典外译和精品外译的语种数量较少。由于教材、工具书和译著在职称评审中均不能作为重要成果，教师的积极性不高。在智力支撑方面，存在“研究成果扎堆、研究方式和内容雷同的问题，尤其教学研究和发展研究领域，许多成果基本都是对某个孔子学院的描述性介绍”[①]。此外，信息研究缺乏连续性，理论研究与实践研究结合不够，缺乏系统深入研究，权威专家较少，也是目前面临的问题。

鉴于此，作者分别从人员能力建设、人才培养、智力支撑能力建设、物力支撑能力建设、深化与外方大学合作等五个方面为孔子学院中方承办院校提出了建议。

在人力支撑能力建设方面，加大对孔子学院中方院长与汉语教师选拔与任职的政策支持。中国大学应根据承办孔子学院的规模和人员数量的基本需求，制定外派队伍建设规划，把孔子学院外派队伍建设与师资队伍建设、干部队伍建设有机结合起来，依托孔子学院平台，锻炼师资队伍和干部队伍，开阔国际视野，提升跨文化交流的意识和能力；明确相关院系在孔子学院人员选派中的责任和义务，适当增加教师编制；进一步提高孔子学院外派人员的待遇，切实为他们解决后顾之忧。同时，承办孔子学院数量较多的大学，可尝试在学校设立专职中方院长岗位，明确岗位职责，选聘具有孔子学院工作经历、表现出色、个人有意愿长期从事中方院长工作的干部或教师担任专职院长，推动中方院长职业化的发展进程。

在人才培养方面，要加大力度，增强人才培养的针对性。各外语类院校需要有计划地培养通晓双外语（英语 + 小语种）的汉语国际教育专业硕士，

---

① 安然，魏先鹏，许萌萌，刘程 . 海内外对孔子学院研究的现状分析［J］. 学术研究，2014（11）：129-136+160.

配合国家战略，为全球孔子学院，特别是“一带一路”沿线国家孔子学院培养高层次汉语教育和管理人才。在校内培养的同时，开展语言文化网络学习平台的建设，开设非英语语种的短期强化课程和常规课程，通过安排网上答疑、暑假面授等方式辅助学习者，为社会人士和各高校学生提供了解和学习非英语语种的便利条件。积极落实“孔子新汉学计划”，广泛了解海外需求，调配校内优质资源，开发孔子学院外方合作院校的优质生源。

在智力支撑能力建设方面，努力协同创新，开展中国语言文化走向世界的战略研究。中国大学需要加强科研合作，整合孔子学院一线教师和校内专家学者，联合校外和国际同领域专家，组建二语习得研究、国家语言战略研究、中华文化海外传播研究等方向的研究团队，产出中华语言文化“走出去”战略研究的学术成果和研究报告，为孔子学院可持续发展提供学术支撑和智力支持。

来源文献：张晓慧．论中国大学对孔子学院发展的支撑能力建设［J］．国际汉语教育（中英文），2017，2（03）：5-9.

【小结与思考】

“资源稀缺性”是经济学乃至其他社会科学的一个重要概念和研究基础。解决好资源稀缺和需求无限这一人类社会的基本矛盾，一要靠技术进步，二要靠科学管理。同样，“资源整合”“资源共享”“资源供给”“资源配置”等成为孔子学院建设发展与科学管理的“高频词”。妥善解决孔子学院快速发展中的资源需求问题，既是目标，也是过程。对这一问题的理解、探讨与解决还是应该回到原点，回到对“资源”这一概念的基本界定，回到我们秉承一个什么样的“资源观”认识与理解孔子学院的建设力量。

从专业的角度来看，资源是资源基础理论中最基础的概念，它是指“组织（企业）[①] 控制的所有资产、能力、组织过程、组织特质、信息、知识等等，是由组织为了提升自身的效率和效益而用来创造并实施战略的基础（Daft,

① “组织”是比“企业”更加宽泛的概念，下文不再做细分，统一使用“组织”这一概念。

1983，转引自 Barney，1991：101）”。作为中国文化走出去的国家重大项目，孔子学院的建设和运行资源来自方方面面，因此，资源整合的效率和效果直接决定孔子学院的成效。所谓资源整合，就是将一些看起来彼此不相关的事物加以组合，创造出新的力量，使各种资源自身的价值得到增值的过程。孔子学院的资源整合，是在孔子学院建设与发展过程中，将不同类型的资源进行选择、汲取、置换与配置、激活与融合，既包括从孔子学院系统外部获取资源的宏观战略层次，又包括孔子学院系统内部资源优化配置、深度融合的微观操作层次，资源整合能力决定着孔子学院系统内外资源的效能能否得到充分有效发挥，是孔子学院力量建设的基础，亦将影响着孔子学院的竞争优势。

在宏观战略层次，孔子学院系统外部的资源，主要来自中外的政府机构、企业，以及媒体等社会组织。本着“资源不求所有，但求所用”的原则，孔子学院进行外部资源的挖掘、吸收和利用，要重点做好以下三个方面的工作：

首先，明确资源需求。孔子学院应基于自身的发展定位与特色，明确需要的专业资源及其供给方。如需要政府提供的是政策与合法性支持，以及资金等支持；需要企业提供资金、物品、设备设施等多方面的支持；需要媒体提供品牌塑造、活动推广等方面的支持。

其次，建立回馈机制。商业谈判和市场竞争中所谓“没有让步、只有交换”的原则，在某种意义上为孔子学院提供了借鉴与启示，资源供给方的需求同样值得高度关注。建立回馈机制，是资源供给方持续投入并合作建设孔子学院的基础。在此过程中，政府关注的是孔子学院的公益性和对社区民众服务的力度，孔子学院可以通过推介已实施项目加深政府的信任与理解；企业更加关心长期和短期的经济效益和竞争能力，孔子学院可以吸引更多的企业员工体验和参与有关项目，加强认同；媒体在关注公众利益的同时，重视孔子学院的新闻价值，因此，有倾向性地进行议程设置、创造媒体关注的新闻内容，既是与媒体合作的基础，也是有效回应片面性新闻的手段。

最后，建立引导机制。在通过回馈机制满足各方基本利益需求的基础上，引导各方充分认识与孔子学院互动，有助于建立互利互惠的利益共同体。如对于政府而言，孔子学院作为非营利组织承担的是公共产品提供者的角色，这本身就是“政府、市场、社会”三元治理体系中的重要内容，是对政府“缺位”和市场“缺位”的“补位”；对于外国政府而言，孔子学院承担的功能与当地的其他国际性社会组织在本质上是一致的；对于企业和媒体而言，兼具教育属性和文化属性的孔子学院为其提供了承担社会责任的重要平台，提供了进行跨国跨地区市场推广和品牌塑造的软力量。

在实务操作层面，孔子学院系统的内部资源，主要依靠孔子学院的办学主体即总部和中外方相关教育机构的投入，其中寻求孔子学院系统最优的最大公约数是目标，资源在最大限度上流动流通是手段，培育和使用专业资源尤其是人力资源是关键。如何实现孔子学院系统最优及可持续发展，年度文献提出了不少具有现实意义的观点，我们认为，以下三个方面特别值得进一步思考：

一是推动“职务院长”向“职业院长”转型。

孔子学院业内有一种说法是“院长即孔院”。这种说法尽管略带感性，但反映的确实是一个普遍共识，即院长在孔子学院发展中起着关键作用。鉴于此，有研究在综合分析围绕孔子学院运转的各种关系、植入性等内容之后提出了所谓的孔子学院院长精神[①]，也有研究通过分析孔子学院在海外发展所面临的语言产品产业化、中华文化传播推广、学术科研和跨文化社会关系构建等主要任务，提出院长要具备良好的环境分析和经营能力、对中华文化的国际化表达叙述能力、学术观察发现和钻研能力、跨文化交际能力，以及在国外工作环境下团队建设和管理能力。[②]尽管院长能力的构成与分类存在争议，但对院长的综合能力、职业归属感和认同感的全面要求，已成为不争的事实。职业院长与职业教师等两支队伍的建设对孔子学院同样重要。职业院长不仅仅是一种职务，而是指一个具备某种能力和精神特质的社会群体。推动“职务院长”向“职业院长”的转型，关键在于院长职业的标准化和规范化，关键在于制度建设的供给水平和推进力度。

二是推进知识管理，积累孔子学院系统的无形资产。

---

① 王刚．孔子学院的院长精神［J］．山东社会科学，2015（S2）：25-26.

② 谢江．孔子学院院长能力类型和结构分析［A］．全球化的中文教育：教学与研究——第十四届国际汉语教学学术研讨会论文集［C］．中国澳门大学、中央民族大学、美国罗德岛大学，2017：9.

“铁打的营盘流水的兵”，在资源和资本的流动中，成功经验乃至失败教训被稳定和固化下来，进而转变成组织的知识财富和无形资产，这不得不说是孔子学院可持续发展应该努力的方向之一。尽管职业化发展已经取得孔子学院业内共识并付诸实施，但人员流动现象仍然会长期存在。因此，孔子学院的知识管理是继人力资源管理后一个重要的基础性工作。早在2012年召开的第十一届国际汉语教学研讨会上，就有学者提出了关于教师“显性知识”和“隐性知识”的问题。[①]从知识管理的角度来看，促进孔子学院院长、专任教师、志愿者个人知识和能力向孔子学院乃至整个孔子学院系统的知识和能力转化，一方面可以使知识和能力聚焦，产生更大的合力，另一方面也有助于形成“依靠人但不依赖人”的管理系统。这是孔子学院系统的公共产品和品牌资产，从某种意义上来说，也是孔子学院建设与发展无形、无声的力量。总部在其中扮演什么角色，各孔子学院又将承担什么样的责任，是一个值得深入思考的命题。

三是继续推动各类形式的孔子学院联盟，加大联盟内部的资源与资本流动。区域性孔子学院战略联盟，是实现孔子学院整个系统的资源优化配置的一种形态或曰一个阶段。近年来，从孔子学院的区域中心和国家中心，到上海、重庆等地的孔子学院承办院校成立的省市级孔子学院工作联盟，再到大休斯敦地区大学孔子学院联盟、非洲孔子学院农业职业技术培训联盟，乃至北京语言大学等国内高校成立孔子学院合作大学联盟，都在进行促进人力资源、知识经验、信息等有形或无形的资源在联盟内部最大限度共享的有益尝试和举措。联盟参与各方相对独立、地位平等、自主权大，这种基于特定的区域文化与社会环境，以及长期战略关系和重复交互而建立的利益共同体，具有环环相扣的连锁关系，使资源流动产生“迭代效应”。如何做实各种形式的孔子学院联盟，避免流于形式化和概念化，组织结构设计、责任与收益分配方式、风险分担机制、激励和约束措施，都是亟待研究的内容。

---

①张建民.国际汉语教师隐性知识显性化的途径[A].世界汉语教学学会、国家汉办/孔子学院总部.第十一届国际汉语教学研讨会论文集[C].世界汉语教学学会、国家汉办/孔子学院总部，2012：4.

第二节　体制机制与运行模式

孔子学院在比较短的时间内快速发展，也伴随着出现了成长的“烦恼”，这其中包括对生存与发展环境的不适应，也包括自身对快速和规模化发展缺乏足够的准备。舒建国等在《孔子学院成长的困境与应对》一文首先分析了孔子学院遭遇的主要困境，包括中国“威胁”论调阴霾袭扰、欧美文化霸权强势挤压、孔子学院规模化发展的自我不适等。

文章重点分析了中国“威胁”论调阴霾袭扰。作者认为，众所周知，一国的语言推广机构由政府推动乃至主导是理所当然的，但孔子学院让西方人担忧存疑之处是中国的意识形态。孔子学院是由中外合办，通过合办方纳入东道国的教育体系，这使一些西方国家对孔子学院背后的“政府色彩”非常敏感。中国文化从不带侵略性，但凭中国幅员之广、人口之众、国力之强、市场之大、历史之久、文化之煌而论，若未深刻领悟中国思想与文化之精髓，则以上任何一方面均能让他国民众或政府感到压力和恐慌。意识形态差异和政府色彩较浓导致的“中国威胁论”是孔子学院办学面临的一大困境，中国语言文化的国际推广只有破除这一困境，才能顺利向前发展。

同时，作者也指出，孔子学院受到欧美文化霸权强势挤压。当今世界语言文化推广之格局乃“一超多强”：“一超”为美国，软实力输出超强；“多强”则是英、法、德、日、西班牙等语言文化推广强国。美国作为超级大国，正在全球范围内积极输出美式英语、流行文化、美国生活方式与价值观念等。民间化、立体化、多层次、全方位是美国语言文化对外推广的鲜明特征。在欧美文化居于霸权地位的国际氛围下，孔子学院作为中国重点打造的文化出口产品，毅然“走出去”，必然会遭遇欧美文化的强力挑战和激烈竞争。

此外，文章认为孔子学院也存在规模化发展的自我不适，主要体现在孔子学院的定位问题、“三教”问题、资金来源问题、运营模式问题等四个方面。关于孔子学院的定位，《孔子学院章程》将孔子学院定位为非营利性教育机构，核心职能是汉语教学。若单纯认为孔子学院是一所语言学校，将其定位为教育教学机构有失公允。虽说对外汉语教学是孔子学院的重要任务，但它还担负着向外国民众提供关于中国教育、文化、经济、社会等方面的信息咨询，开展当代中国研究与调查等学术性工作。正因为定位不够明确，导致孔子学院在国外的高等教育中处于极为尴尬的境地。因此，对孔子学院的定位只有从语言教学、文化传播及不同文明对话等维度来界定，才能为其融入当地教育机构并与当地教育机构开展深度合作提供契机。关于孔子学院运营模式的风险，文章分别就中外高校合作办学模式、跨国公司与中外高校联合办学模式、中国高校与外国政府联合办学模式、外国社团机构和中国高校合作办学模式分别进行了分析。

在此基础上，文章提出了在国家层面破解孔子学院成长瓶颈的应对策略，即切实提升综合国力、转变政府治理职能、完善体制机制建设、深化孔子学院研究、继续强化和平外交。

在转变政府治理职能方面，文章认为，汉语国际推广及中国文化走向世界，中国政府的作用不可或缺。在孔子学院创办初期，中国政府承揽了其办学经费、师资力量配置、教材教参研发等影响孔子学院发展之主要责任。显然，政府多主体、多形式介入的这种“划桨”式治理方式使孔子学院在短时期内获得迅速扩展①，并铸就了孔子学院的品牌与知名度。但是，政府“有形的手”用力过多、官方色彩过浓亦容易遭到质疑与误解，难以让国外有些人士平心静气地接受孔子学院。有鉴于此，孔子学院的未来发展应在政府主导的非营利性教育机构这一框架下进行，这就需要政府转变职能，变“划桨”为“服务”，以发挥更有效的作用。政府必须调整好管理和服务的尺度，平衡管理与服务职能。首先，宜在宏观掌控孔子学院发展方向的基础上，放手让其自我发展。应注意到孔子学院的发展重在激发基层的能量，宜采取自下而上的问题处理方式；支持和激励孔子学院办学的自主性；做好协调衔接工作，理顺孔子学院的内外关系。其次，坚持“有所为有所不为”，变直接管理为间接管理。政府对孔子学院的积极介入很有必要，但介入方式、范围和程度等应有边界。类似其他非营利性教育机构，孔子学院职权之内所辖事务，政府不宜贸然干预。此外，政府改为间

① 王海兰，宁继鸣 . 适度干预：孔子学院发展中的政府行为选择［J］. 云南师范大学学报（哲学社会科学版），2016，48（01）：54-61.

接管理，可以减少外国地方政府、社区、相关人士等对孔子学院的质疑与误解，改善孔子学院和当地社区的关系，既有利于创造孔子学院健康发展所需的和谐社区环境，也有利于其在激烈的国际竞争中拓宽资源获取渠道，引入市场化运作，进而为其持续发展创造内驱动力。

关于完善体制机制建设，一方面，政府可通过立法积极引导社会力量有序参与建设孔子学院，借助市场化路径来寻求民间社团和市场组织在办学资金、教材资源等方面的支持，拓宽孔子学院的发展空间，提升其发展能力。政府可采用减税、信贷等举措激励国内企业，尤其是跨国公司参与孔子学院办学；通过市场化运作，引导国内外有关组织积极参与孔子学院的建设及管理。另一方面，政府要设置准入与淘汰机制，这不仅是政府对教育机构进行有效管理、引导其沿着政府设定方向前行的重要手段，而且是促进教育机构之间彼此竞争、实现优胜劣汰的必要路径。目前，国家汉办既没有建立孔子学院的准入与淘汰机制，也没有制定完善的孔子学院发展质量评估体系[①]；随着孔子学院的发展壮大，这些都是必然的选择。国家汉办应基于不同国家对汉语学习之所需，因地制宜地建立孔子学院准入和淘汰机制。对于汉语学习需求少、汉语推广效益差的孔子学院进行淘汰；在学习需求旺盛、推广效益好的地方增设孔子学院。准入和淘汰机制的设立，不仅有利于孔子学院之间形成竞争，促使各孔子学院想方设法提升办学质量、增强竞争力，而且有利于国家汉办根据各国的国情灵活安排汉语国际推广活动，使孔子学院在全球的分布更为合理。孔子学院肩负着中国文化“走出去”之重任，设置准入与淘汰机制必须考虑孔子学院办学的投入与产出效益，要兼顾经济效益与社会效益，并以社会效益为主，以免孔子学院在市场中迷失方向。

关于深化孔子学院研究，一要设立专门智库。世界知名语言文化推广机构皆设有研究智库，专门为语言文化的传播提供学理支撑及数据分析，而中国专注于孔子学院发展的研究机构稀少，且相关研判不够准确。比如，中国的相

---

① 严晓鹏 . 孔子学院与华文学校发展比较研究［M］. 杭州：浙江大学出版社，2014：151.

关机构对成立孔子学院的环境仍存在着评估不足问题。[①]孔子学院的受众分别来自不同国度，因地域、文化差异，导致他们对中国文化的认识和需求也千差万别。这就需要专门智库对当地情况进行充分调查与研判，为出台适合当地实际的办学政策提供参考依据，只有这样才能减少孔子学院在运行中出现的问题，确保持续发展的后劲。专业智库的设置当然需要政府部门统筹规划、负责指导并提供实际支持。二要制定质量评估标准。孔子学院现有规模虽大，但质量亟须提高。质量乃孔子学院健康发展之生命线。以质量评估标准引领各孔子学院加强规范化建设和管理，不仅能优化师资队伍，提升教育教学质量，强化汉语推广的责任和义务；而且能引导各孔子学院拓宽资源渠道，创新经费管理机制，加强资金监管，不断提高资金使用效益。当然，制定孔子学院质量评估标准必须根据各国孔子学院的实际情况及发展阶段不同，充分考虑其办学特色的多样性，把自评、同行评价、总部考核结合起来，建立起分国别和区域的评价指标体系。

此外，在孔子学院的自我调适方面，文章也提出了积极深化文化交流协作、精准化解“三教”问题、努力营造和谐社区关系、大力拓宽资源获取渠道等策略；在主流媒体的助推方面，文章提出外宣报道需变“自话自说”为“以受众为主”、主流传媒（适当增加这部分内容）应适时回应海外媒体之相关报道、宜增加兼具亲和力与人文情怀的报道内容等策略。

作者指出，只要中国综合国力及国际地位继续提升，孔子学院健康发展就有强大后盾和坚实保障；只要孔子学院不断自我调整与完善，提高整体实力，就能实现优化发展；只要努力调整国内主流传媒的外宣风格，就能真正为孔子学院的良性发展加油助力。三方正能量汇聚，既可有效消解孔子学院成长中的困境，又能让世界人民借助于孔子学院认知一个最真实的中国。

来源文献：舒建国，范晓歌，乔晓歌．孔子学院成长的困境与应对［J］．长白学刊，2017（01）：149-156.

---

① 戴蓉．孔子学院与中国语言文化外交［M］．上海：上海社会科学院出版社，2013：145.

孔子学院运营至今已走过十四年历程，伴随其规模性发展，更多的学者开始从跨文化传播的角度关注孔子学院质量提升、内涵发展及功能优化等相关问题。逄增玉、乐琦在《跨文化传播语境中孔子学院运营与管理研究》一文聚焦孔子学院运营与管理中的四个方面的问题。

第一，孔子学院总部作为语言文化传播机构，与世界其他语言、文化传播机构交流不足，未能有效迁善互动。与此同时，世界各地虽已涌现出一些优秀孔子学院，但先进孔子学院的数量远远不够，需要总结、反思优秀孔子学院的先进运营管理经验，以促进全球孔子学院的深入发展。

第二，在管理体制上，孔子学院总部 / 国家汉办目前与中国各部委及地方各级政府的关系尚未理顺，在人力、物力、部门之间协调能力上与孔子学院公共外交和人文交流平台职能不相匹配。在资金上，孔子学院总部作为非营利性教育机构，现有财力投入同孔子学院在全球的迅速发展、汉语国际传播事业的快速发展不相适应。

第三，在运营模式上，中外双方共享孔子学院、理事会下领导的孔子学院运营管理模式，已取得巨大成绩，但孔子学院统一的教学管理系统有待开发，孔子学院的本土化运营与可持续发展模式，亟待创新研究。

第四，孔子学院在发展的同时，也面临着国内外的负面舆论，遭遇着国内外民众的偏见、误解，与此相适应的孔子学院跨文化传播问题、孔子学院教师的跨文化传播能力问题日益突显。

基于上述问题，文章提出以下应对策略：

首先，从跨文化传播视角加强对中外主要语言文化传播机构运营与管理的比较研究。孔子学院不是开设儒家课程，而是在全世界传播汉语，以讲授汉语和传播中国文化为宗旨。国际上影响较大的四大语言文化传播机构可以看作孔子学院发展的“四大坐标”：英国文化协会、法语联盟、塞万提斯学院、歌德学院。目前，从宗旨、组织性质、主要业务职能而言，均以传播本国语言文化作为宗旨，属于非营利性机构，把实践人文交流作为重要职能。从覆盖国家、分支机构（注册学院）这两个指标上来看，孔子学院已经稳居前列，其中，覆盖国家 140 个，已经超越“四大坐标”。但是，从举办语言测试的影响力、办学模式以及机构的运营与管理经验来看，四大机构还有很多值得孔子学院借鉴的地方：从语言测试的影响力上，英国文化委员会的雅思考试风靡全球；从运营管理上，“四大坐标”都是采用“国家支持、民间运作”的方式；从资金渠道上，他们采用“政府扶持＋民间基金”的形式；从办学模式上，法语联盟、塞万提斯学院和歌德学院均为本国政府全面投资在国外兴建教学场所并外派教师，有独立的教学场所，配备多媒体图书馆①，“四大坐标”与当地大学的合作模式以项目制为主。这些举措，需要孔子学院认真研究、积极反思。（详见表 3-2）

表 3-2　孔子学院与他国四大语言文化传播机构比较

语言文化传播机构	成立时间	组织性质	资金来源	覆盖国家	分支机构	举办考试
孔子学院	2004年	非营利教育机构	主要为政府扶持	140	511	汉语水平考试（HSK）、汉语水平口语考试（HSKK）、中小学生汉语考试（YCT）、商务汉语考试（BCT）、孔子学院 / 课堂测试（HSKE）、《国际汉语教师证书》考试
英国文化协会	1934年	非营利性组织	政府扶持，社会各界和企业资金赞助	109	223（办事处）	国际英语语言测试系统（IELTS）、博思职业外语水平测试（BULATS）、剑桥通用英语考试（CAE+CPE）、法律英语考试（TOLES）、剑桥国际金融英语证书考试（ICFE）
法语联盟	1883年	非营利性组织	政府扶持，社会各界和企业资金赞助	136	1040	对外法语教学文凭（FLE）
塞万提斯学院	1991年	非营利性官方机构	政府扶持，社会各界和企业资金赞助	30多	70多	西班牙语水平认证考试（DELE）
歌德学院	1951年	文化代表机构	政府扶持，社会各界和企业资金赞助	78	144	歌德证书 A1/A2/B1/B2/C1/C2、商务德语证书（ZDfB）、德福考试（TestDaF）、国际经济德语考试（PWD）、小语言学位证书（KDS）、大语言学位证书（GDS）

因此，比较、分析并借鉴其他知名语言文化传播机构在运营与管理方面的改革与创新之道，博采众长，集思广益，并与他们相互配合协作，加大孔子学院运营与管理的国际化进程，将国际先进的语言文化传播理念与所在国的实

① 以北京为例，塞万提斯学院在北京有一栋独立大楼，占地 3 000 多平方米，是亚洲规模最大、设备最齐全、藏书最多的塞万提斯学院；歌德学院在北京最繁华的中关村有一层楼做语言培训，而其文化项目和信息中心设在北京著名的 798 艺术中心；法语联盟在朝阳区设有法国文化中心。

际相结合，实现管理理念的国际化，探寻最适合所在国国情的孔子学院运营与管理模式，可望达到“他山之石、可以攻玉”的功效。

其次，孔子学院已成为我国人文交流与公共外交的重要平台，事实上履行着我国“民间外交部”的职能，但是，孔子学院总部 / 国家汉办体制机制与外交部、国务院侨办等职能部门存在着较大的差别，因此，建议孔子学院在规模、体能、级别提升的同时，积极实施孔子学院管理体制的转型，切实做到“创新、合作、包容、共享”。在发挥国家财政资金主导作用的基础上，积极开拓多元化筹资渠道，鼓励企业和社会力量参与孔子学院建设，探索成立孔子学院基金或基金会，通过在民间或者各主要城市华裔社区建立“孔子学院基金”的形式，将学院的经营下放到民间，实现孔子学院共建、共管、共有、共享。

作者还建议成立孔子学院文化交流中心和孔子学院跨文化传播与管理研究中心。通过成立孔子学院文化交流中心加强垂直化管理。一方面通过“区域化实体中心”（“孔子学院联合会”）发挥区域管理职能，管理附近的若干孔子学院，加强区域管理与指导；另一方面，依托中心可以充分发挥各国（包括企事业机构）的主体作用和重要骨干项目的支持配合作用，建设实体孔子学院并构建全球各个孔子学院相对独立而又统一的课程设置、学分互认管理体系。通过成立孔子学院跨文化传播与管理研究中心，深化孔子学院相关研究。该中心依托若干大学合作建立汉办和高校共管共建的研究基地，力争成为孔子学院发展的智库。同时按照国家地区或语言分布区，与海外孔子学院及合作大学建立若干研究所，使之成为海外进行孔子学院研究的智库。编纂《孔子学院年鉴》（多语种）、《孔子学院研究》以及《孔子学院跨文化传播与管理发展报告》等。

再次，在运营模式上，建议建立健全孔子学院发展的经费保障机制、逐步实现孔子学院运营与管理的本土化与多元化，并在此基础上，积极进行孔子学院的业态拓展研究，从社会、政治、经济层面对孔子学院的业态进行纵深拓展，比如“孔子学院＋跨国集团”“孔子学院＋海外中资企业”“孔子学院＋海外华人”“孔子学院＋商贸合作”等，开启新思路，加大与本土社会的融合力度，积极拓展新路径，扩大新业态。

最后，在跨文化传播人才培养方面，作者认为，目前孔子学院的师资培养侧重于语言文化本体知识教学，孔子学院师资队伍中一专多能的复合型人才缺乏，特别是教学、管理师资队伍中跨文化传播能力的欠缺成为亟待解决的问题。因此，建议将“跨文化传播”相关课程纳入孔子学院师资培养课程体系，建立专职的孔子学院跨文化传播人才骨干队伍，加强传媒教育与汉语国际传播的有效结合，建立传媒特色孔子学院。

来源文献：逄增玉，乐琦.跨文化传播语境中孔子学院运营与管理研究[J].现代传播（中国传媒大学学报），2017，39（02）：148–151.

人类命运共同体理念的提出对全球治理体系建设提出新的要求，其中一个特别值得关注的问题是如何在经济全球化、科技现代化的基础上实现文化多样化，这是任何一个国家积极参与全球治理的重要内容。王彦伟《非营利组织全球文化治理功能的实践——以孔子学院项目为例》一文中指出，在中国以更加积极的姿态参与全球治理的大环境下，孔子学院作为非营利教育机构，其所承担的全球文化治理主体身份已日见雏形，对其全球文化治理功能以及其自身治理的研究，兼具理论和社会价值。

作者认为，孔子学院具备语言和文化属性、非营利属性以及教育属性三大基本属性，这是孔子学院全球文化治理功能产生的基础。孔子学院通过提供全球公共产品、组织人文交流活动、进行跨领域跨组织协调、参与所在国家和地区行业治理等四种方式逐步实现其全球治理功能。从这个意义上讲，加强孔子学院的自身治理，是其实现参与全球治理的重要基础。

文章指出，孔子学院相对于一般性非营利机构乃至世界主要语言文化推广机构，存在很大的不同：一是孔子学院由中外合作办学，孔子学院同时具备中外方两个院长；二是孔子学院大都由总部委托中方机构（省教育主管部门或中国高等院校）与外方机构（外国高校、外国政府机构或社区）共同建设，总部、中方院校、外方院校三者相互制约、相互依存是孔子学院稳定发展的关键；三是孔子学院所处的外部环境受国家之间关系和国家外交等因素影响。

文章认为，自组织理论中关于人际、组织和系统等三个层面治理关系的研究[①]为孔子学院的组织治理提供了理论基础。就自组织而言的治理，尽管目前主要研究对象仅限于组织与组织之间，然而，人际、组织和系统这三个层次与孔子学院自身治理的特殊性内容是契合的。人际的自组织主要是针对孔子学院中外方院长的关系，组织间的自组织主要针对孔子学院总部、孔子学院中方承办机构、孔子学院外方承办机构三者，系统间的自组织主要针对中外方国家之间的关系。

人际（中外方院长）关系的自组织：信任与相互学习是关键，中方院长具有教学优势，可以与中方教师和中方志愿者保持良好的沟通，可以与当地中国使领馆、孔子学院总部保持紧密的联系；外方院长熟悉办学环境和当地法律法规，可以与外方教育主管部门、高校、社区、社会组织、当地媒体保持良好的沟通。双方都应该认识到对方的优势和长处，建立信任，把工作重点由“谁说了算”的问题转向“谁应该做什么”的分工中。

组织（总部、中方机构、外方机构）间关系的自组织：这其中有委托代理关系（总部与中方机构、总部与外方机构），又有合作关系。按照传统理论的观点，体现出四个关键词：利益共同点、独立资源、谈判、正面协调。对应到孔子学院的三个建设主体，则体现出以下四个原则：尽管各自的利益诉求不同，但是目标相同，只有实现目标，才能满足各自的诉求；各自掌握的专业资源不同，但要想实现目标，各自都应该投入资源，进而发挥资源协同和集成优势；沟通与谈判是必要的，通过谈判和博弈实现局部均衡，进而才能实现整体均衡；在可接受的范围内，积极采取各项适应性措施，以利于合作顺利进行。

系统（国家）关系的自组织：把孔子学院放在整个国际环境、外交环境、语言文化交流环境中来看，国家与国家关系也会对孔子学院的发展产生重大影

---

①（英）鲍勃·杰索普（Bob Jessop）根据需要协调的行为系统的类型将自组织分为三类：（1）人际关系的自组织。在人际关系网络中，个人代表其本人或其职能系统，但不要求特定的机构或组织承担义务。（2）组织间关系的自组织。以各组织有利益共同点、都掌握着必需的独立资源为基础，以各组织之间的谈判和正面协调为手段。（3）系统关系的自组织。以降低噪声干扰（通过对话而不是把一个优势系统的道理和逻辑强加给其他系统）和进行负面协调（考虑到自身行动对第三者或其他系统有不良后果，从而适当地自我约束）为基础。这三种自组织治理形式常在错综复杂的等级体制中相互联系。人际的信任使组织间的谈判较为顺利；组织间的对话促进系统之间的沟通交流；噪声干扰的减少又可通过增进相互理解和增强信心而促进人际的信任。

响。经典理论中的“以降低噪声干扰和进行负面协调为基础”，对应到国家之间的关系，也体现在两个方面：为了降低噪声干扰，国家与国家之间主张通过对话来解决分歧，求同存异，通过理解对方的文化和思维方式来理解对方国家的行为；为了进行负面协调，在制定国家政策、实施国家战略时尽量不伤害对方国家的利益，以求得长期稳定发展。

这三个方面，是基于孔子学院特殊性提出的孔子学院自身治理的三项重要内容。三者也是相互关联的：中外方院长的信任使总部、中方机构和外方机构间的谈判较为顺利，三方对话促进国家之间的沟通交流，对话和沟通交流又可通过增进相互理解和增强信心而促进中外方院长的信任。这是一个良性的循环，而且是螺旋上升的。

文章最后指出，孔子学院参与全球治理的途径及其自身的治理方式，为非营利组织承担全球社会公民责任、积极参与全球治理提供了借鉴。主要表现在以下三个方面：一是发挥行业和专业优势，积极提供全球公共产品和地区公共产品；二是实施在地化战略，形成不同性质、不同层级的利益相关方的联结网络，构建公私合营伙伴关系（Public-Private-Partnership，缩写为 PPP①）；三是加强自身的治理，通过公共事务的自组织和自主治理，发挥非营利组织和公民社会优势，提高运行效率。作者认为，关于孔子学院治理功能实现的过程机制、孔子学院自身的治理机制等，都是值得进一步研究的命题。

来源文献：王彦伟．非营利组织全球文化治理功能的实践——以孔子学院项目为例［J］．中国非营利评论，2017，19（01）：148-164.

【小结与思考】

2018 年初，国家汉办党委书记、孔子学院总部副总干事马箭飞在《中国教育报》上发表署名文章《办好孔子学院　贡献中国智慧》，文中谈到了深化

① 公私合营伙伴关系（Public-Private-Partnership，缩写为 PPP），原指政府及其公共部门与企业之间结成伙伴关系，并以合同形式明确彼此的权利与义务，共同承担公共服务或公共基础设施建设与营运。孔子学院构建的海内外利益相关方网络，在某种意义上也是一种 PPP 关系。

孔子学院改革发展工作的四个关键：即以服务国家大局为导向，以完善体制机制为突破，以加强力量建设为保障，以提高办学质量为重点。[①] 由此可见，体制机制成为制约孔子学院发展的关键问题，并成为孔子学院下一步工作的重点之一。

谈及孔子学院的体制机制，至少有两个无法回避的问题：一是孔子学院“建设在海外，支撑在国内”，国内从中央到地方、从政府到市场再到社会，从各类教育机构到各种社会组织，设立一个怎样的体制机制加强力量建设；二是孔子学院“分支在海外、总部在国内”，总部从管理到服务、从激励到约束到监督，设立一个怎样的治理架构促进持续发展。相比于以往研究文献，本年度文献更加系统和深入。部分代表性文献的主要观点，集中在以下三个方面：

一是兼顾“淡化色彩”与“加强投入”的平衡，对政府功能再定位。研究普遍认为，中国政府是孔子学院建设与发展尤其是孔子学院建设初期的主要推动力量，进入孔子学院发展的第二个十年，政府的作用依然非常关键，然而，在“淡化政府色彩”“转变治理职能”的过程中提供哪些支持，怎样提供支持，不仅需要方式与方法，更需要技巧与策略。

二是兼顾“总部统筹”与“区域自治”的平衡，对内部结构再优化。研究认为，孔子学院建构了传播汉语和中国文化的全球性实体网络，成为一个超大型的跨国运营机构。与一般的跨国公司或跨国社会组织不同，孔子学院坚持在地化管理和本土化发展，正因如此，在总部“简政放权、放管结合、优化服务”的基础上，建立完善“总部—区域—孔子学院”三级治理架构[②]，是孔子学院体制机制和运行模式的改革方向。

三是兼顾“合作建设”与“办学主体”的平衡，对角色责任再强化。办学主体的身份和责任仍有待进一步强化，这其中，大学等办学主体的科学研究功能是本年度文献关注的重点。相比于此前文献呼吁“加强汉语国际教育领域的研究，将孔子学院作为汉语国际教育领域的研究内容之一”而言，2017 年

① 马箭飞．办好孔子学院　贡献中国智慧［N］．中国教育报，2018-01-24（001）．

② 王彦伟．非营利组织全球文化治理功能的实践——以孔子学院项目为例［J］．中国非营利评论，2017，19（01）：148-164.

度文献则鲜明地指出开展孔子学院专题研究，尤其是在尊重基础理论研究的同时建设孔子学院领域研究中心和专题智库的必要性和迫切性，应该说，孔子学院研究走进人文社会科学主流研究范式与研究领域，已经开始得到业界越来越多的关注。

“战略决定结构，结构追随战略”，无论是孔子学院的外部体制机制，还是内部治理结构，都与孔子学院的组织属性、孔子学院的定位及预期息息相关。支撑孔子学院发展的外部体制机制，首先是由国家自身的治理体制和运行方式决定的。按照综合人文交流平台的定位建设与发展孔子学院，横跨教育、文化、外交、商务等不同领域，本身就是对政府传统的职能管理方式的挑战。鉴于此，孔子学院总部理事会吸收了中国政府不同职能部门乃至海外机构共同参与，这本质上是在中国政府垂直管理体系中建立的横向协同机制。然而，在垂直管理的哪一个层次建立协同，其效果差异是显著的。这种组织形式有不少先例可循，在中国的国家治理体系中称为“项目制”。

所谓“项目”，是一个含义较宽泛的概念。它原指一种事本主义的动员或组织方式，即从事情本身的内在逻辑出发，在限定时间和限定资源的约束条件下，利用特定的组织形式来完成一种具有明确预期目标（某一独特产品或服务）的独特性任务。因此，项目组织不同于常规性的组织，是一种基于特定任务的组织形式。推动项目实施的主体是多样的。但无论如何，项目有一个非常独特的特点，即它并不归属于常规组织结构的某个层级或位点，而恰恰要暂时突破这种常规组织结构，打破纵向的层级性安排（条条）和横向的区域性安排（块块），为完成一个专门的预期事务目标而将常规组织中的各种要素加以重新组合。①

从上述界定看，孔子学院还没有实现完整意义上的“项目制”运作，从“职能制”向“项目制”全面转型，才是孔子学院体制机制创新的关键点。按照治理理论著名代表学者林登的观点，国家治理应该建立无缝隙政府，以打破政府传统的部门界限和功能分割的局面，以单一界面为公众提供优质高效的信息和

① 渠敬东．项目制：一种新的国家治理体制［J］．中国社会科学，2012（05）：113-130+207.

服务。[①] 从某种意义上来说，孔子学院已经成为也应该继续做好国家治理体系和治理能力现代化建设的有益尝试。

在外部体制机制保障的基础上，孔子学院才具有完善内部治理结构的基础。按照《孔子学院章程》，总部和各孔子学院都是非营利组织，均设置理事会作为各自的最高决策机构，总部通过项目和资源的方式对各孔子学院进行支持、监督和管理。因此，总部对孔子学院的管理既要合法，又要合理，一方面在尊重各孔子学院独立性的基础上实现有效监督，以《孔子学院章程》为领，实现严格框架下的有限自由度；另一方面又要遵循“权变管理、协同运作”的原则，发挥系统优势，实现整个孔子学院系统的效益最大化和可持续发展。这其中，不同级别的治理结构设计与职能部门设置、业务流程优化完善、系统评价的机制建设，都是对孔子学院改革发展极为重要的命题。

第三节　传播场域与传播路径

作为遍布全球的教育实体，孔子学院融入当地大学和社区，逐步实现了嵌入式发展。在海外异文化环境中进行实体化运作的模式，具有传播语言与文化的突出优势。本年度文献对这种运作模式分别从文化在场、场所精神等多个理论视角进行了分析与解读。

邓新、刘伟乾《“在场”理论视角下的孔子学院文化传播方式及其价值意蕴》一文认为，“在场”成为认识现代性社会的一个重要概念，同时也成为分析现代社会发展及互动交往的一个重要理论。“在场”是指社会运动的行为主体在一个特定地域内活动，这时运动发生的时间、空间是固定的，运动的空间和地点也是紧密联系的。[②] 在全球化视域中，“在场”与“缺场”并非零和的竞争关系，而是以互为补益的形式促成文化传播与交流的真实性与客观性，弥补网络信息技术固有的理性缺陷，消解传统存在与时代发展之间的张力。

---

①（美）拉塞尔·M. 林登著，汪大海等译. 无缝隙政府：公共部门再造指南［M］. 北京：中国人民大学出版社，2013：3–14.

② 苏涛. 缺席的在场：网络社会运动的时空逻辑［J］. 当代传播，2013（01）：23–26.

文章指出，孔子学院文化传播的进度、深度与广度，取决于传播主体如何进行自我的表达，即怎么样向世界讲述中国故事。因此，孔子学院如何面对不同的地区、不同的群体主动地实现中华文化传播、交流、互鉴的目标始终是一个需要凝聚智力、因地制宜、因人而异的战略性使命，文化“在场”在这一过程中愈发突显出其存在的价值。无论是传统文化的再现，还是现时文化的体现，文化如何在场都是首先需要面对的命题。

作者从文化活动的场域选择、受众选择、内容选择、形式选择和主体选择等五个方面分析了文化“在场”的意义并为孔子学院提出了相应的策略。作者指出，在场域选择方面，需要根据不同的文化活动来选择不同的场域，也需要善于利用和根据所在地不同的场域来设计和开展各类不同的文化活动；在受众选择方面，需要根据不同的受众来组织和运作文化活动，也需要针对某一类受众，设计开展专门的文化活动，通过文化“在场”随时了解受众的反应、心理和诉求，以形成生动的交流，同时使各类文化传播活动具有底蕴积淀和变化创新的时空维度，并保持孔子学院文化活动的活力和对受众的吸引力；在内容选择方面，发挥文化“在场”在情感互动交流双向度传播方面的优势，在传播优秀中华传统文化以及当代中国人精神品质性格的基础上，提高孔子学院文化传播活动的内容可选择性；在形式选择方面，利用文化在场的优势，把各种文化活动形式与不同的时间节点、目标群体、受众规模等结合起来，进行错落有致、张弛有度的调配安排，使孔子学院立体饱满的形象在发展的时空维度里得以确立，为其可持续发展提供优势和动力；在主体选择方面，需要通过不同的选择和培训方法，不断提高作为文化“在场”传播主体的中外方人员的个体能力，同时也需要调动、整合、利用好民间优质的文化资源，走出去完成中华文化在世界各地的在场传播。

孙以栋等《传播学视角下中国海外孔子学院场所精神营造的理论分析与探讨》一文将建筑空间理论与传播学理论相联系，对中国文化传播的特殊性和个性化空间环境品质进行了分析。作者认为，将孔子学院比作文化的传播者，孔子学院教学空间就是一种“类大众媒介”，建筑空间环境营造过程可以视为是一种“信息传播过程”。孔子学院作为文化传播者，要考虑海外孔子学院学生即受众对教学环境品质、环境体验以及精神等方面的需求。

文章基于传播学理论分析了海外孔子学院空间环境营造方面的三个问题：一是，在环境品质方面，空间环境人性化不足，专门场地缺乏，教育硬件设施条件参差不齐，对中国文化元素进行简单罗列的空间界面缺乏规范性；二是，在文化传播方面，传播的方式趋于程序化、缺乏互动体验，教学空间氛围营造时缺少对受众的详细分析；三是，在场所精神营造方面，“重语言教学、轻文化体验”，不利于场所精神的营建。此外，缺乏中国文化意境，体验空间缺乏。

文章认为，孔子学院场所精神营造应遵循以下设计原则：一是功能双向性原则，首先要满足受众的功能需求，其次要满足孔子学院作为文化传播者的功能需求；二是文化特色性原则，孔子学院核心功能是传播中国文化，空间环境要赋予浓厚的中国文化特色；三是文化认同性原则，孔子学院作为传播中国文化的场所，要使受众在体验时产生空间的归属感和心理的认同感，应深入了解受众所在国家（地区）的自然、社会、经济、政策、科技、文化等，使空间营造的氛围与受众的预想相符合，使受众从心理上产生认同感。

在此基础上，作者提出了孔子学院场所精神营造的三个对策：第一，在孔子学院环境品质提升方面，应根据空间功能及性质，运用中国传统文化元素，通过陈设、材质、灯光以及色彩等进行整体设计。强化受众的体验感受，强调“人文精神”，提高受众的参与程度，加强空间使用的灵活度，使受众融入整个空间环境当中，从而增加对中国文化的感知和认同。第二，在孔子学院中华文化传播方面，优化文化传播内容，整合中国文化精髓。深入解析受众的特征与需求，在传播中国文化的过程中，全面了解所在国家或地区受众的基本情况，有针对性地进行教学设计，提升文化传播效果。第三，在孔子学院场所精神营造方面，将蕴含“中国精神”的文化元素运用到空间环境中。遵循统一性、针对性和体验性等原则，一方面通过统一的视觉文化传播形式和内容，保持文化元素在应用中特征的统一，保证孔子学院形象的整体一致性；另一方面，针对各孔子学院特定的教学空间、受众，以及自然与社会环境进行建设工作，在此过程中，充分考虑文化元素与受众的互动性，增加受众的体验感，进而提高受众的文化认同感。

吕勤智等在《基于中华文化场所感营造的孔子学院环境建设策略探究》通过对孔子学院和孔子课堂的调研与分析，发现在教学环境品质、视觉形象传达、环境场所精神、文化传播形式等方面存在以下问题：孔子学院的教学环境多数不能有效体现中国文化特色；空间环境场所感不强，缺乏中华文化的场所精神，教学环境不能与崇尚中国文化的学生产生心理共鸣；教学空间中缺少公共交流平台，不能满足现代人的沟通交流要求；高科技教学手段运用较少，体现不出时代感；缺乏系统性针对传播中国文化的视觉传达、环境设计要求和标准，以及相关理论、策略的支撑和建设导则等。

文章指出，场所是存在空间的具体化，场所精神是场所具有的属性和内涵，它的形成是利用建筑物给场所的特质，并使这些特质和人产生亲密的关系。[①] 场所精神正是人对于空间氛围内涵的感受、认识和理解。来自于形式感知的体验，使人从内心对空间环境形成认知。对环境的认知程度，取决于意向的深度，我们可以通过环境设计的形态、结构、内涵等方面刺激意向的深度感受，达到对于空间环境的独特性、典型性等全方位的认知。[②]

营造“场所感”就是运用环境设计的形式方法赋予空间环境具有文化内涵和意义。中国海外孔子学院的空间环境依据中华文化元素进行营造，体现在元素的文化内涵与空间环境相结合的整体性建设。中华文化的认同感来源于对场所氛围的体验，人们通过感觉和认知确定了人和环境之间的关系，使人与环境在空间中产生共鸣。首先，在空间环境中最容易被记忆的是空间的形态特征，这种形态特征构成场所的可识别性；其次是环境空间活动容量，活动的开展必须具备空间环境，不同空间可以带给不同的参与者以不同的心理感受和满足，只有提供足够的体验空间和容量，才会有丰富的空间感受[③]；再次是空间活动的持续性和周期性，强调确定空间分类和类型，形成空间的独立特征，提供具有持续性和周期性的活动空间，将空间环境形成特定信息传播的场所，从而加

---

①转引自：（挪威）诺伯舒兹著，施植明译．场所精神：迈向建筑现象学［M］．武汉：华中科技大学出版社，2010：23.

②转引自：（美）苏珊·朗格著，滕守尧译．艺术问题［M］．南京：南京出版社，2006：23-27.

③转引自：Uwe Reinhardt & Philipp Teufel. *New Exhibition Design*［M］. Ludwigsburg，2008：15.

深对场所的认同感。

鉴于此，作者提出孔子学院教学空间场所感营造的四项策略：一是建立空间场所与视觉传播语言的内在关系；二是对中华文化的形式语言进行概括与抽象；三是构筑突出文化体验性、具有中华文化意境的空间场所；四是建立孔子学院场所感营造体系和环境建设规范。最终，将中国文化精神和思想运用到实体空间环境氛围的营造中，把塑造空间环境的场所精神作为建设中国海外孔子学院教学环境的重要组成部分，赋予场所中华文化特质，实现空间环境传播文化的作用。

来源文献：

1. 邓新，刘伟乾．“在场”理论视角下的孔子学院文化传播方式及其价值意蕴［J］. 民族教育研究，2017，28（03）：101-106.

2. 孙以栋，代冬青，吕勤智．传播学视角下中国海外孔子学院场所精神营造的理论分析与探讨［J］. 建筑与文化，2017（02）：74-75.

3. 吕勤智，胡梦丹，王靓．基于中华文化场所感营造的孔子学院环境建设策略探究［J］. 新美术，2017，38（01）：129-131.

张虹倩、胡范铸在《全球治理视域下的汉语国际教育及孔子学院建设：问题、因由与对策》中指出，随着孔子学院和汉语国际教育的发展，尤其是随着世界格局的变化，我们需要进一步明确，孔子学院的建设、汉语国际教育的根本任务就是作为“全球治理”的重要路径，不断推进“人类命运共同体”建设。

文章认为，全球治理的要素包括五个方面：为什么治理、如何治理、谁治理、治理什么、治理得怎样，其核心就是目标问题（为什么治理）。而这一旨在全球范围内所要达到的目标指向，应当是超越国家、种族、宗教、意识形态、经济发展水平之上的全人类的共同命运，也就是“人类命运共同体”的建设。中国政府有了越来越清晰的主张，“这个世界，各国相互联系、相互依存的程度空前加深，人类生活在同一个地球村里，生活在历史和现实交汇的同一个时空里，越来越成为你中有我、我中有你的命运共同体。”①

文章认为，汉语国际教育在本质上是一种基于语言能力训练而展开的“国际理解教育”，其目标也许可以定义为五个层次，即“汉语能力获得—交际能力建构—经济利益实现—中国文化传播—中外社会互动”，其中，“汉语能力获得”只是一个前提性、基础性的条件，根本目标应该还是“中外社会互动”。而在这一多层次的目标体系中贯穿始终，且不断强化的核心应该就是“情感沟通”。汉语国际教育不应该只是看作“在国际上开展”的“汉语教育”——核心是向国外传播“汉语”以及附着于其中的中国文化，更应该看作是“运用汉语进行”的“国际教育”。汉语国际教育绝不是单纯的语言教学，更不能是仅仅希望拓展中国经济实力或是提升中国国际政治地位，而是一种可以影响“情感地缘政治”②的过程，一种可以促进国际社会互动的重要力量。

由此而论，文章认为汉语国际教育是为了与世界分享各自的文化。分享，不是仅仅向对方传播，而是同时向对方学习。同样，学生学习也不仅是为了接受中国文化，也是为他们向中国介绍自己的文化创造机缘。教学不是“文化猎奇”的助手，而是学生成长的帮手；学习不是“文化置换”，学习他国文化不是用他国文化置换自我的文化，而是构建一种互文性的、主体间性的文化关系。这样的孔子学院，才可能成为在不断介绍中国文化的同时也不断吸取所在国文化的机构，成为一个文化“扎根机构”“种子机构”，成为推进“国际理解”、促进人类命运共同体建设的重要平台。

在谈到孔子学院建设结构性矛盾时，作者分析了孔子学院发展目标与学科类型设置的矛盾。文章认为，现有的孔子学院学科类型基本都是“汉语教学+”，不过“+”什么，却没有清晰意识。孔子学院的学科类型目前绝大多数都是“汉语教学+文化”。所谓“文化”本应该有三大层面：“器用文化”“制度文化”“观念文化”，最能体现一种文化“核心价值”的应该是“观念文化”，但孔子学

---

① 习近平．顺应时代前进潮流，促进世界和平发展［A］．习近平谈治国理政［M］．北京：外文出版社，2014：272.

② 转引自：（法）莫伊西著．姚芸竹译．情感地缘政治学：恐惧、羞辱与希望的文化如何重塑我们的世界［M］．北京：新华出版社，2010.

院“+文化”中所加的却主要是“中国传统工艺”“中国传统艺术”“中国传统武术”等今天的中国国内年轻人都越来越生疏的东西。结果，“汉语教学+文化”就演变成“汉语教学+书法”“汉语教学+古筝”“汉语教学+太极拳”，甚至只是“汉语教学+剪窗花”“汉语教学+包饺子”。这一学科设置的思路似乎出于一种传播上的“文化猎奇者假设”，努力满足海外一部分人对于中国的“文化猎奇心理”。应该说在孔子学院的起步阶段，学科设置侧重于“汉语教学+书法”“汉语教学+古筝”“汉语教学+太极拳”之类有一定的合理性，但时至今日，孔子学院就不能再局限于满足国际社会“文化猎奇者”心理。

而同样在谈到文化层次与孔子学院文化传播问题时，张景全、张华威在《从孔子学院看中国文化的世界性重构》一文中指出，孔子学院是中国传统文化的符号化模型，孔子学院的历程实质上是文化意识形态的理解和冲突，而这种理解和冲突也已经突破传统的文化层面，而逐渐上升到了经济文化、政治文化的层面。传统的“绝对文化”概念逐渐在工业化和城市化进程中受到质疑，现代文化也不再是中外二元文化的简单碰撞和融合，中国现代文化也应当具备全新的架构。

关于孔子学院的理解与冲突，文章认为可以从文化层次的角度对比加以解读。从文化层次的角度来看孔子学院的建立，文化内部结构包括物态文化层、制度文化层、行为文化层和心态文化层。①孔子学院从建立、运营模式和课程设置等角度都遵循了文化内部层次性输出原则，在这个系统性输出过程中，文化的层次性与所在社会的特殊性不断接触与反应，便造就了孔子学院在世界的理解与质疑的波动。

“物态文化层是人的物质生产活动及其产品的总和，是可感知的、具有物质实体的文化事物。”②为了让世界人民体验到孔子学院与中国文化的魅力，为了让文化的人类体验尽量超脱物质的羁绊，这一点从孔子学院的免费运营就可以看出，孔子学院从学费到课本道具费基本全是免费的，从文化内部最基础的层面就让孔子学院学生得到了满足，可以说是进行文化输出的基础。“制度

①②转引自：肖群，郭郁烈．文化分层中的民间文学与作家文学［J］．甘肃社会科学，2012（01）：225-228.

文化层，由人类在社会实践中建立的各种社会规范构成。包括社会经济制度、婚姻制度、家族制度、政治法律制度、家族、民族、国家、经济、政治、宗教社团、教育、科技、艺术组织等。”[①]孔子学院不仅进行语言文字教学，同时也开设很多文化课程，这些文化课程就是以中国的社会规范和风俗习惯为主要内容，这些文化内容在接受初期即使是遇到与本民族文化相悖的情况，也不会出现抵触情绪，相反，长时间接触后反而会形成接受者世界观的组成部分。“行为文化层，以民风民俗形态出现，见之于日常起居动作之中，具有鲜明的民族、地域特色。”“心态文化层，由人类社会实践和意识活动中经过长期孕育而形成的价值观念、审美情趣、思维方式等构成，是文化的核心部分。”[②]心态文化层可细分为社会心理和社会意识形态两个层次。而当孔子学院的文化输出逐渐达到第四个层次的时候，接受者就会出现“文化敏感”现象，这一点在一些发达国家表现得尤其明显，如美国曾大规模遣返孔子学院教师，认为孔子学院是在进行文化渗透和文化侵略，这一现象也是出现在文化输出接近第四个层次时发生的。当另一种文化开始动摇固有文化的价值观念、审美思维、信仰理念时，该民族就会出现很强的抵触和恐惧心理，认为孔子学院在进行有意同化，而这种“小人之心”在中国文化输出的过程中是可以理解的。

除了文化传播的层次性原因外，其他一些因素也在左右着孔子学院的世界理解度与接受度。首先，文化输出是伴随着中国经济的高速发展进行的，如果一个国家政治、经济取得巨大成果，伴随而来的强势的文化外溢，容易让别国误解为所谓的“文化渗透”。西方一些国家对中国的“不结盟”“不称霸”缺乏基本的信任，对迅猛发展的孔子学院不仅产生了文化消化不良，也出现了表象质疑孔子学院实则质疑中国外交目的的现实。其次，孔子学院在发达国家与发展中国家存在的际遇的差异性值得反思。传统概念的文化输出需要与政治文化和经济文化相配合、相适应，在进行世界性文化输出时不能急于求成，不可一蹴而就，而要具体情况具体分析。因此，审慎分析文化对接国的社会结构和政治、经济文化状况是成功进行文化输出与传播的重要前提。

---

①②转引自：肖群，郭郁烈．文化分层中的民间文学与作家文学［J］．甘肃社会科学，2012（01）：225-228.

基于此，文章提出了孔子学院发展中的三个问题及其建议措施：

第一，过于无偿和“奉献”反而导致了外民族的“来者不善”的认识，这样的一种无偿的政府行为容易引起外民族的过度警觉。孔子学院现行的运营方式也确实是官方支配下的一种强势文化输出，除了文化传播内容以外，从运作方式和机制上看，官方支撑过于明显和强烈，可能会产生逆反的文化心理。但是，这并不意味着政府应当从孔子学院和中国文化输出过程中抽身，而应当转嫁支撑，分散管理，刚柔并济。

第二，目前孔子学院的主要活动是语言输出而非整体文化的输出，应该加大文化内涵，提高文化输出的层次。语言是文化的重要组成部分，起到桥梁作用，但是如果只是输出语言并不能真正地完成文化输出。这会造成人们所说的“孔子学院出去了而孔子没有出去”的局面。

第三，孔子学院在进行文化传播时，过度强调传统文化，而忽视现代中国文化和人类文化的传播。这在传播初期作为一种新鲜的异域事物可能容易得到认可，但是发展到一定阶段后，接受者就会感到文化的异质性越来越突出，给人以“该文化不符合世界人民发展利益”的错觉。因此，孔子学院在进行文化输出时也要注重传播现代中国文化，融合当地文化，从而丰富人类文化。而目前，孔子学院遭受某些抵制的一个重要原因，就是因为没有明确中国现代文化的内涵，过度强调传统文化及其独特性，文化的对抗意识过于强烈。而传统文化只是中国文化构成的一部分，它还应该包括当代文化以及“和合”文化下而产生的很多中西文化共同体。总之，孔子学院是中国现代文化进行对外输出的有效工具与路径。我们要科学认知孔子学院的符号意义，解析孔子学院在世界际遇的多层次文化原因，较为深刻地认识孔子学院与中国现代文化的关系，通过孔子学院建构适应性文化输出。

来源文献：

1. 张虹倩，胡范铸．全球治理视域下的汉语国际教育及孔子学院建设：问题、因由与对策［J］．社会科学，2017（10）：26–35.

2. 张景全，张华威．从孔子学院看中国文化的世界性重构［J］．华夏文化论坛，2017（01）：282–288.

孔子学院跨文化传播影响力评估体系作为其质量评估体系的重要组成部分，对建立健全孔子学院退出机制，强化质量建设，促进可持续发展具有重要意义。安然在《孔子学院跨文化传播影响力研究》一书中指出，孔子学院作为一个跨文化组织，其跨文化传播影响力建立在可持续发展的基础之上，主要是指对国外民众认知、情感、行为的影响和改变能力，孔子学院的发展脉络应该是从自身的跨文化认知到跨文化适应再到跨文化传播，最终形成跨文化传播影响力。跨文化传播必须以跨文化认知和适应为基础，跨文化传播是跨文化影响力产生的条件。积极、正面的跨文化影响力是孔子学院跨文化传播追求的目标，它取决于跨文化传播各个要素的综合作用及孔子学院对整个跨文化传播过程的有效管理、协调。因此，孔子学院的跨文化认知和适应对应跨文化传播影响力评估的基础层级，跨文化传播、跨文化影响力分别对应于跨文化传播影响力评估的传导层级与结果层级。基于此思路的孔子学院跨文化传播影响力评估研究既体现了研究的专注性、持续性，也是建立适合孔子学院跨文化影响力评估理论的关键。

就基础层级的评估维度而言，跨文化认知和跨文化适应能力从个体视角出发，构成了孔子学院跨文化传播影响力评估基础层级的两个维度，二者分别体现了跨文化适应 ABC 理论中的认知、情感要素，以及跨文化能力五要素理论中的知识、动机要素。

就传导层级的评估维度而言，孔子学院跨文化传播具备了一定的跨文化能力或文化实力，但并不一定具备跨文化影响力，只有借助传导层级的作用，综合运用多种传播途径，才能将其跨文化能力或跨文化实力转化为跨文化传播影响力。孔子学院跨文化传播具有多媒介整合传播的特点。它不仅来源于自身的产品——汉语教学与文化推广，可称之为自建媒介传播；也得益于自身产品的二次传播——媒介报道与民众的口碑传播，即人际传播与大众传播，统称为媒介传播。而往往人际传播与大众传播更能体现孔子学院影响力的大小。

就结果层级的评估维度而言，孔子学院的跨文化传播影响力是一个动态过程，既强调过程，也关注结果。结果层级是基础层级与传导层级综合作用下的状态或结果呈现，在排除外界负面干扰的理想化状态下，基础层级和传导层级的相互作用能使孔子学院达到跨文化传播的理想目标，但实际上孔子学院在海外东道国的发展往往会遭遇各种问题和危机，包括组织内部、外部的矛盾和冲突等。孔子学院跨文化传播影响力产生和不断扩大的前提是能及时有效地化解或避免这些内外部矛盾，最大限度地增加跨文化冲突的正面效应。这种跨文化冲突管理能力既是孔子学院跨文化传播影响力的结果体现，又是基础层级与传导层级相互作用过程中综合效果最佳化的保障。因此，跨文化冲突管理能力构成了孔子学院跨文化传播影响力评估的结果层级维度。该维度是跨文化适应ABC 理论在情感层面的体现，也是跨文化能力模型中由动机、知识、技能、情境四个要素协同产生的内部结果。

结合孔子学院发展实践的特点和前期研究基础，作者从跨文化认知能力、跨文化适应能力、文化展示能力、媒介传播能力、跨文化冲突管理能力等五个方面建构了孔子学院跨文化传播影响力的评估维度（如图 3-1）。在此基础上分析各评价维度的具体指标，建构了孔子学院跨文化传播影响力评估体系。

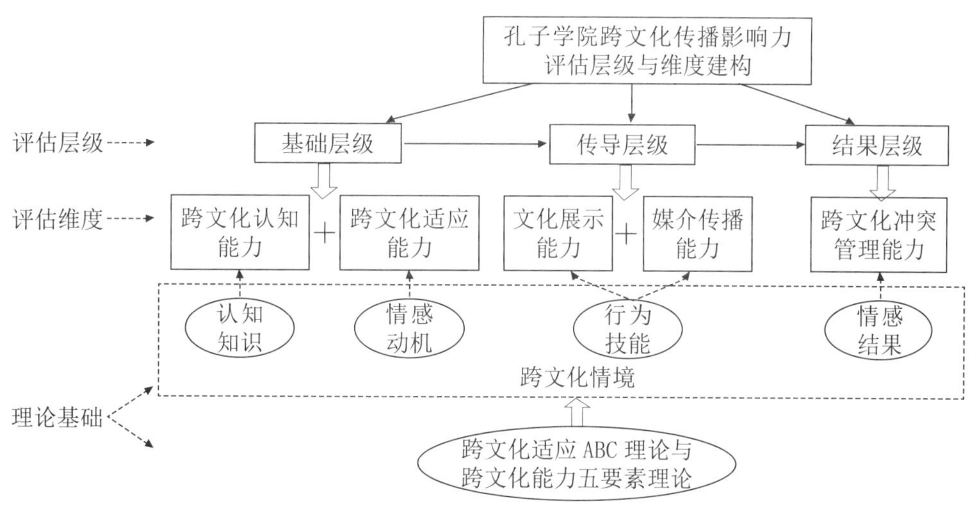

图 3-1　孔子学院跨文化传播影响力的评估维度

来源文献：安然 . 孔子学院跨文化传播影响力研究 [M]. 北京：中国社会科学出版社，2017.

【小结与思考】

有关“在场”“场所精神”等社会学和建筑学领域的概念与理论出现在孔子学院研究文献中，应该说更加突显了对孔子学院文化传播进行跨学科研究的必要性与可能性。场的概念源于考夫卡的“格式塔心理学”理论。考夫卡强调的一个重要概念，就是“心物场”（Psycho-physical field）。他认为，世界是心物的，经验世界与物理世界是不同的。他把观察者知觉现实的观念称为心理场（Psychological field），而把被知觉到的现实称作物理场（Physical field），认为场决定着物体的行为。简单地说，“场”是一个有自身气氛的环境，场的构成来自于物质环境与心理环境两方面，而体验就产生于“场”中。①

在孔子学院文化传播中引入“场”的概念，充分体现了文化体验在孔子学院文化传播活动中的核心作用，更为重要的是，这本身就强调了孔子学院实体化运作形式在海外本土开展文化传播的基础性作用。所谓“在场”，就是切身参与，与现场共时共地。海外各个社会阶层的民众通过参加孔子学院活动，一方面了解和学习有关中国文化的知识、技能与思想，并进一步认知从现象到文化的种种关联；另一方面，通过在孔子学院中现实性的参与和在场，体验者可以融入中国文化的氛围中，从而产生独一无二的感观碰撞与情绪交流。这是一种亲身经历后才能获得的“在场体验”。

关于孔子学院跨文化传播的环境建设，一直备受关注，如果说往年文献的研究内容大多聚焦所在国政治、历史、社会以及文化环境对孔子学院的影响，那么本年度文献更加关注孔子学院的“小环境”，关注场景式、体验式的教育教学方式在孔子学院语言与文化传播中的突出优势。事实上，体验具有直接性、整体性、情感性和个体性，在文化教学中有其独特优势。作为一种结合认知、行为和情感等领域并进行整合处理的教学理念和教学方式，体验式教学对学习

---

① 宋真．体验的“在场”——当代旅游消费的价值取向［J］．重庆师范大学学报（哲学社会科学版），2010（03）：124-127.

者具有积极的影响，可以有效地激发学习者的内在学习动力。[①]在孔子学院进行体验式教学，有利于各类学员在进行知识和技能学习的基础上，通过“认知—参与—融入—领悟—共鸣”的循环，理解文化内涵和文化精神，形成文化意识、实现文化共鸣。

此外，本年度文献还关注了两个方面的内容：一是文化的层次与孔子学院文化传播，二是孔子学院跨文化传播的评价问题。尽管这些命题伴随着孔子学院的建设与成长一直被关注、被研究、被争议，本年度文献依然可圈可点。

关于文化层次与孔子学院的文化传播，有关文献都在试图回答“孔子学院应该传播什么样的文化”这个一直困扰大家的问题。有研究认为，孔子学院传播的文化仅仅停留在“物质文化”或曰“表层文化”，难以深入，难以传播精髓；也有研究认为，所在国国情、文化生态环境、经济文化水平等多种因素决定了孔子学院能够在“物质”“制度”“精神”的哪个层面上传播中国文化，越是到高层级的文化传播，越是要对传播内容进行精细化分层，并能够灵活使用各种传播策略，以降低目标群体的“文化敏感”。我们认为，孔子学院所传播的中国文化，也同样面临着“解构”与“重构”的个性化表达，“物质文化”“制度文化”“精神文化”，乃至更为细致的分类，都不过是对文化及其层次的一种认知和解构方式，孔子学院传播的是一种立体和综合的文化，只有做到物质文化和精神文化融会贯通，才能实现有效果和有效率的传播。

关于孔子学院跨文化传播的评价问题，评价维度和评价指标的设计是研究重点。对孔子学院评价的研究也有由来已久，无论是质量评价还是可持续发展评价抑或其他，都是把评价指标作为核心内容进行研究，有关研究充分考虑了孔子学院的一般规律以及所在国家和地区的特殊情况，力求做到评价的科学性与客观性。[②]为了推动评价指标的落地与实施，在当前阶段的研究中还应考

① 宁继鸣 . 基于体验的文化教学与传播——中华传统文化研究与体验基地建设分析［A］. 世界汉语教学学会通讯 2014 年第 3 期（总第 24 期）［C］. 世界汉语教学学会，2014（03）：29-31.

② 吴应辉 . 孔子学院评估指标体系研究［J］. 教育研究，2011，32（08）：30-34+92；樊钉 . 孔子学院质量评估体系研究［J］. 云南师范大学学报（对外汉语教学与研究版），2012，10（05）：35-39；詹春燕，李曼娜 . 孔子学院的可持续性发展：指标、模式与展望［J］. 华南师范大学学报（社会科学版），2014（05）：78-82+163.

虑两个现实问题：一是评价本身作为一个完整的系统，除了评价指标外，还涉及评价主体、评价方法、评价过程等评价要素；二是充分尊重文化传播效果的递延性和潜在性，在“横断”评价的基础上，加强“历时”评价与“跟踪”评价。解决好以上两个问题，也就解决了评价指标的操作性问题。此外，评价不是目的而是手段，发挥好以评促建的作用，才是开展孔子学院评价及其研究的出发点与落脚点。

第四节　专题：区域与国别研究

2017 年 7 月，第五届全国对外传播理论研讨会在山东烟台举行。作为每两年举办一次、国内对外传播领域最具权威和影响的高端理论研讨会，大会吸引了来自中央和国家机关涉外工作部门、主要高校和智库研究机构、省市区新闻办等单位的 400 余人参加。围绕“讲好中国故事　传播好中国声音”这个主题，与会专家学者做了精彩论述。

胡正荣就“一国一策”和“精准化传播”策略等相关话题进行了阐述。胡正荣谈到，随着中国融入全球化的进程越来越深，我们发现其实世界各国和一个国家里面的不同群体，对中国的认知、需求、理解以及达到的效果都不太一样。这就意味着应从粗放建设、规模扩张，转入内涵建设。胡正荣认为，过去的对外传播战略，基本上是面向主要发达国家，同时又面向主要发达国家的主流人群。这有其历史合理性和时代客观原因。随着传统媒体向现代媒体转型，人际交流日益频繁，面向不同的人群应采取不同的策略，要精准化。不同的国家不同的策略，即所谓的“一国一策”。

随后，胡正荣在《国际传播的三个关键：全媒体・一国一策・精准化》一文中系统阐述了国际传播的三个关键问题，即以全媒体为基础的国际传播体系、以“一国一策”为原则的国际传播方案、以精准化为特征的国际传播效果。互联网国际传播在跨越地理疆域的同时，也通过语言的多样化、文化的适用化、社会的分众化来走向全球各个角落。目前，国际传播网络兼顾发达国家与发展中国家，形成了北美、拉美、西欧、东欧和俄罗斯、中东、非洲、中亚和南亚、东南亚、亚太等十大战略版块，在具有战略意义的重点国家、地区和城市都有所布局，形成了良好的局面。

作者认为，我国国际传播的平台基本建成，网络覆盖全球，也就对传播能力和传播水平提出了更高要求。具体而言，就是要针对每个对象国，深入开展调查研究，实施“一国一策”，制定具有适用性的国际传播方案。只有实施“一国一策”，才能开展有针对性的国际传播。这也对我国的驻外机构提出了要求，需要对驻在国进行深入调研。总之，我国的国际传播既要讲求区域协同，又要讲求国别差异；既要讲求长期谋划，又要讲求因时而动；既要讲求立场稳定，又要讲求策略灵活。应当努力做到因国而异、因时而异、因事而异，注重国际传播的分众化和适用性。

来源文献：胡正荣．国际传播的三个关键：全媒体·一国一策·精准化［J］．对外传播，2017（08）：10-11.

孔子学院同样面临“一国一策”甚至“一校一策”的问题。尽管当前的针对性和精准性研究尚有很大的提升空间，但开展孔子学院的区域和国别研究已呈上升势头。2017 年度更加关注孔子学院在“一带一路”深入推进中的困境与策略。詹海玉在《“一带一路”背景下的孔子学院发展策略探讨》一文中指出，“一带一路”发展倡议和孔子学院的全球建设实践是中国在整体实力壮大的背景下给国际社会带来的两个重要议题，是中国开展现代化建设、加快国际化步伐的重要依托，两者的相互配合能够更好地推动中国的全球化发展进程，也为其他国家共享中国繁荣发展红利并进而形成合作发展、共同发展提供了更多可能。然而，当前孔子学院的办学模式单一、发展不均衡等问题，制约了其在“一带一路”倡议中本应发挥的功能，需要调整发展策略以适应国家战略的发展需要。

在谈到孔子学院办学模式的困境时，文章指出，根据孔子学院的章程，孔子学院的设立主要包括总部与申办方合作（即中外合作）、总部直接投资和总部授权特许经营三种方式，而中外合作是当前孔子学院最主要的设立方式。中外合作又有四种具体形式，包括中外高校合作设立、中外高校与跨国公司联合设立、中国高校与外国政府合作设立、中国高校与外国社团机构合作设立。其中，中外高校合办孔子学院，超过全部孔子学院的九成。[①] 中外高校合作设立孔子学院，可以有效利用双方资源和教学管理经验，在招生、教学管理、教学实施、培养的规范性、教学质量评估等方面有很强的优势。但是随着“一带一路”倡议的国际影响力持续扩大，参与国不断增加，亚投行在亚洲基础设施建设项目的不断设立和实施，迫切需要更多深入了解所在国经济文化发展环境和政策环境的知识平台和人才储备。当前，中方企业“走出去”过程中对当地投资环境缺乏了解成为制约对外贸易和中华文化输出的重要障碍。孔子学院有责任也有义务为“一带一路”的发展战略提供文化和人才支持。而当前局限于中外高校合作的办学模式，难以切实为中方企业在“一带一路”沿线国家和地区的投资、建设提供直接的帮助。所以，向中方跨国公司、驻在国与中方开展大型经济项目的公司等方向拓展合作办学，以培养更多为经济项目实施、文化交流提供服务的应用型人才，理应成为当前“一带一路”沿线孔子学院办学模式的重要方向。

“一带一路”沿线国家多数为发展中国家，且中资企业投资项目逐年增多，与外方合作关系密切。孔子学院的发展应该充分利用多种资源，实现共同发展、相互促进。可以考虑的整合方式包括：第一，孔子学院总部依托在“一带一路”沿线国家投资的中资企业，与外方高校三方合作共建孔子学院。在这种模式中，出资主体为中资企业，其回报包括培养在地国本土员工、塑造良好的企业社会形象、深耕在地国文化等。这种合作，能够使孔子学院在课程设置、教学方法等方面结合企业的实际需求，人才培养的针对性更强；依托企业的经济项目开展中华文化宣传和社区活动，可以使孔子学院的服务活动组织成效更为显著。整体来看，这种合作模式可以使得孔子学院与海外中资企业建立长期合作关系，在文化、语言、人才等方面发挥中资企业与在地国相关方的桥梁作用。第二，依托中外合作项目，设置项目制孔子学院。当前中国政府和中资企业与“一带一路”沿线国家和企业合作的重要特点是数量多、规模大、影响力强。这些合

---

①林杰，张曼．对西方少数学者质疑孔子学院“学术自由”的驳论［J］．比较教育研究，2016（03）：1-7.

作项目需要大量了解中方文化和在地国文化的人才，而这些人才的培养以在地国项目为基础，由中国高校与之对接，实现任务式、订单式的合作培养模式是非常可行的。第三，对于经济发展水平较低、与中国政治关系紧密、战略位置重要的“一带一路”的沿线国家，可以考虑由孔子学院总部直接投资设立，并承担孔子学院发展经费的方式。

此外，关于多方筹集孔子学院发展资金的问题，作者认为，当前，“一带一路”沿线国家和地区孔子学院的发展资金主要来源于总部投入、外方合作单位投入和社会捐赠，呈现出来的问题主要包括国家投入不足、发展中国家的合作单位基础较弱、企业等社会力量投入少等。首先，从国家赋予孔子学院的使命以及全球汉语和中华文化学习需求的角度来说，我国对孔子学院的经费投入与之并不匹配，远远低于英国、德国等其他同类语言文化推广机构。所以，从国家层面加大对孔子学院建设的经费投入是当前必须面对的问题，特别是针对“一带一路”沿线发展中国家，孔子学院的建设应该加强经费投入。其次，相对于欧美等发达国家的大型企业、富豪设置各类基金会并投身公益事业而言，我国慈善文化的发展仍然处于相对落后的阶段，政府和社会积极引导、呼吁有条件的企业和个人设置公益基金，资助孔子学院等中国文化推广机构，以帮助实现我国“走出去”的发展战略，特别是针对“一带一路”沿线与外国经贸人文合作紧密、发展程度较低的国家和地区，更应加大投入、提前布局。再次，积极引入市场竞争机制和产业合作模式，开拓资金来源的渠道，鼓励和吸引海内外企业（特别是中国在“一带一路”沿线国家投资的中资跨国企业）和其他社会力量参与到孔子学院的建设和发展中来。如果孔子学院能够满足海外中资企业培养本土人才、融入在地国文化、获得足够社会声誉等方面的需求，实现从“走出去”到“走进去”的转变，企业可以承担孔子学院的建设资金。最后，有条件的孔子学院，可以在总部的支持下，开发统一教材，制定规范化的标准，通过出售教材教辅资料、开展汉语短期培训、进行汉语测试和考级等方式，增加自营收入。

同样关于资金与合作模式等相关问题，李远等在《推动“一带一路”沿线孔子学院战略联盟与企业合作共赢》一文中指出，孔子学院的根本使命与“一带一路”宗旨相辅相成。发展缓慢、经费单一、缺乏资源共享机制是沿线孔子学院的突出问题。建立孔子学院间的战略联盟并与海外中资企业形成合作共赢机制刻不容缓。在拓展孔子学院经费筹集渠道方面，除了启动经费和项目年度运行经费外，必须扩大其他经费来源渠道，包括我国地方政府设置的汉语国际推广专项资金、中方承办单位配套支持经费、我国政府部门及孔子学院所在国中资企业、孔子学院所在国政府部门以及国际组织提供的相关项目经费等，形成经费渠道多元化的格局。在合作联盟等方面，形成院际间密切合作的战略联盟，通过设立包括联盟主席、秘书处和联盟成员在内的机构框架实现组织建构；可以通过合作举办孔子学院（课堂）教学研讨会、管理工作研讨会、本土教师培训、新任中方教师培训、合作编写教材、合作开展课题研究、组织优秀教师巡回演讲等实现资源共享；通过建立“一带一路”孔子学院特色战略联盟，实现中医、农业、纺织等中国传统与优势特色资源共享，把分散的要素组合起来，形成集团优势。

来源文献：

1. 詹海玉．“一带一路”背景下的孔子学院发展策略探讨［J］. 河北师范大学学报（教育科学版），2017，19（06）：121–125.

2. 李远，刘志民，张红生．推动“一带一路”沿线孔子学院战略联盟与企业合作共赢［J］. 中国高等教育，2017（10）：31–34.

东盟国家处于“一带一路”的陆海交会地带，是中国推进“一带一路”建设的优先选择和重要伙伴。在此背景下，东盟国家孔子学院发展迎来了重要的历史机遇。赖林冬在《“一带一路”背景下东盟孔子学院的发展与创新》一文就10年来东盟孔子学院的发展进行了回顾与总结：截至2016年12月，东盟10国中已有印度尼西亚、马来西亚、泰国、菲律宾、柬埔寨、新加坡、老挝、越南8个国家建设了30所孔子学院，其中6个国家将汉语教学纳入国民教育体系。随着“一带一路”建设的持续深入，东盟国家对汉语人才的需求热度将进一步被激发，孔子学院服务“一带一路”建设的功能和作用也将更加突显。在新的历史时刻和起点上，东盟孔子学院需要省身求变，根据“一带一路”的发展所需不断深化内涵建设，改革更加科学的管理与教学方法，实现孔子学院的多功能转型，创新孔子学院可持续发展机制。

鉴于此，文章提出以下建议与对策：1. 成立东盟孔子学院协调创新中心，实现孔子学院点到面的集成管理，统筹东盟孔子学院的发展；2. 设立孔子学院创新发展科研专项基金，强化孔子学院科研成果的产出效能，加强智库研究成果支持的力度；3. 建立健全孔子学院校友文化体系，织造国际校友网络圈，培育孔子学院发展的国际民间力量；4. 建构与华人社会联系沟通渠道，获取更多华人更大的支持，保障孔子学院的转型升级与发展；5. 探索公派东盟汉语师资轮值轮岗，最大限度发挥师资优势，打造一支专业的东盟汉语教师队伍。

文章最后指出，东盟作为亚洲最大的一个国际组织，发展潜力巨大，具有重要地缘战略价值，已经成为日本、韩国、美国等发达国家争相拉拢的对象。孔子学院的“东盟模式”是全球孔子学院发展的一个典范，东盟也成了中国海外孔子学院整体运行最为稳定、汉语与中国文化传播效果最好的地区。民心相通是“一带一路”建设的社会根基，孔子学院平台则是实现中国与东盟国家民心相通最重要的桥梁纽带。在面对当前多国将目光汇集于东盟的新形势下，东盟孔子学院的发展将面临越来越多潜在的不确定因素，创新发展的任务十分紧迫，特别是如何将孔子学院搭建成“一带一路”民心相通的桥梁是一个不可轻估的挑战。要实现创新发展，东盟孔子学院需要探索解决汉语师资短缺、汉语教材国别化和教学方法创新等三大挑战，以及与美日韩等国在东南亚软实力的竞争问题。世界范围掀起的“汉语热”在为全球孔子学院发展带来机遇的同时也带来了挑战，最为显著的便是引起了某些国家对孔子学院快速发展与传播汉语所产生的“软实力附加值”的担忧和疑虑。实际上，这也是一种文化不自信的体现。汉语在东盟的快速传播实际代表着中国与东盟关系的快速发展，并非是中国单方面地输出语言文化影响力，因为这种“汉语热”同时也产生了“倒推效应”，进一步催生了中国对东盟小语种的需求与学习热潮。语言有国别但无国界，东盟孔子学院在“一带一路”战略背景下，一方面需要做到适应新形势，贴近东盟的时代变化，满足东盟人民的需求；另一方面东盟孔子学院要借机发挥优势，在中国—东盟关系持续热络和“面向和平与繁荣的战略伙伴关系”建设不断向前推进的大好形势下，创新汉语与中华文化传播的新格局，把东盟孔子学院发展的“黄金10年”推向起点更高、内涵更广、合作更深的“钻石10年”。

来源文献：赖林冬．“一带一路”背景下东盟孔子学院的发展与创新［J］．南洋问题研究，2017（03）：37-52.

非洲是全世界孔子学院发展最快、最具活力的地区，“一带一路”倡议深化和拓展了原有的中非合作基础，也为非洲孔子学院点燃了发展新引擎。程迈、刘伯成等的研究重点也是非洲地区孔子学院，其在《对推动非洲孔子学院发展因素的实证研究与调整建议》一文中呼吁对非洲孔子学院的发展应当加强实证研究。文章指出，虽然中国的“走出去”战略实施时间不长，但是国内学界对于该战略实施过程中遇到的问题，已经有了丰富的研究，为保证中国在世界各国正在形成的长远经济利益，提供了宝贵的建议和指引。不过有些遗憾的是，这些研究大多还是采取个案研究的方式，在讲好个别国家、个别地区故事的同时，对于这些国家和地区存在的问题，究竟是中国在走向世界的过程中遭遇的普遍问题，还是这些国家和地区特殊背景决定的个别现象，往往论述有限，尤其表现为在整个世界范围内大样本比较定量研究不够。也正是因为这种大样本定量研究的缺失，使得研究者无法确定，自己面对的新问题是属于需要特别处理的个案，还是属于需要认真对待的普遍问题，从而降低研究工作的针对性，使得研究者或是在类似的问题上不断重复劳动，或是忽视了新问题对已有理论框架带来的挑战，遑论向决策者提供具有明确针对性的建议。

正是基于上述考虑，文章尝试以一种客观、定量的方式，全面分析在世界范围内孔子学院大发展的背景下，在非洲孔子学院的发展是否受到了应有的重视：推动非洲孔子学院发展的因素有哪些？其中又有哪些因素起到了更大的作用？这些不同因素表现出的不同推动作用，究竟是决策者有意为之的结果，还是听之任之的产物？是否存在调整的必要？从目前对推动孔子学院发展的各种因素的研究来看，这些研究或是更多地停留在研究者主观判断的基础上[①]，

① 如：魏玉红．论影响孔子学院可持续发展的决定因素［J］．祖国，2014（12）：88-89. 虽然对影响目前孔子学院发展的各种因素有所分析，但是对于各种因素的作用情况，并没有给出定量研究方面的解释。

或是虽然采取了实证研究的方法，但是受到研究范围的限制，选取的对象不充分、时间跨度也有限，说服力不强。① 此外，目前的研究更多还是考虑孔子学院对两国关系的影响，即以孔子学院作为解释变量来分析孔子学院推动两国经贸往来或者文化交流的作用。② 目前孔子学院在许多国家数量有限，单个孔子学院规模都不大，在这种背景下，以孔子学院作为解释变量的分析思路有可能存在着过度解释的倾向。而且目前的决策者更需要的或许是分析推动孔子学院发展的因素有哪些，以自觉地调整孔子学院在世界各国的分布。此外，孔子学院作为在海外实现中国文化传播的重要途径，本身具有一定的国际政治和驻在国国内政治意义，但是目前的研究选取相关分析因素时，都忽视了政治因素的作用。这些都是值得填补的研究空白。

鉴于此，作者选取孔子学院数量作为被解释变量，选取 11 个方面的要素作为解释变量（如表 3-3），选取 115 个国家（地区）作为分析样本，根据 12 项指标在 2005 至 2014 年十年的相关数据，一共得到 1 035 个被考察案例，最终得到相关解释变量对被解释变量（孔子学院数量）的影响力观测值系数及影响力排名情况（见表 3-4）。

表 3-3　孔子学院实证研究的被解释变量、解释变量与变量符号

被解释变量 y	解释变量		变量
孔子学院数量	经济扩张性	中国对外直接投资额	X_6
		中国出口额	X_7
	经济吸收性	中国利用外商直接投资额	X_5
		中国进口额	X_8

① 如：夏子怡 . 跨文化传播视野下的孔子学院——对影响其发展因素的实证性分析［D］. 中国人民大学 2008 年硕士学位论文 . 只讨论了孔子学院发展比较好的国家情况而且研究跨度只截至 2008 年。

② 如：连大祥 . 孔子学院的经贸效果［M］. 南京：南京大学出版社，2014；许陈生，王永红 . 孔子学院对中国对外直接投资的影响研究［J］. 国际商务——对外经济贸易大学学报，2016（02）：58-68. 两篇文献都在全世界范围内进行了大样本分析，但是采取的思想都是选取孔子学院在各国的数量作为解释变量，以孔子学院在各国的数量来解释中国与各国的经济发展状况。

（续表）

被解释变量 y	解释变量		变量
孔子学院数量	驻在国政治情况	公民自由	X_2
		政治权利	X_4
	驻在国发达程度	人类发展指数	X_1
	驻在国人口规模	人口数据	X_3
	特殊国家	英语国家	X_{10}
		非洲国家	X_9
		中国邻国	X_{11}

表 3-4　相关解释变量对被解释变量（孔子学院数量）的影响力观测值系数及影响力排名

解释变量		观测值系数	影响力排名
经济扩张性	中国对外直接投资额	0.243 67	1
	中国出口额	0.188 12	2
经济吸收性	中国利用外商直接投资额	0.152 45	4
	中国进口额	0.167 53	3
驻在国政治情况	公民自由	−0.022 51	6
	政治权利	−0.024 27	7
驻在国发达程度	人类发展指数	0.015 32	9
驻在国人口规模	人口数据	0.057 76	5
特殊国家	英语国家	−0.011 24	11
	非洲国家	−0.019 83	8
	中国邻国	0.012 03	10

其中，变量系数绝对值较大的，对孔子学院数量的影响较大。正值表明相关指标变化对孔子学院的发展具有正相关关系，而系数为负则表明该指标的变化与孔子学院的发展具有负相关关系。然而，特别需要说明的是，因为公民自由与政治权利指数评分越高，这些国家的相关情况越差，所以当这两项指标

的观测值系数为负时，表示这两个国家的公民自由和政治权利情况越好，孔子学院的发展也因此会受到一定的积极推动。这些系数对孔子学院的数量增长有很大的推动作用。

基于实证研究的结果，作者提出了三项对非洲孔子学院进行调整的建议：一是主动摆脱中国经济增长副产品的地位，减少中国对非投资不稳定状况的影响，摒弃“通过中非经贸关系的发展，水到渠成地推动非洲孔子学院发展”的想法，有意识地推动孔子学院发展；二是以自信的心态淡化孔子学院的意识形态色彩，以非洲国家努力摆脱西方国家控制、走独立自主发展道路为契机，以更自信的态度向非洲当地学员全面、真实地讲述中国故事，不要过多地受西方媒体或者当地亲西方媒体的过度渲染的干扰，落入意识形态的陷阱；三是借助于来自中国的外部推动，加快孔子学院本地化，中国政府应在加大对非洲孔子学院发展支持的同时，摆脱简单地派遣志愿者、分发教材、提供设备的做法，将培养当地教学骨干、开发适合当地学生要求的教学材料等本地化措施，作为非洲孔子学院发展的重心，更高效地用好有限的资源。

最后，作者以“从个别的自发转向有组织的自觉来保护中国在海外的利益”为题提出以下思考。中国的组织和个人在非洲的影响力在日益扩大，这最终提升了中国在非洲的利益和影响力。但是这种影响力的扩大，更多的还是受到这些组织和个人的经济利益的驱动，相互之间缺乏有效的沟通交流机制，对整个国家国际政治利益的实现，缺乏明确的服务意识。而且，在这种自发活动中，这些相互缺乏沟通的组织和个人在不断遭遇相似的困难，或者犯下相似的错误，这在一定程度上减缓了中国“走出去”的步伐，间接地影响到中国在非洲利益的实现。

正是因为缺乏组织协调和对普遍问题的研究，缺乏对整个世界范围内的大样本、系统化的分析[①]，人们对中国在走出去过程中面临的问题，形成了一些可以称作“成见”的看法。例如人们曾经认为，中西方的意识形态差异会阻碍孔子学院的发展，但是研究显示，这种差异非但没有阻碍孔子学院的发展，

① 目前关于中国对外战略的研究，需要提高系统化程度的建议，可参看：当代中国的国际战略研究：进展与创新——唐永胜教授专访［J］. 国际政治研究，2015，36（06）：132-152.

反而具有微弱的促进作用。这种因为缺乏实证研究而造成的误解和成见，也会分散决策者宝贵的精力。为了改变这种“各自为战”的局面，中国“走出去”战略的实施应当加强对现有问题的自觉的系统化的分析，在对大样本的实证分析的基础上，将目前还在一定程度上分散进行的各方面的走出去努力，组织、综合起来，有的放矢地消除这些阻碍中国在海外利益实现的问题。

来源文献：程迈，刘伯成．对推动非洲孔子学院发展因素的实证研究与调整建议［J］．复旦国际关系评论，2017（01）：195-217.

【小结与思考】

2016年12月，第十一届孔子学院大会在昆明举行，时任教育部副部长郝平在会议期间举办的孔子学院与“一带一路”建设工作座谈会上表示，“孔子学院始终坚持一国一策、一校一策，开展了许多喜闻乐见的文化活动。此外，孔子学院还为‘一带一路’建设提供了人才智力支持，在经贸合作领域发挥出积极作用”。应该说，无论是“一带一路”倡议推进还是孔子学院持续发展，尽管在规划设计上必须坚持宏观的整体性和统一，但在实施过程中更应注重区域国别差异，因国、因时、因势采取不同的方法和策略，做到不同国家配套不同的具体政策。在诸如此类的强烈社会需求下，区域和国别研究成为人文与社会科学尤其是政治学与国际关系领域一个新的学术增长点。

区域研究最初是美国冷战时期兴起的学术运动，它运用人文学科和社会科学相结合的方法，试图对一些与美国国家利益有重要关联的国家和地区如苏联、东亚等地的当代文化和社会开展全方位的研究。①现代意义上的区域研究，旨在根据区域的地理和历史状况，针对区域内国家、社会、各种集团的实际情况，系统地收集资料和信息，明确和把握所研究区域的总体特征，进而预测其未来的发展动向。对某一个区域的研究并不排除对区域中某一个国家的集中深入研究。②

① 崔玉军．区域研究与美国中国学之兴起［A］．中国社会科学论坛（2011·国外中国学）暨“国际视野中的中国研究——历史与现在”国际学术研讨会论文集［C］．中国社会科学院，2011：252-276.

② 许伟通．大学新使命：区域国别研究［J］．高教与经济，2012，25（03）：1-6.

当前，我国区域国别研究长期以比较政治、国际关系及国际安全和战略为重点研究领域，研究成果多集中于宏大叙事的国家间关系和战略层面，对中观、微观层面的问题少有关注，社会性实践与田野调查十分缺乏[①]，孔子学院的地方实践和区域经验丰富，恰恰可以成为一个有力度、可操作的研究抓手。而反观当前以区域或国别为研究边界和研究对象的孔子学院研究，从本年度文献情况来看，不管是关于部分国家孔子学院发展现状与问题对策的分析[②]，抑或是在国别化、区域化汉语教学师资、教材等方面探讨[③]，与能够服务国家战略和对外交往的“国别研究”相比，尚有完善和提升的空间。

有学者呼吁，区域国别研究不能只研究外交战略，还必须从一个国家的发展竞争力、国内发展走向等角度出发，“在内外一体的视角下寻找研究的切入点”。[④]这应该是孔子学院的区域与国别研究的定位与发展方向，以有效弥补当前区域与国别宏观研究和孔子学院相关问题要素研究之间的结构性缺失。鉴于此，应重点从以下四个方面加强孔子学院的区域与国别研究：

第一，从研究视角来看，在整体性国际问题和孔子学院系统中定位孔子学院的区域与国别研究，纳入区域的政治、经济、语言、文化、历史、地理等整合性研究视野，形成多维的研究视角和立体的研究层次。根据中国教育部的总体规划和布点计划，区域与国别研究基地将逐步设立与完善，并全面覆盖世界各个国家和区域，这为孔子学院的区域与国别研究提供了“搭便车”的机遇和挑战。当前政治学与国际关系领域学者对孔子学院日益深入的关注，正是反映出这种向好的趋势。

---

① 毛莉．国别研究要善于“解剖麻雀”［N］．中国社会科学报，2016-11-16（001）.

② 张若男．美国孔子学院办学现状及其文化传播策略研究［J］．上海教育评估研究，2017，6（01）：66-71；沈林．日本孔子学院的现状及展望［J］．广东外语外贸大学学报，2007（05）：26-28+76；牛长松．南非孔子学院的发展特色及影响因素分析［J］．比较教育研究，2017，39（09）：49-54；黄湄．优化孔子学院布局　助力“一带一路”建设［J］．中国高等教育，2017（24）：52-53.

③ 赖铮．比较法在国别化商务汉语教材中的应用［J］．海外华文教育，2017（03）：369-374；董琳莉．论汉语国际教育国别化教材的编写［A］．中国澳门大学、中央民族大学、美国罗德岛大学．全球化的中文教育：教学与研究——第十四届国际汉语教学学术研讨会论文集［C］．中国澳门大学、中央民族大学、美国罗德岛大学，2017：14.

④ 毛莉．国别研究要善于“解剖麻雀”［N］．中国社会科学报，2016-11-16（001）.

第二，从研究内容来看，在内外一体的视角下进行孔子学院的区域与国别研究，平衡好宏观和微观层面的研究，做到既可“尽精微”，又能“致广大”。既要有针对性地对孔子学院所在地区、国别、学校进行细致的微观研究，又要对一系列国家进行比较[①]，揭示不同地区间、国家间、学校间的差异，形成区域化、国别化发展的一般规律，从整体上把握和均衡孔子学院的一体化发展和个性化发展的问题。

第三，从研究思路来看，要突破惯性思维，辩证地认识与理解“一国一策”乃至“一国多策”的“策”。孔子学院的区域和国别化策略，具有一般性和特殊性。其一般性体现在，不同区域、国家、学校的孔子学院发展，都要以《孔子学院章程》为基本原则；其特殊性体现在，以基本原则为基础，根据不同国家的国情、不同学校的校情，对建设与发展的路径、方式与方法进行适当范围的灵活调整，以期更好地满足当地需求，更好地适应和实现办学目标，这应该成为开展孔子学院区域与国别研究的前提条件和现实基础。

第四，从研究方法来看，由于全球化与世界体系的发展，区域与国家有着同向发展、相似发展、相互依赖等特点，可以将语言文化研究、历史比较研究与政治社会研究等方法有机结合，加强田野调查和历时性跟踪等实证研究[②]，逐步建立起符合孔子学院身份特色的区域国别研究方法。

---

①②Jeffrey Gil. *Soft Power and the Worldwide Promotion of Chinese Language Learning: The Confucius Institute Project*[M]. Multilingual Matters, 2017.

| 第四章 |

影响研究

影响研究是指由于孔子学院的存在和发展，对政治、经济、文化、外交等内外部环境，以及中国文化走出去和国家软力量建设等产生影响的相关研究，同时，也是对孔子学院功能和价值的观照和呈现。本章主要涉及的内容是：孔子学院与国家形象、教育合作与协同发展、语言安全与文化传播、理论探索与跨学科研究等方面。孔子学院的社会认可度和认同感越来越广泛，站位和定位都发生了些许变化，在对人类命运共同体、国家软实力建设和话语表达、国家形象塑造、文化自信建设、语言文化安全等宏大命题的解读与分析中，孔子学院成为一种存在要素，介入、嵌入甚至融入其中，或是举例的例证，或是观点的理据，或是成效的表征，这是 2017 年影响研究相关文献的特点之一。物理空间的改变往往会带来力量结构的调整，孔子学院的新坐标与着力点，也预示着新的现实发展和学术生成。总体而言，影响研究的成果更多体现在相关研究文献而不是专题研究文献中。如果说专题研究侧重“内观”，注重内理、规律、功能的阐述，那么相关研究文献则反映了“外视”思维下的学术表述，反映了孔子学院内部治理的外部效应及其所能达到的认可和辐射，这不是强加的价值，也不是“自说自话”的自我认可，而是“他人言说”的现实塑造，揭示出孔子学院的社会影响是一种“他塑”而非“自塑”的结果。综览 2017 年度研究文本，无论对孔子学院教育发展成效的研究，还是关注它在高等教育国际化中的作用，抑或是在创新性研究方法下的解析，都有数据的验证和事实的描述。孔子学院的象征符号意义越来越突显，符号及其意义之间的锁合关系更加紧密，内涵的丰富性不断得到充实和挖掘。有些挖掘是因果关系的论证，有些是质性研究下的意义塑造，比如对孔子学院品牌成长的实证考察，有些则是关联分析，比如话语传播和中国故事的国际表达等。丰富是一种成长，反思是一种担当。在新时代背景下，在新常态的语境下，孔子学院的完善与发展面临的困境，可能的隐患与现实的挑战，语言与文化传播中的障碍，以及制约孔子学院社会影响与辐射的问题也得到了更多的学术观照。应该讲，敢于直面和暴露问题，勇于批判和揭示瓶颈，包容折射出一种成熟的文化心态，能够聆听不同的声音，接纳不同的思路，是孔子学院自信的流露，也是其影响深入的一种体现，显示出一种务实而理性的精神和态度。

第一节　孔子学院与国家形象

党的十九大报告指出："我们生活的世界充满希望，也充满挑战。我们不能因现实复杂而放弃梦想，不能因理想遥远而放弃追求。没有哪个国家能够独自应对人类面临的各种挑战，也没有哪个国家能够退回到自我封闭的孤岛。我们呼吁，各国人民同心协力，构建人类命运共同体，建设持久和平、普遍安全、共同繁荣、开放包容、清洁美丽的世界。"人类命运共同体的理念不断发展，世界对其内涵的认知也不断深化，逐渐成为国内外共识：在追求本国利益时兼顾他国合理关切，在谋求本国发展中促进各国共同发展。不同的学者对该问题进行了不同层面的研究，提出了见仁见智的观点。更重要的是，孔子学院也被纳入到这个宏观框架之中，这种嵌入与融入是孔子学院建设背景与发展站位的一种改变，其社会存在的空间得到了新的认可与接纳。

李建嵘等《构建人类命运共同体的中国选择》认为，推动人类命运共同体建设，中国要强化国际话语体系，诠释中国理念、发出中国声音。理念只有被人接受，并转化为行动才能真正产生影响，转化为力量。中国要与世界一起构建人类命运共同体，就必须加强国际话语体系建设，加强中国战略的国际传播，打破一家独大、数家垄断的话语霸权现状。要建立切实可行的国际传播制度，建成从中央到地方的强力组织领导体系。要引导全民参与到国家话语体系建设中来，加强与海外华侨的互动交流，让每一位公民、每一位华人认识到自己的中国身份、中华形象，形成外宣合力。要加强国际传播的载体和渠道建设，积极推动孔子学院、中医院、中国餐馆在世界各地的建设，积极推动中国产品走出国门、走向世界。要大力推动专业传播机构的转化升级，切实打造好以人民日报、新华社、中央电视台为代表的主流传播媒介集团旗舰，要高度重视传统媒介与现代技术的高度融合，推动融媒体的发展。

来源文献：李建嵘，张玉华，孙英．构建人类命运共同体的中国选择［J］．学术探索，2017（05）：18-22.

“命运共同体”理念提出以来，不仅得到了国内民众的响应，也得到国际社会的赞同，逐渐融入新时代中国特色社会主义建设的方方面面，特别是中国外交政策与实践中。孔子学院作为中国文化外交、中外人文交流的重要组成部分，也被纳入到这个行列当中。孙通《习近平“命运共同体”理念：理论解析与外交实践》一文即给予了孔子学院的建设与发展这样的定位。

文章指出，在实践中，中国政府以“命运共同体”理念为指导，强调不同国家与不同文化之间的“多元相处，和谐共生”①，积极打造同各国间的人文公共外交，以期形成他国对中国文化及执政理念的认同，培育“命运共同体”意识。孔子学院作为中国向世界传播语言文化的纽带，不仅带来了世界学习汉语的热潮，更重要的是让世界更了解中国，认同中国，提升中国形象和国家软实力。人文交流是构建“命运共同体”的重要媒介，中国政府积极开展人文公共外交，通过文化交流互鉴向国际社会传递“命运共同体”理念，有助于提升国际社会对该理念的认同，促进精神层面“共同体”的构建。

来源文献：孙通．习近平“命运共同体”理念：理论解析与外交实践［J］．中共济南市委党校学报，2017（01）：1-8.

“建立一种良好的国家形象和声誉，比军事和经济实力的大幅增长更具

---

①转引自：张清敏，田田叶．十八大以来中国外交中的文化因素［J］．国际论坛，2016（02）：34-39.

用处和价值，一个糟糕的国家形象会导致国家利益的巨大损失，这是其他任何方面的优势所无法弥补的。”[①] 这是张伟《国家形象的文化塑造——基于价值认同的视角》一文引用的普林斯顿大学杰维斯的一段话，指出了国家形象的重要性。文章不仅用诸多数据支撑了观点，还提出了对文化中国的期待。

文章首先指出了中国国家形象自我认知与他者认知的差异。以 2005 年至 2015 年间皮尤研究中心“全球态度项目”中的中国形象（China Image）为例，在过去的十年中，国内民众对中国国家形象持肯定态度的比例要远远大于其他国家，即使在低位的 2005 年也高达 88%。尽管存在着环境污染、食品安全、收入不均等问题，国内民众对于中国经济现状以及未来发展方向所持的乐观态度仍远超其他国家，与全球满意度只有 40% 的中位数相比，有 86%（2008）、83%（2012）、89%（2014）的受访者表示满意或还不错。由此可见，国内民众对中国国家形象的认知还是非常正面的。但正如雷墨所言，在全球化的今天，“中国如何看待自己并不重要，真正的关键在于国际社会如何看待中国”。[②]

与中国国家形象的良好自我认知不同，国际社会对中国国家形象的他者认知依然不容乐观，在部分国家和地区甚至出现逐年下降的情况。从皮尤研究中心十年的调查数据来看，受访者对中国形象持负面态度比例超过 50% 的国家大多集中在发达国家且在近些年呈现出上升趋势。中国外文局对外传播研究中心（CICS）2013 年和 2014 年发布的《中国国家形象全球调查报告》显示：当前无论是对国内民众还是国际社会而言，用以支撑中国国家形象的主要因素还是改革开放以来中国在经济领域所取得的伟大成就。经济的迅猛发展可以说是中国留给国际社会的第一印象。与“经济中国”形成鲜明对比的是国际社会对“文化中国”的期待。61%（2013）的海外民众表示乐意了解中国文化，文化是吸引他们来中国的最主要因素；1/3 的受访者则表示对学习汉语有兴趣，57%（2014）的受访者认可孔子学院和中国文化中心在本国的设立。较之经济、

①Robert Jervis. *The Logic of Images in International Relations*[M].Princeton： Princeton University Press,1970：6.

②（美）乔舒亚·库珀·雷默.中国形象：外国学者眼里的中国［M］.北京：社会科学文献出版社，2006：23.

政治、军事、教育、娱乐、体育等信息，文化成为2014年发达国家最期望通过媒体了解中国的信息，在发展中国家则仅次于科技信息排在了第二位。

作者认为,从他者的视角看，“文化中国”的塑造已不仅是中国经济高速发展过程中急须同步解决的战略平衡行为，也是中国在全球化时代确立文化身份和地位，寻求他国认同和尊重，进而扩大国际话语权的外交战略行为，即如何在经济快速发展的过程中恢复精神生活的本原地位。新世纪以来，通过在世界各国开展“中国年”“文化节”“文化周”等活动以及设立孔子学院和中国文化中心等机构，国际社会对“文化中国”的认知较之以往有了显著的提升，但从总体上来说与中国作为文明古国和世界大国的地位仍有不小的差距。与中国对世界的了解相比，世界对中国的了解在很大程度上似乎仍停留在“传统中国”的历史惯性中，对中国文化的认知也更多地局限于由武术、茶叶、瓷器、京剧、中餐、中医、舞龙舞狮以及模糊的孔子形象所构成的符号系统上，至于当代中国特有的文化主张和价值理念，国际社会的了解程度可以说非常有限。

作者明确提出，在当前中国国家形象的建构战略中，与文化的自觉和自信同样重要的是蕴藏于文化背后的核心价值理念的自觉和自信。倘若缺乏核心价值理念的观照，国家形象的文化塑造便很容易走向文化符号堆砌的误区，从而无法真正增进他者对中国国家形象的文化认同，成为真正有影响的“软实力”。

来源文献：张伟．国家形象的文化塑造——基于价值认同的视角［J］．理论视野，2017（03）：23-27.

教育援助是当代中国国家形象塑造的重要组成部分，加拿大许美德等《作为“中心的中国”对全球教育有何蕴意》一文指出，中国教育援助最显著的特点是其开放性，吸引和资助发展中国家的学生来华学习。从1990年至2000年，在中国学习的国际学生数量从10 000人增至52 000人，大部分学生学习中国语文和中国文化等无学分课程。2015年，这个数字迅猛增长，在中国学校的国际学生数达到397 635人，居世界第3位，仅次于美国和英国。到2015年，中国教育部的一个奖学金项目资助了超过40 600名来自发展中国家的学生。国际学生学习各个领域的课程，并且越来越多的研究生课程提供英语授课，这使他们相对缩短了学习时间，同时为他们所在的大学贡献了充满活力的校园文化。

文章认为，中国对发展中国家的另一种教育援助方式，来自它的一项大规模的文化外交项目。中国在140个国家和地区设立了511所孔子学院。孔子学院由国家财政拨款资助，同时由教育部下设的汉办负责汉语教师支持工作，但项目是通过中国的大学和外国大学或非政府组织之间的合作得以实施的。大学间的合作能够促进学生和教职员工的交流，也能促成其他形式的合作发展。

西方国家的一些学者，尤其是北美洲的学者，一直在批判这种合作形式，认为中国正在借机利用大学为其地缘政治策略提供文化支持，最终会侵犯学术自由。而学术自由是自欧洲文艺复兴之后西方大学最核心的价值。在非洲和东南亚的大学，则很少有这种猜忌，有的是更强烈的合作共治意识。

来源文献：许美德，蒲艳春，李军．作为“中心的中国”对全球教育有何蕴意［J］．比较教育研究，2017，39（04）：3-14.

外宣在一般意义上是国家形象的直接塑造者，外宣的指导思想、实施方略和应对策略等对国家形象塑造的效果和效益将产生直接的影响。吴玫的文章《网络新环境对美国意识形态的冲击》，表达了自己对“做好中国的外宣事业”的看法。

文章指出，几十年来，我国一直在大力发展外宣事业，专门成立了外宣基金，重点扶持一批新闻网站和媒体，包括《中国日报》、国际频道、央视等等，但效果并不理想。中国的国际话语权和中国的综合国力非常不匹配。中国的外宣工作，首先是没有做到“知己知彼”，根本不知道西方人是怎么想的。对美国的主要意识形态也没有认知图谱。

无论是外宣还是内宣的开展方式，都很少直接批评，这是中国的传统做法。我们很少把外宣作为一种策略。所谓外宣，只是想我怎么才能讲好故事，从自己个人的符号图谱、意识形态或者感觉来讲这个故事。但是，外宣最关键的是受众，他们跟讲述者是两种意识形态图谱的人，美国人信奉基督教、犹太教，跟他们讲南海的事情，不可能讲得明白。如果不知道受众是怎么想的，他们的符号体系是什么样的，根本不可能讲好故事。俄罗斯已经有信息战的套路了，我们可以学习一下它是怎么做的，这跟中国的外宣模式是不同的思维体系。当然俄罗斯有它的背景，因为它经济还不够强大，在美国的压力下必须以攻为守，特别需要强势夺人。中国经济很强大，不需要咄咄逼人，“一带一路”倡议需要大家都友好的氛围。总之，外宣思维没有意识到信息战的存在，当前我们面临的形势是争夺国际上的外宣话语权，而不是单纯讲好中国故事。

作者认为，外宣实际上和广告营销一脉相承，我们要知道西方人是怎么做宣传的。中国人一定要说真话，要追求客观事实，不能夸大夸张，但在这么复杂的国际形势下，面临那么多的指责，我们当下的应对就显得有些薄弱。作者刚刚做了一个关于孔子学院13年的舆情分析。有人说，中国的孔子学院是“特洛伊木马”。这是以间谍的符号来定义孔子学院，在这样的情况下，怎么能讲好孔子学院的故事？我们一定要知道，人家是怎么理解这件事情的。可是，我们的外宣策略反而很容易落入对方设置的陷阱。中国的外宣强调，孔子学院是中国软实力的投射，西方本来就有中国“威胁”论的论调，我们再强调中国“软实力”，反而给人家落下口实。我们观察一下就会发现，美国人很少说“美国软实力”“走出去”之类的话。英国、法国都有海外文化中心，德国还设有歌德学会等等，可它们从来没有说这是“文化软实力”。我们把内宣的口径用在外宣上，很容易产生负面效应，出现这样的问题主要还是“知己不知彼”。

来源文献：吴玫．网络新环境对美国意识形态的冲击［J］．经济导刊，2017（09）：73-79.

中国的国家形象在外国媒体中是有所折射和体现的，高楠楠等在《美国媒体话语中的当代中国国家形象变迁审视——以〈基督教科学箴言报〉为例》中指出，当代中国国家形象在美国媒体话语中的变迁具有一些较为显著的特征，例如，美国媒体报道中的涉华评论早期多集中于中国的政治、经济、意识形态、军事方面，今天主要集中于中国的思想文化、社会、环境等各个方面。在文化上，这一时期中国政府开始积极努力提升文化软实力。其中一项最为引人瞩目的举措便是在海外开办孔子学院，教授外国人学习中国优秀文化。

总体看来，十年来中国吸引了更多来自世界各地的关注，所以其形象是复杂的，可以概括为“崛起中的中国”。这一时期的媒体报道主要关注的内容是WTO、中国崛起、中美贸易、孔子学院、中国的温室气体排放。

与此观点相仿，许慈惠等在《国情文化视域下我国对外人文交流的现状与反思——基于孔子学院和日本国际交流基金会的比较研究》提出了通过传播国情文化优化国家形象的理念。

国情文化从时间维度上看，应该聚焦于当今时代；从内涵上看，它涵盖一个国家的政治、经济、科技、教育、社稷民生以及国民素养等，是国家形象的核心要素。在国际传播视域中，国家形象通常指一个国家的外部公众通过各种信息传播对该国在经济、政治、外交、社会、环境、文化等方面的总体或部分看法、印象和评价等等，反映了该国在国际社会被认知、接纳的程度和状况。[①] 国家形象并不在于构建一套形而上的理论模型，而是应该结合全球化、媒介化的历史情境和文化逻辑向世界做当今国情文化的具体、实在的阐释。[②] 一个良好国家形象的建构绝离不开国情文化强有力的支撑。

作者指出，孔子学院成立以来除了一般的汉语语言教学外，传播中国文化的方式主要是举办文化讲座与开展文化体验活动，具体内容多聚焦于中国传统民俗、民族民间艺术及民间游乐文化（以下简称“民间文化”）。

文章认为，尽管近年来不少孔子学院也开始举办介绍中国国情文化的讲座，如美国德州大学圣安东尼奥分校举办了中国国情与经济方面的讲座；美国马里兰孔子学院举办了有关中美关系、西藏经济与宗教文化的讲座与活动。[③] 但其中大部分只是根据资源邀请一些专家举办讲座，讲座时间并不固定、随机性高、偶然性强。讲座内容也多停留于表面粗浅的、个人感想式的介绍中国改革开放以来的一些生活层面等的变化而已，未能涉及深层问题，难以建构中国国情文化传播的框架与体系。而孔子学院的中方汉语教师一般由汉语专业教师

---

①③转引自：刘艳房，朱晨静．国家形象建构与中国价值的国际传播［J］．河北师范大学学报（哲学社会科学版），2014（04）：145–148.

②转引自：刘丹凌．论国家形象的三重内涵——基于三种偏向的分析［J］．南京社会科学，2014（05）：106–114.

和汉语专业的学生志愿者担任，另加一位多是汉语专业出身的院长。或许因为知识结构的缘故，大多数汉语教师因为缺乏中国文化社会等专业理论知识而对国情文化的传播交流避重就轻，或干脆不作为。孔子学院将原本只该是对外人文交流的一个传播入口或曰一个环节的民间文化当作中国优秀传统文化的主要部分，而对海外民众真正关注的中国当今国情文化或避重就轻，或避而不谈，导致“供需”之间矛盾悬殊，不免会给人带去“隔靴搔痒”“浅尝辄止”的印象，对外人文交流也就显得空洞无物而收效甚微。

来源文献：

1. 高楠楠，吴学琴 . 美国媒体话语中的当代中国国家形象变迁审视——以《基督教科学箴言报》为例［J］. 安徽大学学报（哲学社会科学版），2017（05）：120-129.

2. 许慈惠，蔡妍，曾婧 . 国情文化视域下我国对外人文交流的现状与反思——基于孔子学院和日本国际交流基金会的比较研究［J］. 云南师范大学学报（对外汉语教学与研究版），2017（02）：26-34.

【小结与思考】

乔舒亚·库柏·雷默曾说：“在过去近 30 年中，中国的变化太快，以致‘中国形象’难以适应中国现实变化的速度之快。中国最大的战略威胁之一，在于其国家形象。”[①] 诚如其言，中国社会的发展、国家形象的塑造具有其自身的特质，比如国内与国外形象的塑造同时开进，均具有动态变化的特点；再者，国家形象的塑造面临“自塑”和“他塑”两种路径。“‘自塑’和‘他塑’是建构一国国家形象的两种不同方式。理想自塑形象、实际自塑形象与受众的他塑形象之间，客观上存在着多种因素造成的差异。而积极的“自塑”无疑是构建理想、美誉的国家形象的最重要的途径。”[②] 如果说“他塑”具有更多的不

① 转引自：吴友富 . 对外文化传播与中国国家形象塑造［J］. 国际观察，2009（01）：8-15.

② 贝文力 . 中国在俄罗斯的形象扫描［J］. 对外传播，2017（07）：75-78.

确定性、不可控性，那么“自塑”的路径与中国发愤图强、自强不息的理念是相吻合的，通过经济社会发展事实、对外交流、经贸合作等各种方式开展国家形象塑造，这不仅是我国当前所采取的重要行动方式，也是世界很多国家的通用做法。孔子学院在国家形象塑造中具有的积极作用已得到广泛认可，进一步推进该项工作，需要深入探究，尤其是加强对其特性的思考，需要强化突出公共传播意识，同时充分发挥人际传播的作用。

众所周知，“全球化是有整体性影响的社会历史变迁过程”①，民族国家与全球化的博弈也是这个历史变迁过程中不可回避的问题。全球化背景下民族国家的形象塑造和发展环境的营造很大程度上要通过传播而实现。这里的传播，无论是语言文化的传播，还是科技讯息以及社会发展动态的传递，如果只强调民族国家的主体属性，忽视国家间的主体间性，忽视传播的公共性，显然不是明智和科学的举措。孔子学院是中国语言文化全球传播的重要平台，需要树立传播中的公共意识，不断强化、付诸实践，开展公共传播。“公共传播指向的是任何组织在处理和化解危机中所应有的一种思维行为模式，强调以组织所面向的现实的、潜在的公众为考虑问题的思路和出发点，在与这些公众利益的博弈过程中达到组织利益的最大化。”② 孔子学院语言与文化传播实践公共性的突显，无论对孔子学院自身的发展还是国家形象塑造，以及民族国家的发展都具有积极意义。突显公共意识，传播具有公共关注、公共价值的内容，不同文化的主体间性得到尊重和重视，有利于多元文化的对话和中外人文交流，有利于中国当代社会风貌的整体呈现。这看似是一种对自身语言和文化的游离，而实质上是对世界的切近和对他者心灵认知、情感共鸣的靠近。

每一种传播都需要媒介，孔子学院的语言与文化传播也是多种介质共同作用。不可忽视的是人际传播，通过个体作用的发挥开展国家形象的塑造是孔子学院传播实践中一个非常重要的特点。孔子学院是走进社区的，是能与当地民

---

① 宋奇．民族国家还是全球公共领域——国际公共传播研究范式分析［J］．浙江传媒学院学报，2017，24（02）：25-29.

② 师曾志．公共传播视野下的中国公民社会的发展以及媒体的角色——以汶川地震灾后救援重建为例［J］．传奇・传记文学选刊，2009（01）：13-18+26.

众的家庭生活或者个人生活与发展结合在一起的，孔子学院教师的个人素养、才华、亲和力等都能通过人际传播得到释放，成为当地认知中国人、认知中国的媒介。“没有哪种媒介比人更能打动其他人。拉扎斯菲尔德在20世纪就已发现人际传播的独特魅力所在。他在研究美国大选后发现信息存在着流动性，从大众媒介流向‘意见领袖’，然后信息再被扩散。‘人际交往的覆盖面如此之广，人与人之间的影响能够触及那些更易于发生转变的人，并成为正式媒介传播信息施加影响的桥梁。’一旦‘桥梁’建立，国家形象就成为‘桥梁’上的‘信息流’，而承担‘桥梁’功能的人则被称为‘桥梁人群’”。①“桥梁人群是化解隔阂的关键环节，他们将受到的文化等因素的影响转码后再面向国外受众传播，把‘信息流’转换成‘影响流’。”②这对所在国民众的他国形象认知塑造起到关键性的作用，是国家形象在对外传播中的意见领袖。孔子学院的工作团队从某种程度上讲是国家形象塑造的桥梁人群，是国家开展外宣工作的参与者和实施者，他们不仅讲述工作故事，其自身就是中国故事的展示，是国民素质和当代中国国情的体现，是国家形象的生动表述。他们是国家形象跨文化生成逻辑中的重要一环，也是策略之一。所以，在我们铺天盖地用多种方式、多元媒介来努力塑造国家形象的过程中，可能需要一点回归，回归到人，回归到具有“桥梁人群”意义的个体，这是孔子学院在国家形象海外塑造中的特质，发挥好这个特质就能转化比较优势，反之则有可能引发负面影响乃至舆情风险。

第二节　教育合作与协同发展

“20世纪中后叶，‘高等教育国际化’这个概念在西方英语话语体系里逐渐流行开来。一般认为，推动‘高等教育国际化’加快发展的主要外部原因是‘全球化’的发展。”国际大学联合会认为：“这是一种将跨国与跨文化的

---

①张昆，王创业．疏通渠道　实现中国国家形象的对外立体传播［J］．新闻大学，2017（03）：122-130.

②赵云泽，滕沐颖，赵菡婷等．“桥梁人群”对中国品牌的跨文化传播的影响研究［J］．国际新闻界，2015，37（10）：65-78.

观点与大学的教学、科研等主要功能相结合的过程，既包括学校内外部，也包括自上而下及自下而上的变化。”①

江波等《面向未来的高等教育国际化发展》一文，从理念、趋势、使命、挑战、展望五个方面，对世界与中国高等教育国际化的走向与发展进行分析和阐述。文章提出，教育是全球“共同事业”，高等教育国际化趋势加快，国际化战略成为各国高等教育谋求新突破与新发展的重要战略。就世界范围的各种对高等教育发展水平的评价来看，“国际化’水平已经成为衡量高等学校（大学）办学水平的一项重要指标。高等教育的新使命是培养面向未来的高层次人才，国际化与本土化的有机结合是完成“新使命”的必然选择。立足于自身，是任何一个国家高等教育国际化的一项基本要求。高等教育国际化的一种形式是本土大学的国际人才培养，目的是促进本土学生的国际化；另一种形式是中外合作办学，如 2015 年同济大学与芬兰阿尔托大学合作设立的上海国际设计创新学院，以建设一所具有中国特色的国际化顶尖设计创新学院为发展目标；还有一种形式是海外办学，如厦门大学在马来西亚办学、孔子学院在世界各地落地生根等。这些办学形式对于推进高等教育国际化具有重要意义。高等教育面临的新挑战是提升对全球教育改革发展的影响力；展望未来，中国高等教育对外开放事业前景广阔，要担负起服务“人类命运共同体建设”的崇高使命。中国高等教育国际化要有对自身基础的清醒认识和引领发展的能力准备；中国高等教育国际化要服务全球发展，推动中国融入全球研究圈，加大国际科研合作力度，使得中国在全球顶尖科技成果方面从跟踪走向引领；服务全球治理，通过参与全球高等教育治理，提高参与全球治理的能力，逐渐使中国发挥全球政策参与者、倡议者乃至主导者和实施者的作用，让中国高等教育真正走进国际社会，在国际舞台上绽放光彩！

来源文献：江波，钟之阳，赵蓉．面向未来的高等教育国际化发展［J］．高校教育管理，2017，11（04）：58-64.

---

① Iau.Hildahernandez. Multicultural education: A teacher’s guide to linking context, process, and content[EB/OL]. http://www.iau-aiu.net/content/definitions.

教育国际化的路径和方式有很多，周倩《制度性话语权视角下高等教育强国建设的路径选择》认为，在制度性话语权视角下，扩大我国在全球教育治理中的发言权和代表性，增强话语的权威性和影响力，是开展高等教育强国建设的方式之一。

作者指出，获得全球教育治理领域的制度性话语权首先要得到别人的认同，而认同的前提是了解。为此，让别人听到并理解我们所发出的声音至关重要。“话语与权力互为依托，话语因传播而得以表达，权力的实现得益于意义的阐释，意义又因传播而得以赋权。这也意味着谁掌控了国际传播话语权谁就掌控了话语阐释权，进而掌控了话语影响力。”[①] 我们首先要获得对教育制度、规则制定、修改的话语表达权。这样的话语表达权也是主动争取的结果，而非自然赋予。一厢情愿式的表达只是一种自说自话，不可能要求话语对象的关注，是一种虚假的表达权。只有为对方了解并引起对方关注的话语才能真正体现话语的表达权。为此，表达什么、如何表达、以什么形式来表达需要精心设计，在话语主题、表达形式以及呈现媒体上需慎重决定。

文章认为，从历史的角度看，教育强国存在更迭的现象。中世纪大学诞生以后，拉丁语一直盛行于欧洲学术界。然而，随着高等教育中心的转移，英语一跃成为科学交流的主导语言，信息技术和传播技术的发展，更加强化了英语实时联络和科学交流的全球方式。出版物、数据库和其他关键资源都集中在最具实力的大学和一些跨国公司手中，而它们几乎全都属于发达国家。可见，语言的国际性也是一个国家教育强弱的表现。当下，新媒体方兴未艾，每个国家都有说话的机会和舞台，但掌控话语权的却是以英美为代表的“意见领袖”，因为英语占据了优势。因此，在交流媒介方面，我们要利用对方能接触的世界性媒体或对方惯用的交流平台，增加孔子学院、孔子课堂曝光度，推广汉语，扩大汉语在国际上的影响。此外，在表述形式上，我们也要做到方式恰当，途径合理，贴近对象，考虑到其情感、利益、阅历以及价值观等，从而得到认同并产生共鸣。这样，在使话语产生其应有效果和影响力的同时，实现我国在全

---

① 张昆，王创业．明确对象找准定位整合渠道　从战略层面提高国际传播话语权［N］．人民日报，2016-01-12.

球教育治理和高等教育强国建设中制度性话语权应有的地位。

来源文献：周倩.制度性话语权视角下高等教育强国建设的路径选择［J］.教育研究，2017（07）：92-100.

截至2017年12月，非洲建有54所孔子学院和30所孔子课堂。在“一带一路”倡议下，孔子学院在中非教育交流和国际合作中发挥了越来越重要的作用。李军、田小红《“一带一路”背景下中、非大学的国际合作与发展》一文，阐述了发挥孔子学院作为中非文化交流平台的多元作用。

文章指出，孔子学院不仅有汉语教学和中国文化传播两大功能，在非洲的多数发展中国家，孔子学院有时还具有准大使馆的作用，尤其是在鼓励各国各地有志学习汉语或中国文化的人（尤其是青年）来华留学或从事各种与中国相关的交流（如工商）等信息提供方面。有的孔子学院在促进当地科技园区或工商企业园区建设、社区文化建设等方面也积极发挥作用。此外，孔子学院还为中国的大学了解国外大学体制、促进人员往来合作，乃至体察他国社会风土人情等提供了一个常规性的学习窗口和交流平台。孔子学院为中国和非洲国家大学间的合作与发展提供了广泛、常态和组织化的机会和空间，是中国大学国际化的一个重要标志，并为人类文明的多元发展做出积极有益的贡献。

作者认为，通过教育领域的空前国际合作与发展，孔子学院让非洲对中国不再陌生，也让中国对非洲更加熟悉。孔子学院的发展不局限于在非洲进行汉语教学、推广中国文化，它通过国际合作的方式加速了中国大学的国际化进程，是一个积极推动教育与人类多元发展、双向合作的中国模式。这一中国模式摒弃了冲突与对立的西方传统政治思维，积极有效地回应了全球化时代不同文明之间交流、对话、共生和发展带来的挑战，真正体现了和平、合作和平等的新境界，使中非在政治、经济、文化等各个方面的联系更加紧密。

来源文献：李军，田小红.“一带一路”背景下中、非大学的国际合作与发展［J］.华南师范大学学报（社会科学版），2017（01）：73-75.

连大祥等在经济学框架下研究孔子学院，从实证分析出发发表《孔子学院的教育与经济效果》一文。

文章重点分析了孔子学院的教育效果和经贸效果，作者认为，在语言教育方面，孔子学院促进“汉语热”不断发酵，加强了文化载体的建设，实现了语言传播的价值和意义，创造了更好的语言学习环境。孔子学院的建立还具有文化传播的意义，有利于中国文化走出去，提出孔子学院文化软实力是从文化软实力演绎出来的一个概念，指孔子学院作为语言教学和文化传播机构的文化影响力和号召力，它为更多想学汉语的人提供了学习机会，推动了中华文化走向世界的步伐，让世界人民更好地接触和了解到了中华文化的魅力，是我国软实力的一种具体体现。

不仅如此，孔子学院还带动了我国经济和贸易的发展，为中国经济走出去打下了坚实的基础。孔子学院的建立有利于促进对外直接投资、国际贸易和国际旅游业的发展。首先，共同的语言环境降低了交易的成本，为贸易的开展创造了可行性；其次，对外直接投资是一种长期投资活动，需要更多的沟通和信任，孔子学院可以有效提升两国人民之间的信任关系，促进中国对外直接投资；再次，语言的传播增进了中国对世界的了解，也点燃了世界了解中国的热情，随着孔子学院的发展，中国和世界的贸易不断发展，外国人进入中国旅游的人数也不断增加。

在整理援引相关文献的基础上，文章最后指出，关于孔子学院的研究以定性研究为主，近年来开始出现部分定量的研究，从数量上来看，定量研究有迅速增加的趋势。在定量研究中，以国外学者研究为主，国内学者进行定量研究的较少，而且定量研究多是从对外直接投资、国际贸易和国际旅游的视角进行分析，对中国经济的作用还没有显现。在定性研究中，多以国内学者的文化分析为主，国外学者很少涉及，国内学者多是总结经验、发现缺点之类的文章，对民族文化深层次的挖掘较少。

来源文献：连大祥，王录安，刘晓鸥．孔子学院的教育与经济效果［J］．清华大学教育研究，2017，38（01）：37–45.

伴随着经济全球化的深入，中国对外直接投资（简称 OFDI）呈快速增长势头，对“一带一路”沿线国家的直接投资也开始进入了黄金增长时期。截至2015年底，中国OFDI流量已高达1 456.7亿美元。其中，对“一带一路”沿线国家的直接投资流量占据了当年投资总额的13%，同比增长38.6%，约为全球投资增幅的2倍。

陈胤默等《孔子学院促进中国企业对外直接投资了吗——基于“一带一路”沿线国家面板数据的分析》一文，从母国文化助推视角，通过对2004至2014年中国A股非金融类上市企业数据，采用区位选择Logit模型，考察了孔子学院对中国企业在“一带一路”沿线国家直接投资的影响。研究发现：第一，孔子学院对中国企业到“一带一路”沿线国家的直接投资具有促进作用；第二，孔子学院有利于促进中华文化的传播与交流，降低中国与东道国文化距离的负面影响；第三，孔子学院对中国企业在与中国签订双边投资协定“一带一路”国家的直接投资的促进作用更为显著。进一步研究发现，孔子学院还通过影响留学生来华学习，进一步促进了中国企业对“一带一路”沿线国家的直接投资。

这篇文章与以往相关成果相比，其特点是：第一，从文化距离和双边投资协定的视角分析并实证检验了孔子学院对中国向“一带一路”沿线国家OFDI的影响路径，采用中介效应检验模型测试了孔子学院如何通过促进留学生来华交流学习而进一步促进了中国企业对“一带一路”沿线国家OFDI的作用机理。第二，以往有关OFDI影响因素的文献多是从东道国的视角展开，体现为东道国的区位因素、制度环境、政策导向等几个方面。其中，作为制度环境影响因素之一的文化因素，也多是侧重于研究东道国的文化差异对OFDI区位选择的影响，较少出现从母国文化助推视角研究OFDI影响因素的文献。借助作为国家“主动”文化助推作用代表的孔子学院，从母国文化助推视角来研究跨文化传播对企业进行OFDI的直接影响以及母国的跨文化传播与东道国其他因素的交互关系对企业进行OFDI的影响，是对以往文献的补充。

结合研究结论，文章提出政策启示：第一，母国对外人文交流的积极举措，有助于促进中国与“一带一路”沿线国家的经贸往来，政府应当重视文化传播和交流合作的先行地位，为中国企业“走出去”奠定“民心相通”的文化和价值观认同的基础。第二，政府在建立孔子学院时，应注意更加科学地选址和布局，可在“一带一路”沿线与中国文化距离较大的国家设立相对较多的孔子学院或孔子课堂，以弥补文化差异过大给中国企业 OFDI 带来的负面影响。第三，注重与更多的“一带一路”沿线国家签订高标准的双边投资协定，以充分发挥孔子学院（非正式文化制度）和双边投资协定（正式制度）两者对于促进中国 OFDI 的互补功能。第四，扩大孔子学院对“一带一路”国家来华留学生的奖学金资助面，鼓励更多的留学生来华学习，进而通过部分中介效应促进中国企业的对外直接投资。

来源文献：陈胤默，孙乾坤，张晓瑜．孔子学院促进中国企业对外直接投资吗——基于“一带一路”沿线国家面板数据的分析［J］．国际贸易问题，2017（08）：84-95.

与上文相类似，谢孟军等《中国的文化输出能推动对外直接投资吗？——基于孔子学院发展的实证检验》等文，也关注了孔子学院对经贸驱动、跨国投资等方面的影响。文章以孔子学院作为中华文化“走出去”的代理变量，实证研究文化输出和资本输出之间的关系，基于局部均衡理论分析了文化交易成本影响对外直接投资的作用机理，进一步补充和完善了现代跨国投资理论。同时，利用马氏距离匹配法为建立孔子学院的处理组国家（地区）匹配相应的控制组国家（地区），使用倍差法对文化“走出去”的投资推动效应进行实证分析，研究孔子学院对中国对外直接投资影响的国家类别差异效应、洲际差异效应、时滞效应及广度边际效应等。

文章主要有五点结论：第一，中国的文化输出显著推动了对外直接投资。文化交易成本产生文化壁垒对资本的跨国流动具有阻碍作用，文化输出是削弱甚至消除文化壁垒的重要途径，能推动对外直接投资的发展并提高整个社会的福利水平。第二，文化输出的投资推动作用具有明显的国家类别差异。在发展中国家建立孔子学院的投资推动效应大于发达国家，中华文化相对于西方主流文化还处于比较劣势地位，而与发展中国家文化相比则处于优势地位，推广难度相对较小，对投资的推动效应也相应较为明显。第三，文化输出的投资推动作用具有显著的洲际差异。孔子学院在亚洲和非洲的投资推动效应相对较强，而在经济较为发达的美洲和大洋洲则相对较弱。第四，文化输出的投资推动作用具有时滞性。东道国对中华文化的接受和认可需要一个过程，从接受中华文化到对中国对外直接投资产生推动作用需要四年左右的时间。第五，中华文化的输出能扩展中国对外直接投资的广度边际。中国文化“走出去”不仅增加了对外直接投资的强度，而且提高了向建立孔子学院的未投资国家（地区）投资的概率。

作者提出，中华文化的输出有望成为我国新一轮经济增长的重要原动力。目前世界的主流文化是西方文化，西方发达国家作为优势文化群体非常注重本国的文化输出，并获取了巨大的“文化红利”。中国的文化输出虽然起步较晚但发展速度很快，实证结果显示我国的文化输出对对外直接投资的推动作用表现出波动性的特征，孔子学院在经济较为发达的美洲和大洋洲的效果尚未充分显现出来。今后我国的文化输出应从数量扩张为主的外延式发展向质量提升为主的内涵式发展转变，逐步实现向“降速提质”的传播模式转型，充分发挥孔子学院对我国资本输出的推动作用，进一步提升我国的国际影响力和国家“软实力”，为我国企业更好地“走出去”创造良好的发展条件。

来源文献：

1. 谢孟军，汪同三，崔日明. 中国的文化输出能推动对外直接投资吗？——基于孔子学院发展的实证检验［J］. 经济学：季刊，2017，16（04）：1399-1420.

2. 谢孟军. 文化“走出去”的投资效应研究：全球 1 326 所孔子学院的数据［J］. 国际贸易问题，2017（01）：39-49.

【小结与思考】

作为教育的存在是孔子学院发展的基石，不可动摇。近年来中国教育国际化的发展确实与孔子学院的设立和发展密不可分。中国高等教育学会专题研究组在《走向 2030：中国高等教育现代化建设之路》中指出，将“促进更广泛的国际开放与合作，力争成为全球高等教育体系中的核心成员”。要“提高孔子学院办学质量和水平，支持国际汉语教育”。[①]时任教育部国际合作与交流司司长许涛也提出：“将支持更多社会力量助力孔子学院和孔子课堂建设，加强汉语教师和汉语教学志愿者队伍建设，全力满足沿线国家汉语学习需求。”[②]这既是对教育国际化的重视，也是对孔子学院支撑力量的加强。“无边界”教育市场的形成、教育资源的全球流通与共享，使世界各国高等教育的发展都面临挑战，正如漆新贵等《论高等教育全球化的张力》一文中所言：“在复杂的全球场域中高等教育的发展充满了张力，其中全球化与地方化、西方化与民族化构成了四维空间，高等教育外有政府、市场、社会的牵制及其相互博弈，内有学术与行政、学术与文化之间的紧张，因此有各种不定的选项和可能。”[③]其较为贴切地描述了当前高等教育所处的宏观语境，而张力一词也形象生动地传达出全球高等教育生存发展的环境特点，“四维空间”的描述是对现实状况较为真切地提炼。在此背景下，探寻高等教育的突破点确有步履维艰的意味。孔子学院是中外大学之间合作共建的全球性教育机构，“在中国教育走出去的指标体系中，空间拓展维度占有一席之地，在境外办学这一指标中，孔子学院和孔子课堂被认为是最成熟的办学载体。”[④]其发展确实要同时面临政府、市场、学术、文化等不同层面要素的制约，且各方力量交互牵绊。在过去的十几年中，孔子学院作为中外教育共同体身份所带来的发展红利，以及合建双方国际化合作领域的开辟已相对充分，前文连大祥等所指出的教育与经济效果，以及年度诸多文献中所研讨的孔子学院在高等教育国际化中的作用、影响、成效等，也充分表明了这一点。面上的铺开与深度的进一步开掘，是孔子学院之于高等教育国际化发展一个绕不过去的问题。

除了对成效的阐述、对现状的描述，以及对进一步发展的诉求，2017年度文献中也可以找到一些寻求突破的思路，主要体现在点的带动和局部突破两

① 史静寰，叶之红，胡建华等．走向2030：中国高等教育现代化建设之路［J］．中国高教研究，2017（05）：1-14.

② 赵小雅．“一带一路”：增进教育合作交流的广度和深度——访教育部国际合作与交流司司长许涛［J］．中国民族教育，2017（01）：29-32.

③ 漆新贵，蔡宗模．论高等教育全球化的张力［J］．高等教育研究，2013（01）：51-55.

④ 张天雪．“中国教育走出去”指标体系的架构［J］．教育发展研究，2017（19）：1-7.

个方面。爬梳文献不难发现，“一带一路”、中医、武术等是探讨比较集中的点，尽管文章深度不一，但都表达了较为一致的意愿。李欣、储利荣《孔子学院模式下中医药高等教育国际化探讨》一文认为[①]，“中医药的推广模式在一定程度上可以借鉴孔子学院的模式，这样有利于提高中医药在国际上的地位和作用，促进中医药在国际上的发展”。这意味着将孔子学院的平台价值过渡转化为一种孵化功能和助推力量。局部突破主要指“一带一路”沿线国家孔子学院作用集成发挥方面，预期这些孔子学院依托“一带一路”倡议及其相关政策和支撑体系的优势，在教育国际化方面开掘出新的合作领域，表达这种期待与思考的文献具有一定的数量。

伴随孔子课堂数量的递增和汉语在他国基础教育中的介入和融入，孔子课堂在教育国际化方面的作用也越来越受到重视，认为“中小学在孔子学院特别是孔子课堂建设中发挥着重要的作用”。[②]在“一带一路”战略中，我国一些高水平、有特色的中小学应该积极参与孔子学院和孔子课堂建设，通过在“一带一路”沿线国家设立孔子课堂，参与汉语教育、汉语教师和汉语教学志愿者培训、汉语水平考试、汉语教材编写出版等活动，在外国中小学推广汉语和普及中国文化，增进“一带一路”沿线国家学生对中国语言文化的了解，加强我国与“一带一路”沿线国家的教育文化交流合作。[③]“一带一路”与教育国际化进程结合在一起，“多领域文化交流是提高教育国际化水平的根本”。孔子学院“虽不直接脱胎于‘一带一路’，但却为‘一带一路’沿线国家的交流融合起到了关键性的铺垫”。[④]

还有一点需要指出的是，对语言人才，特别是小语种人才的培养，是促进教育国际合作的基础工程之一，“基础教育不仅要制定多语种的外语教育政策，培养更多、更高水平的小语种人才，而且要参与中国语言文化的推广和传播”，无论在“一带一路”沿线国家还是全球，语言人才不仅是国家语言能力

---

①李欣，储利荣．孔子学院模式下中医药高等教育国际化探讨 [J]. 长春师范大学学报 .2017（06）：128-130.

②③刘宝存．“一带一路”战略中基础教育何为［J］. 人民教育，2017（12）：49-52.

④周双喜．“一带一路”与教育国际化进程［J］. 南京理工大学学报（社会科学版），2017，30（03）：30-35.

的体现，也是孔子学院、孔子课堂建设，以及教育国际化不可或缺的资源和支撑力量。

第三节　语言安全与文化传播

语言安全是国家总体安全的重要组成部分。语言文化安全问题不同于大众文化、消费文化和流行文化，它涉及更高层面的安全，如信息和思维向度问题以及更深层次的安全，即如何理解和看待世界的问题。[①]

王铭玉《语言文化互通是“一带一路”建设的前提》指出“一带一路”建设中的语言安全问题主要包括四个方面：一是内源性语言安全问题，主要是指“一带一路”建设过程中我国国内拥有的涉外语言能力问题，涉及语言资源和语言水平方面。二是外源性语言安全问题，主要是指我国在“一带一路”沿线国家和地区“走出去”所面临的语言障碍问题。这个问题实际上已经成为我国企业国际化战略的“短板”。近些年，中国企业对外投资、跨国并购势头很猛，但往往面临文化和语言的障碍，大大降低了中国企业的期望值和行为的有效性。三是双源性语言安全问题，主要是指我国边疆区域（特别是民族自治地区）与周边国家的跨境语言安全问题。我国与“一带一路”周边国家跨境分布约 50 种语言，这些语言可能一部分存在着族群内部语言文化的高度认同，也有一部分由于不同国家语言文化认同的问题存有一定差异，所以以往那种以境内语替代境外语的跨境识别观念亟待摒弃。因此，双源性语言安全问题的主体往往是双重的，甚至是内外联动的，它与国际关系和民族问题相互交织在一起，牵涉到内政外交工作。四是多源性语言安全问题，主要是指在“一带一路”建设中对那些语言的发生源和问题属性不确定的语言的使用以及影响的关注，如何运用它们为讲好中国故事、发出中国声音服务的问题。多源性语言问题具有交互性和复杂性，呈现出国内和国际因素交叉互动、自然与人为因素交叠共生、

① 彭新良．文化外交与中国的软实力：一种全球化的视角［M］．北京：外语教学与研究出版社，2008：484.

国家与非国家行为相互冲突、虚拟空间与现实世界时空交错、常态与非常态危机交替转化等特征。

文章还特别谈到汉语传播问题，指出，经过三十多年的改革开放，中国已经成为世界第二大经济体，与之相应的语言环境也发生了较大变化。但我们的语言观念尚有一些模糊之处：一是对语言转型认识不足。当年我国改革开放的主要特征是外国资本和企业走进来，而“一带一路”建设的主要特征是我国资本和企业走出去。换言之，我国已从“引进来”向“走出去”转型，从“本土型”向“国际型”转变。此时就不能固守先前那种观念——外语学习的目的主要是在本土应用外语，而要考虑把外语学习应用于国际市场，同时把汉语推向国际通用之道。二是对人才培养的双向性取向不准。多年的外语教育使我们已经适应培养自己的外语人才，但在“一带一路”建设中，投资国与被投资国的语言人才会双向流动、内外联通。因此，除了我国要培养供需对路的语言人才外，还应该认真思考如何满足被投资国对汉语学习的需求，就像改革开放之初我们对外语学习那样的渴求。三是对汉语走出去的传播性存有思想偏差。随着国力的上升、文化的复苏，人们逐渐认识到汉语国际传播的重要性，但随之而来的浮躁性也不能忽视。汉语国际传播是国家语言能力的体现，国家应从战略高度，加强顶层设计，要明确把汉语国际传播纳入“一带一路”愿景和行动计划。汉语国际传播不能一蹴而就，需要有序多维推进，主要路径有国内高校专业培养、国外设点专业培训、企业员工外语养成、孔子学院汉语推广等。孔子学院的战略布局应与“一带一路”战略相吻合。同时，孔子学院应加大汉语传播的力度，不仅要关注普及型人才的培养，更应满足“一带一路”沿线国家对高端、复合型人才的需求，培养既懂汉语又懂专业的复合型人才。

来源文献：王铭玉．语言文化互通是“一带一路”建设的前提［J］．中国人大，2017（08）：34-36.

文化安全是整个国家安全体系中不可或缺的重要组成部分，对维护主权国家的政治安全、经济安全和军事安全等具有重要意义。“文化安全始终以维护本国国家利益为准绳。”[①] 苏娟《“一带一路”与中国文化安全：挑战与应对》解析了国家文化安全的定义，指出了“一带一路”与中国文化安全的关系，及其面临的风险和挑战。

文章指出，国家文化安全就是一个国家现存文化特质的保持与延续，主要内容包括语言文字的安全、风俗习惯的安全、价值观念的安全和生活方式的安全等[②]；有的学者认为，国家文化安全是指能保护本国传统文化免受外来不良文化的侵犯，以保证本国民族文化的传承；也有学者认为，文化安全简单来说就是指本国的文化利益不受损害。[③]

作者提出，文化交流是“一带一路”战略的重要内容，维护中国文化安全更是“一带一路”建设中应有且必须重视的问题。“一带一路”战略强调互联互通，是一个双向交流、同时并进的战略。一方面，通过“一带一路”这一沟通交流渠道，中国文化要“走出去”。在“走出去”的过程中，要准确向国外传播中华民族优秀文化，占领舆论传播要地，消除沿线国家及地区对中华文化“威胁”它国文化的疑虑，降低和提前化解潜在的文明冲突与误解，让沿线国家正确理解中国“一带一路”战略的真实意图，在国际社会上争取更多的话语权，不断构建更加公正合理的国际文化新秩序，切实维护好中国文化安全。

面对“一带一路”建设中中国文化安全可能遇到的风险与挑战，不仅需要进一步增强中国文化安全意识，更要加大文化传播力度。要进一步加强“一带一路”沿线国家孔子学院的建设，在扩大规模、提升数量与质量上下功夫，充分发挥孔子学院在促进汉语和中华文化传播中的重要作用。

来源文献：苏娟．“一带一路”与中国文化安全：挑战与应对［J］．东南亚研究，2017（03）：106-122.

---

① 国家安全的核心就是保护国家利益，作为国家安全重要组成部分的国家文化安全的核心也是保护国家利益。汉斯摩根索曾经对国家利益的概念进行过明确的定义，他认为国家利益应该包括领土、主权和文化完整三个方面。

② 转引自：刘跃进．国家安全学［M］．北京：中国政法大学出版社，2004：145-149.

③ 转引自：周鸿，黎敏茜．“一带一路”战略与广西边境地区民族文化安全研究［J］．广西师范学院学报（哲学社会科学版），2016，37（04）：62-67.

孔子学院是讲述中国故事的重要舞台，也是开展文化传播实践的海外平台，那么如何在文化传播的视角下把中国故事讲好，阮静《文化传播背景下讲好中国故事的原则和策略》一文具有借鉴意义。

文章认为，在文化传播背景下讲好中国故事，是历史的必然，是时代的需要，是现实的选择。文章还分析了讲好中国故事的文化环境及存在的问题。这些问题有的属于内部，有的属于外部，有的是历史遗留下来的，有的是习惯养成的，而有的则是现实催生出来的，都是我们在讲好中国故事过程中随时随地可能面临的挑战。如果处理不当，就会事与愿违，就会影响我们讲好中国故事的效果。问题主要体现在：

第一，讲好中国故事，必须看到我们对自身文化的认识尚不到位，应有的文化自觉与自信还没有完全具备；尽管我们是一个拥有着悠久历史和灿烂文化的文明古国，但又有多少人有能力从我们的思想文化精髓当中汲取广博丰厚的营养？第二，讲好中国故事，必须看到我们的国民文化素养还有待进一步提升。每一个中国故事，都属于中国人民的文化创造，是由每个中国人自己的故事汇集而成的。每个人的故事，都体现一种中国精神，都代表一种中国符号，都具体承载着各式各样的中国元素。国外的民众，往往都是通过我们的现实表现来了解中国、认识中国、解读中国的。第三，讲好中国故事，必须看到我们的步调还没有完全做到协调一致和整齐划一。借助工作、学习和生活的机会与不同国家的人民进行广泛接触的中国人，无形中都把自己置身于一个随时随地可能要讲述中国故事的环境当中。然而不是每一个置身其中的中国人都意识到了这一点，也不是每个人都有意识地准备好了向国外听众讲述的中国故事的素材。我们对于讲好中国故事的群众性、普遍性和广泛性的认识还远远不够，始终还处于某种条块分割、各自为政、单兵作战的态势，尚未达到步调一致、整齐划一、集体出击、统一发声的最佳状态。这个问题如果不下功夫尽早解决，我们的中国故事，就只会是一些零零碎碎的片段和毫不相关的细节，只能在某些局部显现，很难做到全面开花。第四，讲好中国故事，必须认清我们的文化传播能力还明显不强。一方面，我们似乎还没有制定出一个十分完整的文化输出战略；另一方面，我们更多输出的似乎都是一些订单式，且并没有多少文化含量的小商品；再一方面，多数西方发达国家的舆论对中国长期进行的歪曲打压和负面报道，也阻碍并压缩了我们的优秀文化产品对外输出的空间。第五，讲好中国故事，必须看到因文化差异造成的世界对中国的各种误读、误解和误判。长期以来，西方不少国家的媒体总是对中国进行负面报道。原因是多方面的：既有近代以来曾经一度愚昧落后的中国形象还一直镶嵌在西方人脑中阴魂不散的缘故，也有他们对中国在并不太长的时间里通过自身的发展而重新走向强大的不怀好意，进而才会表现出某种程度的嫉妒、担忧和害怕。但更多恐怕还是由于不同文化之间的差异造成了西方国家的人们对中国、中国人、中国历史、中国社会和中国文化了解不多、认识不清、理解不透，因而才会经常性地误读、误解和误判中国的发展。

作者也提出了在文化传播背景下讲好中国故事的原则及策略，主要包括：遵循指向性原则，针对不同国家和地区对中国秉持的不同态度，精心设计并用心讲好不同的中国故事；遵循普遍性原则，把中国故事进一步讲全面、讲深入、讲透彻；遵循差异性原则，坚持用国际化思维来讲好中国故事；遵循进取性原则，积极实施文化传播战略，在传播各种文化产品过程中讲好中国故事；遵循适用性原则，在全力办好海外中国文化中心和孔子学院的过程中讲好中国故事；遵循合作性原则，主动寻求国外知识界和文化界精英的帮助来共同讲好中国故事。

来源文献：阮静．文化传播背景下讲好中国故事的原则和策略［J］．西南民族大学学报（人文社科版），2017，38（05）：178-184.

美国是合建孔子学院较多的国家，开展艺术展演和文化活动是美国孔子学院重要而常见的形式。张乾元《孔子学院与中国艺术在美国的传播》一文，对该问题进行了较为全面的分析。

作者指出，第二次世界大战以后，世界艺术的中心从法国巴黎转向了美国纽约。60 多年来，超过 50 多种形形色色的当代艺术种类被不断推出和确立，从各种角度对西方古典艺术理念及审美标准进行解构与颠覆。由于经济资助和媒体的动力，大批国际当代艺术家涌入纽约寻求发展空间，纽约逐渐成为国际当代艺术（Contemporary Art）的大都会。当代艺术创作以标新立异为主旨，不断涌现新花样，艺术材料、手段越来越新奇，艺术类别、名目越来越庞杂，艺术与非艺术的界限、艺术各门类的界限趋向混乱与模糊。然而，这些稀奇怪诞的艺术现象并非都出自美国艺术家，而是来自世界范围内的。美国在宣扬“美国第一位”“美国强大”的同时，也一直在发现和炒作较为活跃的国际移民艺术家，以标榜其多元文化并存的理念，但事实上，这只是些表面文章，“白人至上”的种族观念和文化根基始终很难改变。美国力图引领全球反经典、消中心、倡多元、趋通俗而又缺失后援与财力的文化背景下，如何置入中国艺术，如何在美国高等学校、城镇社区传播中国传统文化是一个相当复杂的事情。

文章总结了孔子学院传播中国艺术的途径，主要包括：汉语教学中的中国艺术介绍、开设中国艺术专业课目；开设中国艺术专题讲座；举办“三巡”中国艺术展演活动；举办“孔子学院日”大型中国艺术展演；举办中国艺术专项展、演、播宣传活动；举办大学生、中学生“汉语桥”才艺系列比赛；举办“夏令营”中国文化体验活动；参加当地文化团体举办的“国际节”“亚洲节”等文化艺术活动；举办春节、中秋节、端午节的中国文化活动等。

文章还介绍到，作者在达拉斯德克萨斯大学开设3个学分的公共选修课“中国书法”，是每学期定期面向美国在校本科生和研究生开设的正规化的学术课程。同时，在校内也向校外美国人开设“中国画”课程，这些都是全英文讲授的专业化课程。类似的艺术课程，学生要系统地学习中国书画技法和书画简史，有严格的教学大纲、考试和学生对教师的测评。美国校方教务机关会审查教师的任职条件，记录教师博士、硕士所学的课程及成绩，看是否与所开课目有关联，以确定教师担任该课的资格。严格的审核、正规化的考评也使得一门中国艺术课目具有了合法的学术地位和威望。同时，所在大学的本校教授也会开设一系列与他自己的研究相关的中国艺术、中国文化课程。

作者特别指出，在美国的中小学教育体系中，艺术教育占有很高的地位，音乐、美术、戏剧是最基本的课程。进入初中，每个学生要学会演奏一种乐器。美国学生在中小学接受的艺术教育是非常正规和严格的，这些日常艺术学习积累的学分在进入大学时会综合计算，不再进行突击性的艺术入学考试。总体而言，美国公立学校学生在校学习艺术课程的时间是远远高于中国的，如果不了解两国的艺术学习的状况，不了解美国学生的整体艺术素质，让没有受过专业艺术训练的中国外语教师去教这些学生中国音乐、中国舞蹈，去教中国书法、绘画，所起的文化传播作用是负价值，影响很恶劣。面对这样一个艺术学习常规化的阵容，中国艺术如何深入进去，依靠什么师资力量来传播，值得研究。

来源文献：张乾元．孔子学院与中国艺术在美国的传播［J］．艺术百家，2017（04）：29-34.

【小结与思考】

欧文·拉兹洛说："在我们这个时代，文化是一种决定性的力量。许多从表面上看来是政治性的冲突，实际上反映了文化上的深刻分歧……我们时代的地缘政治冲突不仅是一个政治问题或经济问题：它首先是一个文化问题，其深刻的根源是历史上形成的价值观念和感情。"[①]语言是文化重要且独特的组成部分，语言的地位、影响和作用得到越来越多的重视，成为国家战略和核心利益之一。"语言强弱不仅是国家强弱盛衰的象征，而且语言也会促进国家的发展强大。"[②]《语言与国家》一书指出："语言竞备已在全球热火朝天。新世纪以来，世界各国纷纷以新的眼光审视语言，以新的高度规划语言，竞相推出国家语言战略和重大举措，着力壮大国家语言实力。其中有个明显的变化是，很多国家的语言战略已不是单纯的军事意图和传统的安全视域，而是涵盖国家各个核心领域的面向全球的全方位战略。"[③]将语言纳入战略视野，从政治和国家博弈的视角看待语言问题是世界强国在崛起过程中总结的重要经验。[④]2017年孔子学院研究文献的部分内容在一定程度上呼应了学者的这些洞察与判断。诚如斯言，国家间博弈与竞合的张力悄然衍生到语言与文化传播领域，其国家

---

①（美）欧文·拉兹洛．多种文化的星球：联合国教科文组织国际专家小组的报告［M］．北京：社会科学文献出版社，2001：211.

②李宇明．强国的语言与语言强国［N］．光明日报，2004-07-28（003）.

③④赵世举．语言与国家［M］．北京：商务印书馆，2015：5+11.

意义得到了前所未有的认知。在国家安全话语体系中，孔子学院成为存在元素。因为“文化较量是国际政治和经济较量的一种反映。在文化的动能尚未得到本体意义上的发挥的时候，文化更多的是作为政治和经济的附庸而被政治家认识、理解和把握、使用的”。“重新认识和评估文化的当代作用，尤其是它在现代国际斗争中所表现出来的为政治和经济无法替代的巨大的“水滴穿石”的战略恒久性。”① 在这样一种认知框架之下，语言与文化传播的实践与影响就需要更加长远的眼光和系统的研究。

从孔子学院研究文献可以发现，孔子学院之于文化对外传播的确发挥了牵引或导引作用。从某种意义上讲，海外孔子学院切实成为中国文化走出去的“港口”地带，或者说是“自贸区”。越来越多的中国文化要素在孔子学院平台上找到了对外交流和输出的航道，黄梅戏、昆曲②、体育、武术③和中医④等都是年度文献中较为活跃的内容，尽管搭载“客船”的尝试或者实验可能具有偶然性，但成效的丰硕和潜能挖掘的愿望是不争的事实。

在孔子学院起步之时，看到这些成效我们可能会欢欣雀跃。时过境迁，逮及当下，除了欣慰，更应以理性的态度和系统化的思维去思考这个问题。文化传播从文化社会学的视角来分析，是民众进行文化消费的过程，参加孔子学院文化课程、文化活动、文化项目的过程就是文化消费的过程，这种消费的现状如何，消费的层次和水平等都会直接影响文化对外传播的效果。事实上，文化消费是文化理解的前提，只要学员或者当地民众来到孔子学院参与文化课程或文化活动，文化消费就产生了，但是能否达成文化理解甚至是认同，是有选择性和不确定性的。所以文化传播实践本身不能直接产生文化理解，中间的消费过程是需要探究的环节，而这在以往孔子学院文化传播实践中是一个较为薄

① 胡惠林．中国国家文化安全论［M］．上海：上海人民出版社，2005：95.

② 段宇翔．昆曲艺术跨文化传播的路径探索——以孔子学院为例［J］．长治学院学报，2017，34（04）：59-62.

③ 张萍，梁勤超，吴明冬．孔子学院与武术国际化传播的关联性研究［J］．武术研究，2017，2（06）：7-9；丁传伟，张宁，梅汉超．论“文化走出去”的重要途径：以孔子学院武术项目巡演为例［J］．首都体育学院学报，2017，29（05）：421-424.

④ 赵海滨．“软权力”语境中的中医药文化国际传播策略探析［J］．南方论刊，2017（10）：74-76.

弱的环节。

文化消费涉及两个方面的问题，一是孔子学院的文化供给，一是孔子学院的文化生态。供给内容丰富，有创造性、有吸引力，文化消费过程和文化理解的效果就会更加接近传播预期，从而形成孔子学院系统良好的生态环境；否则，就会产生文化生态的不均衡甚至是失衡现象。

孔子学院文化生态的问题，也是“后文化传播”需要关注的领域。经过十几年的发展，对孔子学院文化传播的认识需要更新和强化，应该在一个文化链条上去认识传播，用联系的而不是孤立的视角去分析。这应该是孔子学院对外传播分析与研究的应有之义。

孔子学院“生态系统”不仅仅是文化生态一个方面，还包括语言教育生态、舆论生态等不同的层面。语言教学与推广质量的差异会渐渐形成孔子学院的结构性分层，甚至产生分化。在新常态环境下，实现孔子学院的完善与发展，其生态问题应该作为一个前瞻性的要素被提出来了。

以上是笔者及其团队对孔子学院文化传播的一些思考，应该讲，类似这样的思考，包括问题的揭示和现实的反思甚至是批判，在年度文献中越来越多。能直面问题，这是孔子学院建设及其研究成熟的表现。有的直接指出了孔子学院跨文化传播中的短板：布局尚存盲点，亟待优化调整；师资数量不足，素质有待提高；“本土化”程度不高，进展缓慢；文化自信欠缺，传播动力不足；传播途径单一，方式有待创新。[①] 同时，对孔子学院语言文化传播等所产生的影响也有讨论，如《2016 年国际学术界公共外交研究综述》中即指出：“汉弗莱计划、孔子学院等是以往研究的热点，2015 年对孔子学院的研究热度比往年有所降低，但仍有不少关注。Yuxiang Du 对中国在 134 个国家和地区建立了 500 多所孔子学院的收效予以了肯定，不仅称这是近年来世界上最大的公共外交努力，还通过研究指出与非孔子学院学生的人相比，孔子学院的学生在看到有关中国的负面消息时并不会轻易改变对中国的认识和态度。Zhengjie Yuan 等则批评孔子学院在政治立场上踌躇不前，认为中国并未通过孔子学院的发展

① 李宝贵，刘家宁．“一带一路”战略背景下孔子学院跨文化传播面临的机遇与挑战［J］．新疆师范大学学报（哲学社会科学版），2017（04）：148-155.

获得显著的全球利益，并且认为从孔子学院的运营管理受到各种限制可以看出，中国在管理全球文化网络上还没有足够的经验。”①

内省和自讼是中华优秀文化传统，能够倾听包容是进一步完善成长的基础。正如全球化是一种没有经验的经验，同理，孔子学院的建设也缺乏前车之鉴。如果说前十几年孔子学院的建设速度令世界瞩目和称颂，那么对内涵的充实、对质量的深切关注将是今后一段时间的专攻。正如前文摘录中所启示我们的，很多国家的艺术素养教育从基础教育贯通到高等教育，有中国文化特质、蕴含深刻思想和艺术审美的文化展示和课程才能受到尊重与接纳，文化活动中蜻蜓点水、浅尝辄止，甚至是哗众取宠的行为如果得不到优化提升，都将成为语言与文化传播中的潜在风险。

在当今多元语言文化共生的环境下，全球化只是增进了不同文化之间的相互了解，还没有实现不同文化之间的相互理解。②理解中国文化，要靠真切、真实、动听的中国故事，要靠有底蕴、有素养、有储备、有亲和力，能展示、能诠释的个体和组织。

在做好微观文化传播的基础上，还需要“明确自己的战略，不是在既有的游戏规则下争取部分发言权和利益，更不存在吞并或改造其他文化的企图（尽管这一点曾是新航路开辟以来西方文化致力的目标），而是如何让绵延几千年的中华文化摆脱无声和边缘状态，为世界文化的整体推进与和谐发展贡献出自己的力量。在这个整体性迷失却同质化泛滥的悖论时代，发出东方文明真正的声音，为人类的文化未来提供更多的选择。”③

最后需要指出的是，学术研究应该有见微知著的意识和敏感。在年度文献中，不难发现，孔子学院的建立对世界汉学的演进不无影响。首先，很多孔子学院的外方院长本身就是汉学家，因为孔子学院的日常工作实践及其桥梁和纽带作用，这个群体得到更多关注中国、研究中国的机会；同时，他们会召开或

---

①周庆安，朱昱炫．公共外交2.0开启双向互动的对外传播时代——2016年国际学术界公共外交研究综述［J］．对外传播，2017（01）：12-15.

②兰久富．全球化过程中的价值多样化［M］．北京：北京师范大学出版社，2010：83.

③王岳川，胡淼森．文化战略［M］．上海：复旦大学出版社，2010：9.

者参与不同主题的汉学研讨会，起到对中国关注与研究聚合的作用。而总部的“孔子学院新汉学计划”的实施也在一定程度上发挥了组织凝聚作用。《把汉学中心夺回中国》① 这样的文献题目是对这一现象的呼应，对儒学的海外传播、中国文学海外传播等问题的关注也与孔子学院进行结合。② 孔子学院所带来的海外中国关注的视角越来越多元丰富。

第四节　理论探索与跨学科研究

内视与外观是学术研究的不同视角、不同思路。作为分布在全球 126 个国家和地区的全球性教育存在，孔子学院被置于开放的环境中，与不同文化背景的民众、与不同的政治制度和不同文化环境广泛接触。伴随其影响的扩散，带动力的发挥和驱动功能的实现，其发展过程中的一些焦点事件甚至风波，得到一些海外学者的关注。

美国学者兰迪·克鲁弗在《中国的全球参与——21 世纪的合作、竞争和影响》一书中专题探讨了孔子学院，题目是“全球背景下的中国文化：孔子学院作为一种地缘文化力量”，展示了域外学者视角下的孔子学院。内容主要涉及以下六个方面的问题：

第一，研究和写作的背景。作者认为，自 20 世纪 80 年代末以来，随着中国经济和地缘政治影响力的增长，中国也在寻求获得与之相匹配的文化影响力。无论通过“软实力”“文化力量”或通过其他术语来表达，中国政府都在寻求发展一种至少与日益增长的经济、军事和政治影响力一样强大的全球文化影响力。孔子学院项目是中国为推动其历史、哲学和文化进入全球文化话语体系并重新占据一席之地的尝试。

第二，文章探究的目标主要有三个：一是主张把孔子学院项目定位为一种影响全球文化话语的尝试，而不是一种把中国政治观念强加给世界的“政治”

① 姜萌 .“把汉学中心夺回中国”——20 世纪 20 年代中国现代文史之学的形成历程［J］. 史学月刊，2017（01）：122-136.

② 孙树勇 . 提升中国文学海外传播力研究［J］. 知与行，2017（04）：68-73.

项目。孔子学院的“宣传”模式太过狭隘，它忽略了中国文化对全球文化话语的真正潜能。作者离析了两个重要的概念，指出“地缘政治影响”是政治制度层面上的国与国之间的权力关系和动态，而“地缘文化影响”指一个国家影响其他社会的文化趋势、价值观、习惯和习俗的能力。地缘文化的影响并不体现在政治交往中，而是体现在日常的习惯、信仰和价值观上，体现在媒介、艺术、大众文化等载体和符号中。作者认为，关于孔子学院的任何讨论应该适当地建立在“地缘文化”基础上。二是回顾孔子学院在实现语言教学的基础上融合大量文化元素的方式。在全世界范围内，孔子学院尝试在当地环境中体现中国文化传统，但并非总能达到理想效果。作者用意大利威尼斯的 Ca’ Foscari 大学孔子学院、新加坡南洋理工大学孔子学院、美国加州大学戴维斯分校孔子学院，以及美国德克萨斯州 A&M 大学孔子学院四个案例来说明孔子学院如何在异文化背景下表达和体现中国文化。三是希望探讨中国实现更大的地缘文化影响的可能性。作者特别考察、评估了孔子学院所体现的文化影响模式，试图将孔子学院讨论从西方学术语境转移到全球背景下。作者认为，过分强调孔子学院在芝加哥大学或宾夕法尼亚州立大学遭遇的挫折严重误导了我们对孔子学院可能产生的更大地缘文化和地缘政治影响力的理解。

第三，全球对孔子学院的争议。作者指出，在美国、加拿大和西欧，人们一直担忧孔子学院的“宣传”作用。这种担忧主要是担心孔子学院受到国家汉办不当压力的影响，因为汉办为孔子学院的活动提供资金并派遣工作人员。有人认为，由于受到资金和人员的影响，学术诚信会遭到破坏，中国政府对有关中国、中国文化和中国政治的学术项目施加了不正当影响。这样的争论在西方世界和发展中国家都引起广泛关注。但是，更多的人认为，由于汉办提供了大量资金，孔子学院可以为当地课程设置、教育教学发挥更大的作用。作者的观点比较明确，主张最好将孔子学院理解为一个地缘文化战略，而不是地缘政治战略。

第四，孔子学院及其地缘文化影响。兰迪·克鲁弗强调，不应把孔子学院看作地缘政治力量的一种形式，而应看作地缘文化影响的一种形式。理解中国关于孔子学院意图的最好方式是通过一个注重文化影响而不是政治影响的框架。作者认为，不论孔子学院主观上的文化意图是什么，它客观上培养了全球汉语学习者的汉语能力，掌握汉语使他们能够方便地了解中国文学、哲学和文化遗产。固然，通过翻译材料也可以了解中国的文化传统，但是，人们在精通汉语后才能对中国文化有更深刻的理解。

第五，孔子学院项目的地缘文化目标。文章指出，中国领导人和许多中国公民一样，相信孔子学院是发展中国软实力的有效战略。但作者的观点是，不管中国领导人的意图如何，实际上孔子学院能够在文化层面而不是政治层面增强中国的影响力。解读孔子学院影响的主要视角是地缘文化，而不是地缘政治。

第六，孔子学院是中国文化的代表。作者认为，孔子学院的关键影响主要有三个方面：首先，汉语作为一种“全球语言”日益崛起，开始进入全球文化话语体系；其次，中国台湾作为全球话语中“中国”象征的地位被取代；最后，将原本复杂多样的中国文化整合成为相对均质的、具有统一性的中国文化。

兰迪·克鲁弗在结论中强调，孔子学院不是中国政治与经济地位提升的原因，而是经济与政治发展的一种体现。当然，中国的贸易越来越重要，中国建筑公司在非洲和其他地方建设越来越多的基础设施，随着中国各种力量的增长，世界各国对中国语言和文化也产生了越来越大的兴趣，这也促使中国有意识地加大自身语言和文化的推广力度。孔子学院迅速发展的态势使人们更深刻地认识到，中国的地缘文化影响力正在加强，从而也有助于加强中国的地缘政治影响力。

来源文献：Kluver R. Chinese Culture in a Global Context: The Confucius Institute as a Geo-cultural Force［A］. *China's Global Engagement: Cooperation, Competition, and Influence in the 21st Century*［M］.Brookings Institution Press, 2017:389–416. 李桂春译，刘淑红校 .

作为一个面向全球的非营利性教育服务组织，孔子学院的品牌战略是其实现可持续发展的重要途径。消费者始终处于品牌实现的终端，扮演着极其重要的角色。对于尚处品牌新创阶段、亟须探索品牌发展路径的孔子学院来说，对消费者的品牌体验进行研究具有指导意义与参考价值。张云的博士学位论文

《孔子学院的品牌成长——基于服务导向的实证研究》，使用扎根理论等，对全球五大洲 14 个主要国家的 675 名孔子学院学员进行调查，开展实证研究。

文章采用跨学科的视角，依托品牌学、管理学、教育学及传播学的相关理论，运用深度访谈、扎根理论分析、问卷调查等质性与量化研究方法，探寻基于消费者体验的孔子学院感知价值的影响因素，建立并验证了服务导向的孔子学院品牌成长影响机制模型，进而提出孔子学院品牌成长战略。文章重点探究的问题是：孔子学院作为品牌的基本属性及特征如何？影响孔子学院品牌成长的影响因素及作用机理如何？如何验证与分析？孔子学院品牌成长路径及战略如何？

作者依据扎根理论的研究方法，使用 Mindjet Mind manager Pro15 思维导图软件，对深度访谈结果进行了整理、分析与三级编码，即开放性编码、主轴式编码和选择性编码。

开放性编码是对资料进行逐句登录并将资料重新组合从而进行初始概念化的过程。论文对访谈录音及备忘录等原始资料进行分析，共得到 574 条原始语句及相应的初始概念，在此基础上进行必要的整理、合并及重新提炼，形成了 13 个范畴，分别为：核心服务、服务场景、教职员工、计划性传播、非计划性传播、功能价值、情感价值、社会价值、财务价值、认知、满意、信任、承诺。

主轴式编码是在开放性编码所形成范畴的基础上探究各范畴之间逻辑关系并形成主范畴的过程。通过对开放式编码所形成的 13 个范畴进行类聚、整合与深度分析，围绕每一范畴寻找彼此之间的相关关系，最终形成了 4 个主范畴：即服务体验、传播体验、感知价值及品牌关系质量。

选择性编码是在主轴式编码的基础上系统处理范畴之间的关系并最终提炼出典型关系结构的过程。通过描述现象的“故事线”来挖掘“核心范畴”并探寻其与主范畴及其他范畴之间的关联，最终构造出典型关系结构。论文由此指出，消费者通过核心服务、服务场景、教职员工等消费体验，品牌标志、官方网站、宣传材料等计划性传播，以及口碑、公共关系等非计划性传播的传播体验形成对孔子学院的价值感知，并据此形成对孔子学院的认知、满意、信任及忠诚态度。

文章提出了孔子学院品牌成长影响机制模型与相关假设，依据基于品牌体验的孔子学院品牌关系质量影响因素扎根理论分析形成的结论，以已有的相关文献和该研究的深度访谈资料为基础，构建了孔子学院品牌成长影响机制模型并提出 24 个相关假设：1. 课程对感知功能价值有显著正向影响。2. 课程对感知心理价值有显著正向影响。3. 活动对感知功能价值有显著正向影响。4. 活动对感知心理价值有显著正向影响。5. 来华项目对感知功能价值有显著正向影响。6. 来华项目对感知心理价值有显著正向影响。7. 教学资源对感知功能价值有显著正向影响。8. 教学资源对感知心理价值有显著正向影响。9. 服务场景对感知功能价值有显著正向影响。10. 服务场景对感知心理价值有显著正向影响。11. 教职员工对感知功能价值有显著正向影响。12. 教职员工对感知心理价值有显著正向影响。13. 计划性传播对感知功能价值有显著正向影响。14. 计划性传播对感知心理价值有显著正向影响。15. 非计划性传播对感知功能价值有显著正向影响。16. 非计划性传播对感知心理价值有显著正向影响。17. 感知功能价值对满意的形成有显著正向影响。18. 感知心理价值对满意的形成有显著正向影响。19. 感知功能价值对承诺的形成有显著正向影响。20. 感知心理价值对承诺的形成有显著正向影响。21. 满意对孔子学院当前绩效有显著正向影响。22. 承诺对孔子学院当前绩效有显著正向影响。23. 满意对孔子学院发展潜能有显著正向影响。24. 承诺对孔子学院发展潜能有显著正向影响。

文章的结论主要包括：第一，作为一个组织品牌，孔子学院的品牌属性定义为新创的面向全球的非营利教育服务品牌；第二，孔子学院学员通过课程、活动、来华项目、教学资源、服务场景、教职员工等过程性服务体验，以及计划性与非计划性传播体验形成对孔子学院的价值感知，并据此形成认知、满意、信任及忠诚态度；第三，建构并验证了孔子学院品牌成长影响机制模型，构建了孔子学院品牌体验、感知价值、品牌质量与品牌成长的关系，发现他们相互作用的机理；第四，学员在服务体验中对孔子学院教职员工的满意度最高，其他依次为课程、服务场景、活动、来华项目及教学资源；学员对孔子学院表现出较高的满意度与忠诚度，对孔子学院的未来发展充满信心，但同时也发现了孔子学院在学员服务体验和传播体验方面的问题，尤其是传播方面问题最为突出；第五，基于以上结论提出了孔子学院品牌成长路径及发展战略，认为应从品牌规划、品牌内化、品牌服务及外部传播四个方面展开相关工作。

作者最后指出，由于服务体验对感知价值的影响假设中有 4 项未获通过，论文结合深度访谈及调查结果进行了补充分析。教学资源对感知功能价值与感知心理价值影响的假设均未获通过，主要原因为：传播力度不够、学员对孔子学院的物理空间和网络空间并不熟悉甚至完全陌生；纸质资源相对单一，孔子学院的图书大部分是汉语教材，其他中文图书数量相对较为有限，与学员需求不相适应；网络资源水土不服，存在网络界面不够友好、网络资源过于庞杂、资源更新速度较慢等缺陷。活动对感知心理价值影响的假设未获通过，可能的原因是：孔子学院所开展的活动中，传统文化方面的内容较多，而当代中国与文化的内容较少，而学员恰恰对当代中国更感兴趣，因此学员的心理预期与学习需求未能得到满足。同时，学员在参加中国传统文化的体验活动过程中，由于时空及跨文化等方面的差异，对所接触的内容通常仅能停留在认知与了解层面，很难产生情感的触动与共鸣。服务场景对感知心理价值影响的假设未获通过，可能的原因是：孔子学院采用的是中外合作办学模式，办学场地是由外方提供的，而大部分合作单位选择将孔子学院安置于已有的物理空间，未能为孔子学院提供独立的教学场所及办公场所。消费者虽然对孔子学院所提供的语言环境、人际氛围极为认可，但对物理空间的适宜度、舒适度及特色认可度偏低，其中有硬件的问题，更有软件的问题，同时也包含跨文化的问题，而这正是影响消费者心理价值的重要因素。

来源文献：张云 . 孔子学院的品牌成长——基于服务导向的实证研究［D］. 山东大学，2017.

约瑟夫·奈曾言：“话语成为软实力的货币”①，那么软实力的要害是什么？葛剑雄给我们的回答是：《软实力的关键是实力》。文章指出，语言被认为是

① 转引自：（美）约瑟夫·奈 . 权力大未来［M］. 北京：中信出版社，2012：147.

软实力之一，但无论以往和当今，一种语言得以流传或能超出本民族的范围，靠的却不是语言本身，而是使用或有意推广这种语言的人群的硬实力。英语之所以成为世界性的语言绝不是依靠它自身的魅力，也不是各国语言学家比较论证后的选择。如果没有殖民地遍布全球的“日不落帝国”——英国，如果当初殖民当局不使用软实力以外的手段，亚洲、非洲的绝大多数国家绝不会将英语作为官方语言。如果没有美国的崛起和二战后形成的实力，英语或许已在世界式微。中国能在世界许多国家设立数百所孔子学院，固然与这些国家的人民对汉语的爱好有关，但如果没有中国经济、文化的进步，没有中国国际政治影响的扩大，怎么可能吸引那么多的人学汉语呢？如果中国政府拿不出或不愿意每年拨出几十亿元的经费，派出成百上千位院长、教师、志愿者，这些孔子学院又怎么能开办、维持和发展？

作者还指出，软实力主要作用于人，是通过增加人的知识和技能，提高人的素质，优化人的思维模式，确立人的价值观念或信仰，最终通过人的个体或群体发挥作用，达到目的。因此，软实力只能通过受众自愿自觉的途径，潜移默化，针对这样的受众，才能将自身的文化资源变为文化创意，提供文化产品和文化服务。只要软实力输出适应受众的需求，自然会被乐意接受。人类社会发展到今天，依靠武力征服、宗教战争、殖民等手段输出软实力的时代已经一去不复返了。对于已经具备文化自觉或宗教信仰的人群或国家，只能在保持其自身文明和信仰的基础上加强沟通和理解。

来源文献：葛剑雄．软实力的关键是实力［J］．文史天地，2017（07）：63.

对民族国家开展研究的指标中，软实力已经成为一个不可回避的维度，吸引了各国政要、学者、社会名流等群体的热切关注。软实力与文化战略紧密联系。文化战略、文化输出、文化外交、文化影响都直接指向软实力问题。仇华飞等《美国学者对中国文化战略研究的新视角》一文，给我们展示了他者视域下中国文化战略和软实力建设等问题。

文章指出，随着中国的崛起，美国学者对中国的文化传统、文化软实力进行了大量的研究，与“文化战略”相关的资料与研究成果丰富。美国学者关于中国文化战略研究的著述主要包括三方面：中国文化软实力建设研究、中国文化走向研究和中国的战略文化传统研究。

关于中国文化软实力的研究，美国著名智库外交关系协会南亚问题专家约书亚·柯兰齐克在其著作《魅力攻势：看中国的软实力如何改变世界》中对中国近年软实力的影响进行了梳理，认为中国的软实力外交明显改变了中国在亚洲和世界其他地区的形象，中国在国际舞台上变得更加积极活跃和成熟。该书是美国乃至西方第一本研究中国软实力的专著。美国哈佛大学教授约瑟夫·奈也一直关注中国的文化软实力问题，他认为，中国软实力最强的是文化层面，中国的传统文化一直具有非常强的吸引力，孔子学院在世界各地讲授中国的语言文化就是非常典型的案例，但中国还没有完全发挥民间力量在提升国家软实力方面的作用。布鲁斯伯格大学政治系副教授丁胜通过更加全面的分析方法对中国的整体软实力进行了评估。威廉·M.欧巴尔则更侧重于分析中国软实力建设所面临的挑战。关于中国提升文化软实力的手段，美国学者主要集中于“汉语热”与孔子学院的研究上，丁胜和罗伯特·桑德斯对世界范围内的汉语热与中国软实力提升之间的关系进行了分析，詹姆斯·帕拉代斯、福克·哈廷、顾立雅和杨瑞等人对中国推广孔子学院的手段和效果进行了分析，卡罗拉·麦基弗特的研究侧重于中国文化软实力的提升对于美国的影响，等等。以上这些研究成果都体现出了美国学者对中国崛起过程中文化软实力的关注，既梳理了中国在文化软实力提升方面的效果，也分析了中国软实力建设的空间和不足。

作者介绍道，美国的中国问题专家坚持从地缘经济学视角解读中国的文化战略，认为中国正运用各种经济手段和资源，为其文化传播创造条件。美国学者指出，与美国对外文化战略所具有的全球性特点不同，中国在参与亚洲价值观建设上发挥了潜移默化的作用，其影响力和辐射力也主要局限于自己的周边地区，如韩国、日本和部分东南亚国家的汉语热、孔子学院的建立和发展。中国对外文化战略的有效性主要体现在东南亚、美洲和非洲等地区，而且中国文化所具有的这种区域性特点与中国在这些地区所进行的经济活动密不可分。约翰·霍普金斯大学高级问题研究院中国问题专家戴维·兰普顿指出，“中国的和平发展模式在贫穷的国家里似乎是高度成功和具有吸引力的”。中国经济的成功崛起给许多国家树立了榜样，这为中国在这些国家传播中华文明和价值理念创造了条件，孔子学院在东南亚地区的盛行与中国在该地区参与的贸易和投资密不可分。

作者还梳理到：一些美国学者认为文化传播与信息交流的手段在中国对外文化战略中占有重要地位，他们的研究重点放在汉语热和孔子学院的推广上。加利福尼亚学者詹姆斯·帕勒戴斯指出，“中国通过在世界各地建立孔子学院来传播它的语言与文化，增强中华‘和’文化的影响力和吸引力，提升知名度和美誉度，并帮助它塑造起一个‘良性国家’的形象”。孔子已经成为一个多元化思想的象征，“孔子学院的建立是对中国曾经创造了一个历史性的黄金时代的回顾”，中国政府利用儒家这一有力的传统文化符号为构建“和谐社会”“和谐世界”提供思想基础。佛罗里达大学助理教授加里·克林特沃思指出，“孔子学院一方面可以看作促进汉语学习和中国文化认同的尝试，但在另一个层面上也是中国出于政治目的、试图争取民心的一种海外文化战略手段”。美国《纽约时报》曾评价说，“孔子学院是迄今为止中国最好最妙的一个出口产品，是中国实施和平外交战略、提升国家软实力的重要举措”。

作者认为，美国学者关于中国文化战略的阐述，有助于我们反思其中的不足。虽然新时期中国的文化战略已经取得了一定的成就，但与中国在世界舞台上日趋重要的地位相比，与中国对世界政治、经济所做的贡献相比，中国文化还远远没有发挥其应有的影响力。

来源文献：仇华飞，张艳丽．美国学者对中国文化战略研究的新视角［J］．国外社会科学，2017（04）：10-16.

“建构中国话语，不仅是国家软实力提升的内在要求，同时也是时代所需。”[①] 话语是一个相对宽泛的概念，无论是国家的经济社会发展，还是文化对外交流与传播，都是话语表达的载体和形式之一。孔子学院作为世界语言推

① 李娟仙，黄敏．中国话语建构：问题与路径　　“中国时代与中国话语”学术论坛评述［J］．文化软实力研究，2017，2（03）：83-89.

广机构之一，作为中外人文交流的平台，其实践、其言说都是话语传播的重要组成部分。喻国明《中国话语传播“走出去”的关键性问题——以孔子学院文化传播的影响因素为例》一文，以近年来国外对孔子学院此起彼伏的质疑声音入思，倡导对孔子学院运营与发展进行反思，提出应该从孔子学院发展的瓶颈切入，探索相应对策，从而为我国开展文化外交提供可借鉴的参考。文章从宏观、中观、微观三个层面开展论述。

首先，在宏观层面，顶层战略定位不清，主要体现在：第一，“官方包袱”的无奈。官方身份是孔子学院的软肋，孔子学院一直被认为是与英国文化协会、法语联盟、德国歌德学院、西班牙塞万提斯学院等西方跨国文化交流机构作用相当的非营利组织。事实上，上述这些文化交流机构和孔子学院一样带有或多或少的官方色彩。由于总部要提供相应的资金、师资以及管理方面的支持，所以被某些舆论误解也就不可避免，而国外相关机构可能出于特定的考虑，推波助澜，将此误读放大，从而对孔子学院的形象造成极大的负面影响。第二，机构设置的捆绑。从英国文化中心到塞万提斯学院这些机构的运行模式以项目推广、交流为主，起到引导中介的作用。它们可能会单独开设一些语言课程，但是跟所在地的大学无关。而孔子学院的运行模式则是通过和当地的教育机构合作，直接在当地大学当中建立孔子学院。由于背后的政府色彩浓厚，多被认为是政府项目。这在西方大学普遍浓厚的自由主义空气中显得不易兼容。第三，文化传播内容不明确。一直以来，孔子学院到底要传播什么样的中国文化始终没有一个明确的定位。中国文化资源虽然很丰富，但其文化张力依然不足，一方面我们的文化资源缺乏足够的投射能力和支撑能力，另一方面我们的文化外交经常流于表面化、肤浅化。中国过去的不少文化外交活动过分倚重比较表层的文化活动，如中华功夫、歌舞杂技、古董、艺术品或民俗展演等；而我们能够产生深层次影响的无形精神力量，如政治制度的吸引力、价值观念的感召力、文化的感染力、外交的说服力（即软实力、软权力）等仍然不够。按照约瑟夫·奈的观点，软实力有三大来源，即文化、政治价值、外交政策。如果我们的各种文化外交活动没有中华文化的思想启迪或核心价值观的支撑，这些表层文化活动也就沦为了国际舞台上的娱乐活动，无法在目标国民众中产生长久影响，我们的文化外交活动就只有“形”而没有“魂”。

其次，在中观层面，运营制度规范缺位，主要体现在：第一，制度建设不足，管理缺乏规范。孔子学院是迄今为止我国第一个由众多部门共同打造的文化品牌，政府各部委及地方各级政府的相关体制尚未理顺，部门间缺乏协调配合，尚未形成适应国际文化市场发展的运作机制，无法较好地体现出国家对孔子学院的支持力度。在制度建设上，由于孔子学院的建设速度较快，其管理模式、海外布局尚未经过科学论证，管理缺乏规范性。各项管理制度、建设规划、质量标准体系有待进一步制定出台。第二，现有财力投入同汉语国际推广事业的快速发展不相适应。现在每建设一所孔子学院，国家会拨款 10 万美元作为启动资金，用于孔子学院的场馆建设与设备购置。但这与发达国家在语言传播上每年动辄十几亿美元的经费投入相比，差距很大。每年的运营经费是按照孔子学院申报项目拨款的，没有日常运作资金。经费保障机制的不完善造成开展项目少的孔子学院产生了运营上的困难，在很大程度上削弱了文化推广的力度。第三，师资难题亟待破解。随着孔子学院汉语教学和文化推介活动的增多，汉语教师缺乏的情况日渐突显。除此以外，有些国内外派的教师虽然在汉语方面有很高的造诣，但由于不了解当地的教育情况，不能完全胜任当地的汉语教学工作。孔子学院还在幼儿园、中小学开展汉语教学活动，所以还要为幼儿园、中小学汉语教师进行培训，客观上需要各个层面的汉语教师及教育专家，甚至还需要其他专业的中方教师。师资问题不解决，孔子学院就无法真正走长远。

最后，在微观层面，有效话语体系缺失，主要体现在：第一，语言与文化传播动力不足。我国的语言传播和文化输出还缺乏民间能力。一国文化传播最重要的是语言传播，让别国学习自己的语言成为成功进行文化交流和传播的主要内容。正是为了维护自己的语言文化利益，扩大在国际传播中的份额，当今许多国家都在有计划地实施各自的语言战略，积极推动本国语言的对外输出，努力扩大其国际影响。因此，仅仅依靠官方努力并不足以为孔子学院以及其他形式的文化外交提供源源不断的动力，也无法真正让世界对中国文化产生好感。第二，合作双方的综合实力与定位认识偏差。合作双方的综合实力对孔子学院的发展有着较大的影响，综合实力不对等，势必很难为孔子学院有效管理提供相应的保障。不同国家、不同合作方的办院动机不一，有的合作伙伴自身为营利性机构，在建设孔子学院的过程中体现出较强的商业化倾向；有的则过分依赖中方的资源，单纯地把目光定在中方的资金投入上，甚至把孔子学院当作是一个免费的汉语教学资源。这些偏差直接影响着孔子学院在所在国的可持续发展。第三，合作双方文化根源性冲突。中国大力推广孔子学院的一个重要出发点就是传播中国文化，提升外国公众对于中国文化的认同，提升自身的软实力。然而，根据调查显示，美国人对孔子学院的积极态度的来源，大多是经济上的考量，几乎没有一项与文化直接相关。而消极态度的来源中，则有很多是关于中国的传统文化。随着孔子学院在当地的深入发展，它早已成为中国文化和政治的一个符号，因此，国外一些人对孔子学院的偏见和反感，根源在于对中国文化的不认同和警惕。从文化层面上来说，在全球化之前世界已经形成了几个主要的文化圈，它们都是按照各个区域的规则相处。在世界历史的大部分时期中，各种文明都曾有过自己的国际秩序定义，把自身视为世界的中心，将自己的原则视为世界的普遍价值。西方的外向型文明与中国的内向型文明是截然不同的，他们对待其他文明的看法也不一样。从这个层面来看，孔子学院发展遇到的困境，正是在于中西方文化特性的差异以及由此造成的西方对于中国文化的陌生和误解。

来源文献：喻国明，杨雅．中国话语传播“走出去”的关键性问题——以孔子学院文化传播的影响因素为例［J］．对外传播，2017（01）：48-50.

研究工具或研究方法的功能之一是能揭示出研究对象自身所内蕴的特质，展示出其常态视角下不易发现的价值景观,从而加深对研究对象的认知与理解，特别是基于跨学科理论与方法的研究，充满探究的意趣和学术的智慧，其结论往往更值得期待。孔子学院的数量攀升与全球分布，是一个事实，是健康发展的表征之一，是孔子学院全球网络拓展的体现。这种地理和物理存在的表述，在空间分析法视域下展现出“横看成岭侧成峰”的学术意义，带给读者以启迪。

周汶霏等《空间分析视域下的孔子学院全球发展研究》通过考察孔子学院的全球分布，揭示了孔子学院历经多年发展所形成的空间分布形态及其反映的关系性问题。

文章阐述到，既往研究指出，组织在地理上的分布能够在一定程度上反映其竞争力与发展程度，当组织出现一定程度的空间集聚特征时，决定其竞争优势的将不仅仅是组织的内部属性，外部空间因素也将发挥显著的影响作用。[①]孔子学院如今已经成为遍布全球、拥有 1 500 余所分支的庞大跨国组织，所构筑起来的全球空间分布形态及特征值得关注——孔子学院在空间上是否具有集聚特征？哪些因素会影响其空间分布？来自空间因素的影响能够为支持和推动孔子学院未来发展带来何种启示？对这些问题的思考和研究，有助于加深对孔子学院发展动力机制的理解，并能够为发掘孔子学院之间的有效合作路径提供启示与参考。

空间分析法是地理信息系统（Geographical Information System，缩写为 GIS）技术中的常用研究方法，关注研究主体的空间聚类信息对其社会活动与社会关系所带来的影响，在此基础上揭示社会过程之间的联系。空间分析法能够将孔子学院的空间信息与非空间信息结合考量，并呈现非空间信息可能具有的空间关系意义，从而有助于理解孔子学院发展过程中潜在的空间影响问题。文章提出以下三个拟探究和解决的问题：1. 孔子学院在全球的空间分布形态如何？ 2. 孔子学院全球分布的整体空间关系、局部空间关系如何？ 3. 孔子学院的空间分布是否受到所在国家（地区）的人口、国土面积、经济发展水平、教育发展水平、中国对外直接投资流量等因素的影响？

文章的数据主要来自孔子学院总部 / 国家汉办、中国商务部、世界银行等官方网站，具体收集过程为：提取孔子学院总部 / 国家汉办官方网站中 140 个国家（地区）、709 个城市的 1 129 所孔子学院名称、协议签署时间与启动时间、地理位置等信息，提取时间为 2017 年 5 月 30 日至 31 日。

为回答问题 1，文章使用 GIS 软件输入已获得的孔子学院数量及其分布城市坐标，得到孔子学院在全球城市的分布形态。为回答问题 2，文章使用 GIS 软件分别输入孔子学院所在国家（地区）坐标及城市坐标，并分别加入以国

① 克拉克等主编 . 刘卫东等译 . 牛津经济地理学手册［M］. 北京：商务印书馆，2005：257-258.

家（地区）之间的默认地理距离及城市之间的默认地理距离为基准的空间权重矩阵，计算莫兰I统计量（Moran's I country 和 Moran's I city）。为回答问题3，文章考察了孔子学院的空间分布是否受到来自经济发展水平、国家面积、人口数量、教育总投入、中国对外直接投资流量等因素的影响，但由于孔子学院所在各城市的相关数据难以完整获取，作者以孔子学院所在国家（地区）为分析对象浅探这一问题。以各国家（地区）2015 年的 GDP（百万美元）、人口（POPU/ 人）、国土面积（AREA/ 平方公里）、教育总投入（EDU/ 百万美元）、孔子学院分布数量（CIOS/ 所）及中国对外直接投资流量（CFDI/ 万美元）为主要分析变量。其中，GDP 反映各国家（地区）经济发展水平，教育总投入反映教育发展水平。为使变量的效应更易于观察和解释，使用 STATA 软件，对 GDP、POPU、AREA、EDU 取自然对数，CFDI 取十亿美元单位，并将这五个变量进行对中处理，生成对中变量 lngdp0、lnpopu0、lnedu0、cfdib0 与 lnarea0。以不同国家（地区）的孔子学院数量为因变量。由于孔子学院的各国分布数量为事件计数变量，论文使用稳健泊松回归[①]，以 lngdp0、lnpopu0、lnedu0、lnarea0 与 cfdib0 为自变量，其中，模型 1 放入 GDP 这一变量；模型 2 放入教育总投入及其与 GDP 的交互项；模型 3 放入人口这一变量；模型 4 放入国土面积及其与人口的交互项；模型 5 放入中国对该国（地区）的直接投资流量及其与国土面积的交互项。

文章的研究结论是，第一，整体上看，孔子学院在全球城市的分布具有显著的空间自相关性，呈现一定的不均衡特征；第二，局部上看，孔子学院的分布具有高值环绕、低值环绕与随机分布三种形态；第三，这种分布格局可能受到了所在国家（地区）的国土面积、经济发展水平、教育投入、中国对该地直接投资流量等因素的影响；第四，孔子学院未来发展应适当向发展中国家、“一带一路”沿线国家（地区）倾斜，实现更有效布局，使其社会网络充分发挥传播功能，社会资本得到更高效的配置和利用。

---

① Gary King. Event Count Models for International Relations: Generalizations and Applications[J]. *International Studies Quarterly*, 1989:123-147.

来源文献：周汶霏，宁继鸣．空间分析视域下的孔子学院全球发展研究［J］．山东社会科学，2017（10）：174-180.

【小结与思考】

“这是一个需要理论而且一定能够产生理论的时代，这是一个需要思想而且一定能够产生思想的时代。一切有理想、有抱负的哲学社会科学工作者都应该立时代之潮头、通古今之变化、发思想之先声，积极为党和人民述学立论、建言献策，担负起历史赋予的光荣使命。”[①] 马克思在《黑格尔法哲学批判导言》中也曾指出：“理论在一个国家实现的程度，总是决定于理论满足于这个国家的需要的程度。”[②] 孔子学院研究作为人文社会科学研究的重要组成部分，同样面临着理论建构的当务之急，孔子学院的建设者、研究者，正努力尝试把孔子学院实践层面的发展优势转化为理论层面的话语表达，开展跨学科的综合研究，开展新方法介入的探索，开展理论层面的探讨与争鸣，开展问题的反思与挖掘并希望给予具有理论指导意义的回答，这些孔子学院研究的新貌在以上摘录的年度文献中都有所体现和呼应。

从文献出发，辅之对实践的参照和自身的思考，2017 年，孔子学院研究较为活跃的理论参与主要表现在两个方面：话语和软实力。

话语，可以说是年度文本的高频词之一，较为一致的共识是：中国的崛起已然成为不争的事实。然而，中国话语境况不佳，中国话语与中国发展还存在不相匹配的方面。[③] 发展优势并没有转化为话语优势。理论创新、话语创新严重滞后于实践创新，“学科体系、学术体系、话语体系建设水平总体不高，学术原创能力还不强”[④]，“中国奇迹”与“话语贫困”构成了一道匪夷所思

① 习近平．结合中国特色社会主义伟大实践加快构建中国特色哲学社会科学［N］．人民日报，2016-05-18.

② 马克思，恩格斯．马克思恩格斯全集［M］．北京：人民出版社，1985：11.

③ 李娟仙，黄敏．中国话语建构：问题与路径——“中国时代与中国话语”学术论坛评述［J］．文化软实力研究，2017，2（03）：83-89.

④ 习近平．在哲学社会科学工作座谈会上的讲话［N］．人民日报，2016-5-19（002）.

的奇特“景观”。王善超指出，中国话语在国际上是“孔子学院”，而在国内则是马克思主义理论，要实现两者的统一，就必须将两者结合，不断地有所创新，提出新的思想和观点。[①]这种提法，是对孔子学院存在价值和现实影响在站位上的提升，在认知上的重视，在预期上的殷切期望。

“中国话语，本质上是中国道路的理论表达，中国经验的理论提升，中国理论的话语呈现，归根到底是现代性的中国版本。”[②]汪世锦指出，话语是对真理的表达。真理唯一，但其呈现方式却多种多样。因此，构建中国话语，就是要在国际舞台上保护和传播真理的“中国版本”。“全世界数百家孔子学院以及未来数量的不断增长……这些都为提升中国特色社会主义理论世界话语权奠定了重要基础。”[③]孔子学院是当前国际舞台上较为活跃的中国存在，是对中国传统文化和当代发展事实综合传达的平台，在世界化发展的环境下，做“现代性中国版本”的组成部分，这是一个新的发展指向。

孔子学院研究的目标和使命之一，特别是理论建构的目标之一，就是逐渐形成孔子学院研究的话语表达系统，并在此基础上进一步提升、总结、凝练，与当今世界语言与文化传播所具有的国家意义和时代特点相吻合，与国家的话语创新相一致，为全球话语体系贡献中国力量。“解释时代性问题的能力是衡量一种学术话语合理性与价值的根本标准。”[④]孔子学院研究同样有这样的学术使命和社会担当。但是，坦言之，相对于孔子学院丰富多彩的语言文化传播实践，其话语总结与凝练确实有滞后问题，对中华优秀文化的呈现力和解释力不够，对当代中国风貌的展示和推介不够，建构孔子学院建设与研究的话语系统，不仅是学术研究深化的内在要求，同时也是现实发展所需。指出问题不代表问题找到了解决的方略，正如王炳权所言，建构中国话语，要带着存疑反思的心态，坚持问题导向，直面中国问题，提高话语的理论层次，讲出具有前瞻

① 李娟仙，黄敏．中国话语建构：问题与路径——“中国时代与中国话语”学术论坛评述［J］．文化软实力研究，2017，2（03）：83-89.

② 陈曙光．中国话语与话语中国［J］．教学与研究，2015，49（10）：23-30.

③ 许徐琪，孟鑫．提升中国特色社会主义理论世界话语权的挑战与对策［J］．中共福建省委党校学报，2017（02）：4-11.

④ 陈曙光．论中国话语的生成逻辑及演化趋势［J］．马克思主义研究，2016（10）：94-101.

性、建设性的话语。[①] 孔子学院研究话语系统和理论探究的成效不可能是一蹴而就的，任重道远。踌躇满志地不懈探索，一定会在建构的道路上获得成长。

关于软实力，孔子学院被纳入到“软实力建设的系统路径中”，有文章指出，海外文化设施是我国文化对外传播的重要物质载体，是扩大中华文化国际影响力的重要窗口。近年来，我国相继建设了一批海外文化设施，开设“孔子学院”，展示中国文化优秀成果，增强与所在国人民的文化交流，树立了良好的国家形象。[②] 诚如斯言，“中国要获得与自己的历史、文化、经济、科学、技术、人口地位、国际贡献相应的世界地位，光有‘硬力量’绝对是不够的。中国必须具有世界一流的软力量。这是不言而喻的。没有‘软力量’，‘硬力量’即使真的崛起了，也是难以持久的。”[③] 中国软实力的成长是具有表征和诸多体现的，孔子学院被认为是要素之一，正如《2030：中国能否领导全球治理》文中所言：中国的软权力也在缓慢扩张。首先，华人遍布全球，中文及其互联网络已经取代了以美国为中心的英文竞争对手。孔子学院在世界各地建立起来，在非洲特别受欢迎。这些学院开设了大量与中国传统文化有关的课程，如中餐、兵法、中药和汉语言文学。中国传统医药极大地推动了全球卫生领域的进步。中国医学家屠呦呦因发现对抗疟疾的新疗法而获得诺贝尔医学奖，她使用的就是从传统中草药中提取的物质，数百万患者因此得救。[④] 文中这些表述和例证启示我们，软实力建设是宏大的，也是微观的，孔子学院语言与文化实践通常是微观行为，但是日进不息、百川汇海，就具有了别样的价值景观，成为国家软实力建设宏大叙事中的情境和表述之一。对于孔子学院和国家软实力的结合，学术界和社会各方确有不同的观点和声音，但是孔子学院海外存在的事实、当前活跃的程度、所从事工作的属性，以及海外认知判断的态度，都很难存在将两者

---

① 李娟仙，黄敏 . 中国话语建构：问题与路径——“中国时代与中国话语”学术论坛评述［J］. 文化软实力研究，2017，2（03）：83-89.

② 周建标 . 中国文化软实力建设的系统路径［J］. 衡阳师范学院学报，2016，39（03）：48-52.

③ 庞中英 . 软力量变革：论中国的软力量发展战略［A］. 郭树勇 . 战略与探索［M］. 北京：世界知识出版社，2008：93.

④ Youyou Tu—Facts, Nobel Prize 2015[EB/OL]. https://www.nobelprize.org/nobel_prizes/medicine/laureates/2015/tu-facts.html.

完全剥离的可能，而且将两者结合开展研究的体量越来越大，特别是影响研究专题，这种倾向更加明显。作为孔子学院的建设者、研究者，我们关注宏观，思考宏观，但是更要做好微观，建设好每一所孔子学院，敢于面对当前“中国在文化走出去过程中还面临着传播遥远化、浅表化、碎片化等不尽如人意的地方”，“通过实行双主体、本土化、情感传播等方式来讲好中国故事，阐释好中国道路、中国理念、中国贡献，提升中国话语权，传播自信的文化，不断壮大中国文化软实力”。[①]

①李建军．关于提升中华文化对外传播能力的思考［J］．暨南学报（哲学社会科学版），2017，39（07）：119-126.

|第五章|

舆情研究

舆情研究是对境内外媒体刊载或发布的关于孔子学院的报道与评论，以及专家学者对相关报道评论的分析和研究，旨在通过对相关舆情信息的综合分析，客观呈现孔子学院的年度舆情生态、媒体舆论中的孔子学院形象以及孔子学院媒体话语的生成机制与构建策略。

办好孔子学院，不仅需要教育、外交、文化等各领域、多层级的协同合作，亦离不开媒体的关注与审视。媒体报道是构筑孔子学院社会身份和舆论形象的主要方式，在很大程度上影响孔子学院的外部环境和品牌塑造，是孔子学院建设过程中不可忽视的重要社会力量。积极塑造孔子学院的正面形象，不断改善舆论环境，既是现实需要，也是发展诉求。

鉴于舆情研究的特殊性，其文献采用独立的检索方式。文献来源主要包括报纸文献、网络新闻和学术论文。境内外媒体报道检索范围涵盖27万余家新闻媒体网站，检索条件为标题中包含“孔子学院”或“孔院”关键词，检索语种包括中、英、法、西等10个语种，检索周期为2017年1月1日至12月31日。经机器和人工数据清洗，2017年度境内报道总量为9 074篇，涉及媒体数量846家；境外报道（含中国港澳台地区）总量为1 351篇，涉及媒体数量526家。①

①《参考消息》《环球时报》两家媒体所转载的外媒报道作为境外部分的补充，检索条件为标题包含“孔子学院”。

第一节　境内媒体报道与评论

一、概览与分析

2017 年度，孔子学院及其相关话题仍是境内媒体报道的重要素材和新闻舆论的关注焦点之一。本节从报道数量、报道内容、报道来源和报道态度等四个维度对境内媒体的舆情态势进行综合分析和图文呈现。

（一）报道数量

2017 年境内媒体报道总量为 9 074 篇，较 2016 年的 10 815 篇略有减少。从报道数量看，总体相对平稳，个别月份振幅波动较大，其中 2 月份和 12 月份报道数量均超过 1 000 篇，8 月份处于波谷，仅 304 篇，如图 5-1。

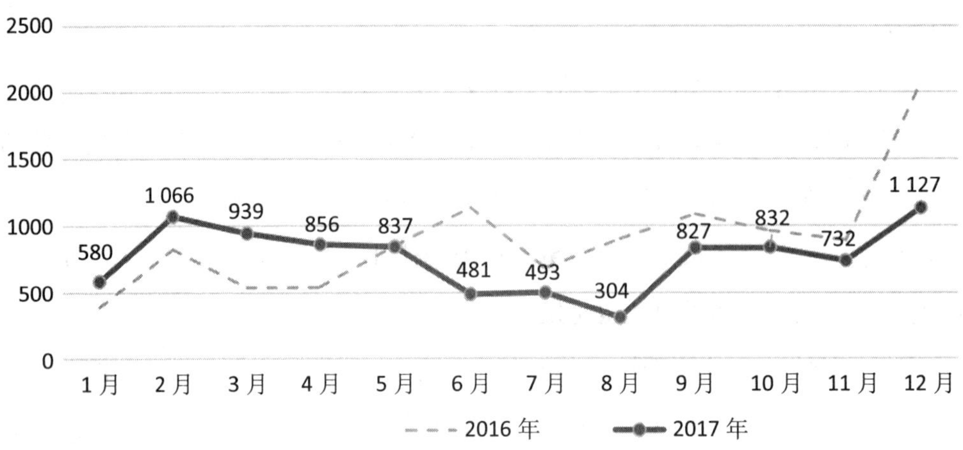

图 5-1　2017 年境内媒体每月报道数量

综合分析可发现，2 月份报道数量较多的主要原因与“韩方暂停向孔子学院教师发放签证”事件相关；12 月份适值“第十二届孔子学院大会”召开，引发媒体强烈关注，相关报道显著增长，约占当月报道量的一半，推动形成本年度的报道高峰。通过对 2016 和 2017 两个年度的对比分析发现，2016 年报道数量峰值同样出现在 12 月份，主要原因也是由于“孔子学院大会”的召开，说明一年一度的全球“孔子学院大会”的品牌属性越来越突显，成为境内媒体报道的重要内容，如图 5-2 和图 5-3。

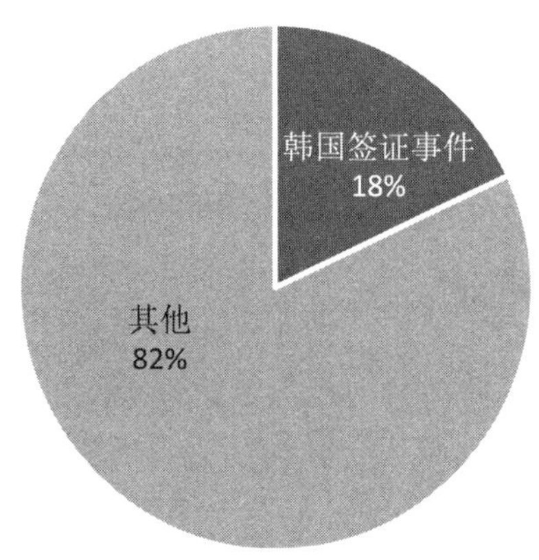

图 5-2　2 月份“韩国签证事件”报道占比

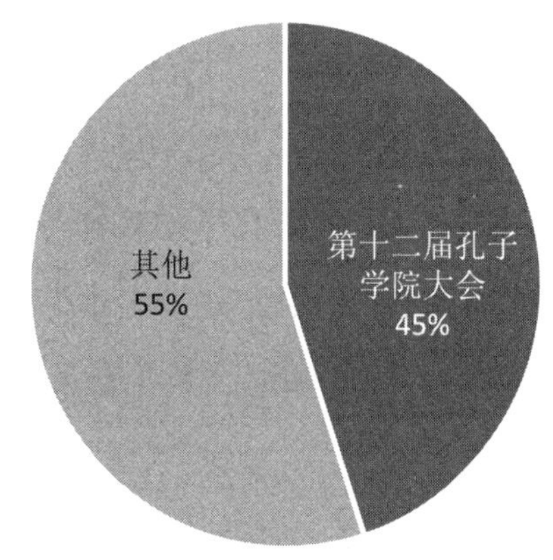

图 5-3　12 月份“孔子学院大会”报道占比

（二）报道内容

报告选取 2017 年度境内媒体报道中出现频率最高的 100 个关键词，对报道内容进行归纳分析。从这 100 个关键词中可以看出，“大学”“汉语”“举办”“中国”“教师”“文化”“活动”等出现频率最高，这与孔子学院各类日常活动的消息事件类报道呈正相关，如图 5-4。

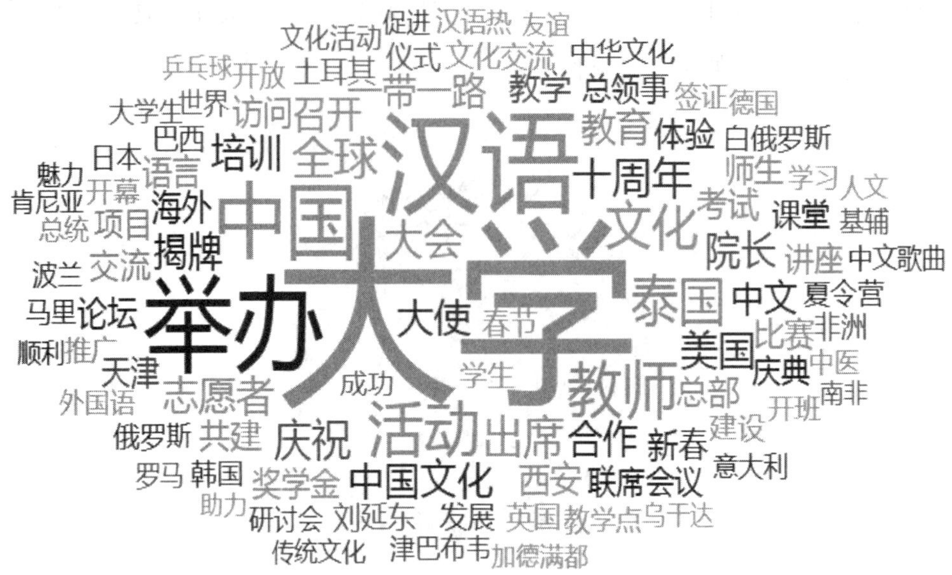

图 5-4　2017 年境内报道高频关键词 TOP 100[①]

分析发现，“十周年”“联席会议”“揭牌”“大会”等出现率也非常高，从报道内容上看，与本年度近 50 所孔子学院举办十周年庆祝活动、近 20 场孔子学院联席会议在世界各地举行、14 所孔子学院和 40 个孔子课堂揭牌成立，以及第十二届孔子学院大会召开等重要活动密切相关。

对这 100 个高频词中的一些国家和地区类专有名词进行分析发现，在出现频次最高的前 15 个国家和城市中，除“中国”外，“泰国”出现的频次最高，这与泰国孔子学院的活跃度较高有关。居第三位的是“美国”，这既与美国孔子学院的数量以及与其相关的众多活动类报道有关，也与一定比例的观点评论类报道相关。值得注意的是，“西安”和“天津”这两个城市出现的频次较多，主要原因是，西安是第十二届孔子学院大会的举办地，天津是由于其驻地高校合建的位于泰国的孔子学院的活动较多，见表 5-1。

① 为避免相同新闻多次转发对高频词权重的影响，词云图的制作进行了人工干预。首先剔除了重复新闻，在此基础上进一步删减了“孔子学院”“2017”等表示时间、次序等脱离实际语境没有意义的词语。

表 5-1 频次最高的国家和城市 Top 20

排序	国家 / 城市	数量（篇）	排序	国家 / 城市	数量（篇）
1	中国	343	11	白俄罗斯	42
2	泰国	176	12	日本	35
3	美国	115	13	波兰	32
4	西安	73	14	马里	31
5	天津	57	15	津巴布韦	31
6	土耳其	47	16	意大利	30
7	巴西	47	17	德国	30
8	英国	44	18	罗马	28
9	俄罗斯	43	19	基辅	27
10	韩国	42	20	肯尼亚	26

词云图中出现的“签证”和“韩国”等高频关键词，也再次印证本年度“韩国签证事件”引发的媒体热度。

（三）报道来源

报告对参与报道的 846 家境内媒体按照中央重点新闻网站、全国互联网综合门户网站、地方门户 / 资讯类网站、行业资讯类网站、自媒体综合信息网、普通资讯类网站和其他等 7 个类别进行了整合分类。从不同类别媒体的报道权重分布看，对“孔子学院”关注最多的媒体来自于地方门户 / 资讯类网站，占 27%；其次是全国互联网综合门户网站和中央重点新闻网站，分别占 20% 和 19%，这三类媒体的新闻报道数量占全年报道总量的 60% 以上，如图 5-5。

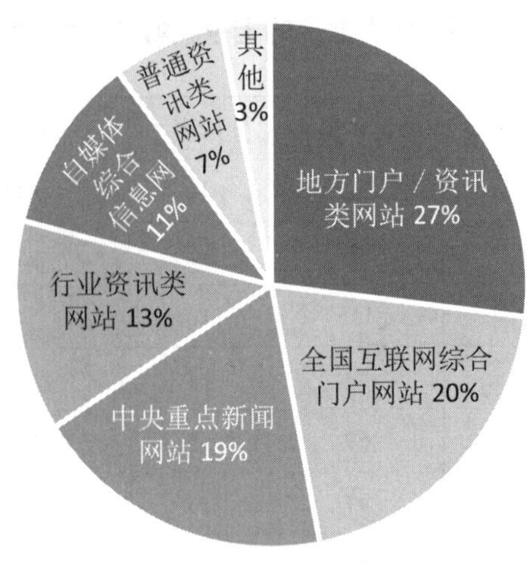

图 5-5　媒体来源类别分布

从单个媒体的报道数量来看，前 10 位的媒体基本属于中央重点新闻网站和全国互联网综合门户网站两个类别。报道数量最多的媒体是关注全球华侨华人生活的中国侨网。中国网、新华网和人民网三家中央重点新闻网站也是报道主要的来源，体现了作为舆论引导“主力军”的中央主流媒体应有的担当和责任。东方网、搜狐网、新浪网、网易等大型互联网综合门户网站则凭借自身的网站流量和影响力为“孔子学院”相关话题带来较高的关注度，见表 5-2。

表 5-2　境内报道新闻数量最多的媒体来源 Top 10

排序	媒体来源	数量（篇）	媒体类型
1	中国侨网	478	全国互联网综合门户网站
2	中国网	371	中央重点新闻网站
3	东方网	338	全国互联网综合门户网站
4	搜狐自媒体平台	322	自媒体综合信息网
5	新华网	283	中央重点新闻网站
6	人民网	273	中央重点新闻网站
7	新浪网	239	全国互联网综合门户网站
8	汉丰网	200	地方门户 / 资讯类网站
9	网易	160	全国互联网综合门户网站
10	海外网[①]	136	中央重点新闻网站

① 海外网为人民日报海外版官方网站。

进一步分析发现，地方门户 / 资讯类网站发布的原创性和独家性新闻报道较少，其内容大多转载中央重点新闻网站或全国互联网综合门户网站的新闻。对中央重点新闻网站的新闻报道的内容进行关键词分析后发现，该类媒体报道的前 50 个高频关键词与 2017 年境内报道关键词词云（图 5-4），重合率达到 80%，显示出其关注重点和境内媒体的关注重点基本一致。发布权威信息、引导舆论走向的中央重点新闻媒体持续关注孔子学院，并充分发挥引领作用，如图 5-6。

图 5-6　中央重点新闻网站报道高频关键词 TOP 50

以《人民日报》为例，其报道内容主要涉及孔子学院和孔子课堂的揭牌或成立、孔子学院大会、孔子学院联席会议、孔子学院日、孔子学院成立十周年、孔子学院对人类命运共同体和“一带一路”建设的促进作用、孔子学院对“汉语热”和“中国热”的影响、汉语桥、特色孔院的建立与发展等多个话题。通过报道中出现的部分高频关键词可以看出，合作、发展、共建、创新等充满积极色彩的词汇构成了《人民日报》对孔子学院报道的舆论风向，见表 5-3。

表 5-3 《人民日报》报道高频词

排序	高频词	排序	高频词
1	合作	7	新颖
2	发展	8	开放
3	特色	9	友谊
4	共建	10	多元
5	创新	11	兴趣
6	友好	12	友好关系

报告对报道数量占比 13% 的行业资讯类网站开展了进一步的分类细化分析，将其分为文化教育、金融财经、政府组织、学术社科、商业贸易等 12 个类别。研究发现，文化教育类报道数量最高，占比 35%。在此类网站中除普通教育信息类网站外，大部分为高校网站。分析发现，这些高校都在海外承办孔子学院、孔子课堂或承接相关活动，报道的重点也集中在孔子学院日常各类教学和文化活动、会议论坛等内容，体现出国内高校作为孔子学院办学主体的特征，如图 5-7 和图 5-8。

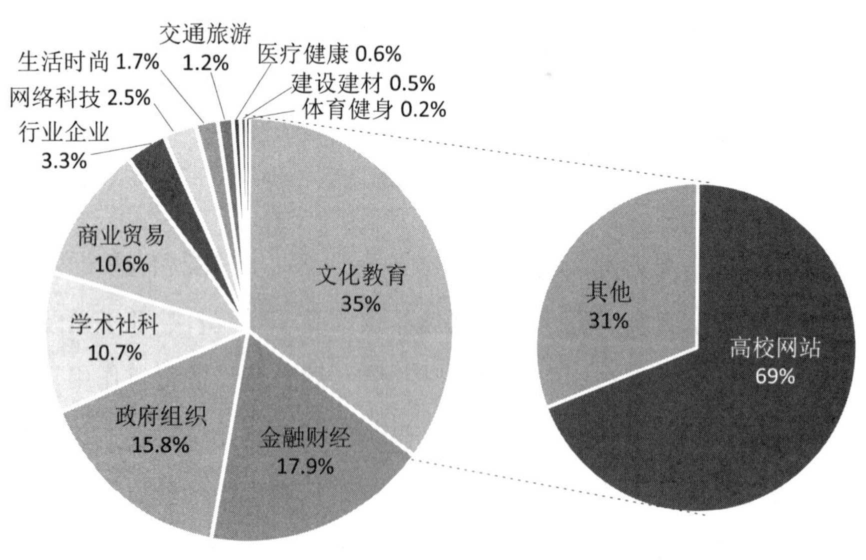

图 5-7 行业资讯类网站分类

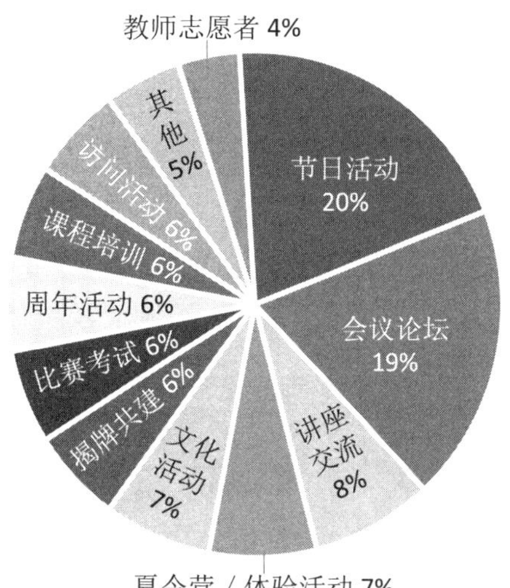

图 5-8　高校网站新闻报道主题分布

（四）报道态度

报告以正面、中性、负面三种情感倾向对所有新闻报道进行标注。整体上看，境内媒体报道的情感倾向基本是中性和正面，分别占 57% 和 42%，负面新闻报道仅占 1%，如图 5-9。

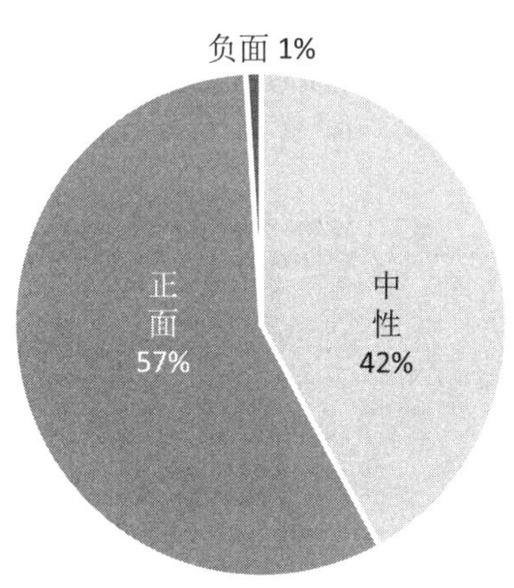

图 5-9　境内媒体报道情感倾向

在中性及正面报道中，涉及最多的是和孔子学院相关的教学及文化活动、展览、大会、论坛等主题，这些报道主要来源于地方门户 / 资讯类网站、全国互联网综合门户网站和中央重点新闻网站，如图 5-10。

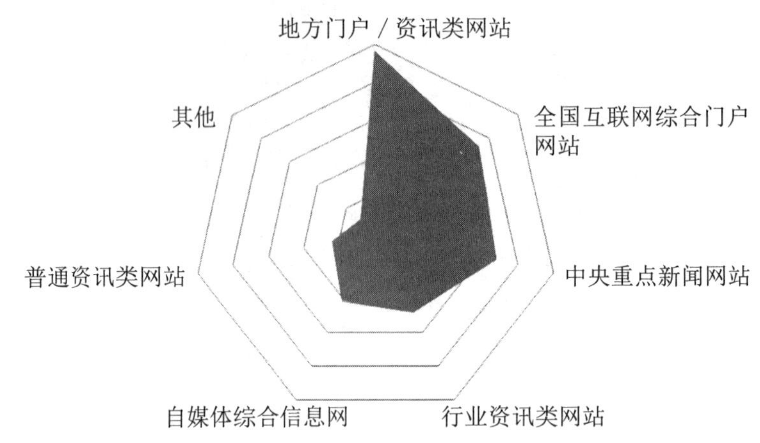

图 5-10 正面及中性报道媒体类型分布

负面报道主要涉及两方面内容：一个是“澳大利亚批评‘孔子学院’，炒作‘中国渗透’”的相关新闻报道。相关报道缘于 2016 年年末澳大利亚部分批评人士指出孔子学院与政府关系紧密，孔子学院被用于限制学术自由，进行政治宣传，从事间谍活动并削弱澳大利亚的价值观和制度。另一个是对 2016 年“60 多所孔子学院在美国被关停传闻”旧闻的翻炒。负面报道主要来源于地方门户 / 资讯类网站、全国互联网综合门户网站和自媒体综合信息网，如图 5-11。

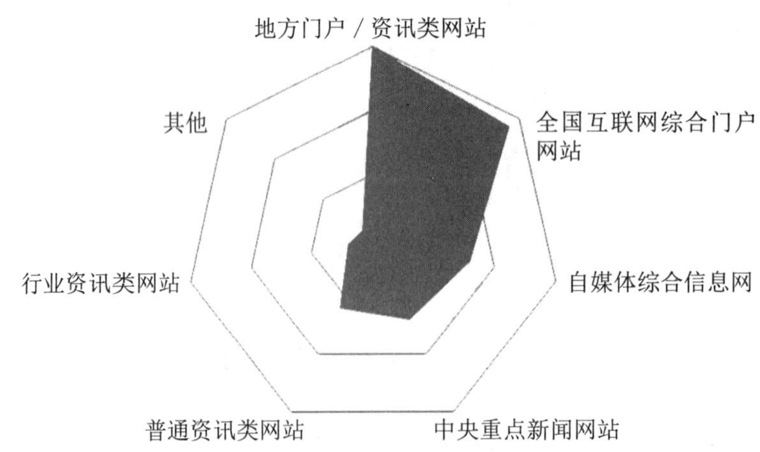

图 5-11 负面报道媒体类型分布

二、报道与评论

本年度境内关涉孔子学院报道与评论的内容主要集中在以下四个方面：一是围绕孔子学院各类活动的消息事件类报道，二是围绕孔子学院功能和影响的分析评价类报道，三是围绕孔子学院质疑和指责的回应反驳类报道，四是围绕孔子学院自身建设与可持续发展的对策建议类报道。本节对相关内容进行重点摘录与择要呈现。

（一）围绕孔子学院各类活动的消息事件类报道

本年度，境内媒体对孔子学院组织的各类活动进行了全方位、多角度的报道。主要内容包括：孔子学院成立、周年庆典、孔子学院大会或地区联席会议、各类教学与文化活动、各类比赛与学术会议、人物采访与故事，以及国内外院校孔子学院建设等。这部分内容是境内报道与评论的主要关注点，数量占据全年报道总量的绝大部分。可以看出，此类报道已成为记者们的常规报道内容，并已形成相对固定的报道框架和模式。在报道形式上，以记者撰写的篇幅较短的简讯类和综述类报道为主。

消息事件类报道除了对活动本身的介绍外，一般还会附有各国政要、政府官员、大学校长、专家学者、中外院长、教师学生等群体对孔子学院的理解评价与发展建议。如新华网发表《深化合作　创新发展　为构建人类命运共同体贡献力量》，对第十二届孔子学院大会进行报道。时任国务院副总理、孔子学院总部理事会主席刘延东出席大会开幕式并发表讲话，她指出，孔子学院要以语言交流为纽带，以文明互鉴为平台，努力成为增进友谊的桥梁、合作共赢的推进器。要优化布局，提高办学水平，深化教师、教材和教学方法改革，加强本土师资力量培养，为各国多样化本土化需求提供服务。要完善体制机制，发挥中外双方力量，打造包容共享、和谐共生的人文交流品牌，为构建人类命运共同体做出新的贡献。[①] 又如新华网发表《把孔子学院办成中南人民心灵的“彩

① 深化合作　创新发展　为构建人类命运共同体贡献力量［EB/OL］. http://www.xinhuanet.com/politics/2017-12/12/c_1122100649.htm.

虹桥”》，对刘延东访问南非德班理工大学孔子学院进行报道。刘延东指出，孔子学院从语言入手，用文化交流，搭建了人民心灵相通、深化友谊的桥梁，成为多元文明交流互鉴的重要平台。中非领导人高度重视孔子学院的建设和发展。她希望，中南两国继续精诚合作，把孔子学院办成中南人民心灵的“彩虹桥”，为推进中南、中非人文交流，促进世界文明发展做出新的更大贡献。①

本年度，多位外国元首出席孔子学院揭牌、论坛、周年庆典、协议签署、颁奖等各类活动并发表致辞。如人民网发表《智利圣托马斯大学孔子学院举行十周年盛大庆典　智利总统出席并发表讲话》。智利总统米歇尔·巴切莱特肯定了孔子学院作为桥梁，在中智两国的文化交流中做出的诸多贡献。她指出，通过孔子学院各类语言课程以及丰富多彩的文化课程的设置，博大精深的中国文化深深影响了智利人民；孔子学院的文化推广活动，让智利各年龄段的民众都可以不用出国门、不用横渡太平洋就能了解中国文化，这不仅让两国人民加深了信任，也有利于两国政治和经济等领域上的双向发展。随着中国经济的快速发展，中文显然已经成为当前世界上最主要的语言之一，而在未来也将成为最有竞争力的语言之一，她希望圣托马斯大学孔子学院能够继续为智利培养优秀的汉语人才，为中智两国文化、教育、经济、科技等领域的交流沟通提供便利。她本人也表达了想学习汉语的热情和愿望。②北方网发表《葡萄牙总统盛赞里斯本大学孔子学院文化展示》。报道指出，葡萄牙总统马塞洛·雷贝洛·德索萨参加葡萄牙规模最大的大学展览会开幕式时，专程来到里斯本大学孔子学院的展台并与孔子学院中方院长亲切交流。德索萨总统对孔子学院的文化展示给予了充分肯定，希望孔院在两国人文交流中继续发挥积极作用。③新华网发表《利比里亚总统盛赞孔子学院师生的文艺表演》的报道。利比里亚大学孔子学院师生在首都蒙罗维亚政府办公大楼建设开工典礼上进行了精彩的文艺表演，

① 赵熙田，弘毅 . 把孔子学院办成中南人民心灵的“彩虹桥”［EB/OL］. http://www.xinhuanet.com/politics/2017-04/27/c_1120882871.htm.

② 陈效卫 . 智利圣托马斯大学孔子学院举行十周年盛大庆典　智利总统出席并发表讲话［EB/OL］. http://world.people.com.cn/n1/2017/1123/c1002-29663728.html.

③ 王在军 . 葡萄牙总统盛赞里斯本大学孔子学院文化展示［EB/OL］. http://news.enorth.com.cn/system/2017/04/07/031708502.shtml.

受到利比里亚总统瑟利夫的高度赞扬。瑟利夫总统接见孔子学院师生表演团队并指出，孔子学院师生的表演非常棒，孔子学院所做的努力非常有意义，是对中利两国友好交流与发展做出的贡献。[①]

孔子学院的周年庆典往往是集中展示孔子学院建设成果的良机。2017年，英国谢菲尔德大学孔子学院、埃及开罗大学孔子学院、美国亚利桑那州立大学孔子学院、哈萨克民族大学孔子学院、新西兰奥克兰孔子学院等五大洲近50家孔子学院举行了丰富多彩的成立十周年庆祝活动，吸引了多家境内媒体的采访报道。如《人民日报》发表《孔子学院，交融中俄文化的重要窗口》，对俄罗斯喀山联邦大学孔子学院（以下简称“喀大孔院”）成立十周年庆典仪式进行报道。喀山大学校长卡夫洛夫指出，喀大孔院成立十年来，带动了大学乃至全共和国境内的汉语学习风气，在全境推动形成了网状汉语教学结构。在当前中俄政治与经济联系日益密切的大背景下，孔子学院应更受重视，它能够充当连接中国与俄罗斯交流的桥梁与纽带。当地人在合作过程中只有懂得中国的语言、了解中国的文化，才能更好创造美好未来，孔子学院正是培养这样的人才的摇篮。中国驻俄罗斯大使李辉对喀大孔院十年发展做出高度概括与精准定位，他表示，喀大孔院十年发展是在俄罗斯的孔子学院发展的一个缩影。中俄双方在对方国家开办孔子学院和俄语中心，是双方互信加深、人文交流合作深化的突出体现。孔子学院为中俄民众学习语言、分享文化创造了条件、提供了便利。喀大孔院赢得了良好的口碑，打造了优秀的品牌，成为分享语言学习经验、交融中俄文化的重要窗口，树立了高校合作、互利共赢的成功典范，并对地区内的汉语教学起到了引领作用。中国驻俄罗斯大使馆教育处公使衔参赞赵国成认为，喀大孔院有别于其他孔子学院的一个特点就是两个合作大学在孔子学院合作基础上向其他各科研领域拓展，孔子学院对大学合作带来进一步的促进，这种相辅相成的关系也是各学校学习借鉴的样板。[②] 国际在线发表《法兰克福孔

---

①张保平 . 利比里亚总统盛赞孔子学院师生的文艺表演［EB/OL］. http://www.xinhuanet.com/world/2017-04/28/c_1120892852.htm.

②张晓东 . 孔子学院，交融中俄文化的重要窗口［EB/OL］. http://world.people.com.cn/n1/2017/0424/c1002-29230054.html.

子学院成立十周年 为深化合作发挥积极作用》。德国黑森州经济、能源、交通与发展部副部长诺伊瑟尔指出，10 年来，法兰克福大学孔子学院在黑森州与中国伙伴之间建立起了一座充满创意的文化和友谊桥梁。孔子学院已经成为黑森州文化生活不可或缺的一部分。它的主要贡献除了介绍中国语言、文化、舞台剧、电影艺术和跨文化交流之外，还包括加强双方高校合作，举办系列学术报告、研讨会等。法兰克福市副市长莫比尤斯认为，孔子学院非常适合法兰克福，作为在德国建立的第三所孔子学院，法兰克福孔子学院无疑体现了这座城市对中德关系的重视。而作为回报，它不仅带来了极富魅力的中国文化、艺术家及其作品，大大地丰富了法兰克福的文娱生活，也为推广中国语言、文化、促进文化的理解提供了重要的基石。[①]

特色孔子学院建设是孔子学院发展的重要组成部分，2017 年新成立的几家特色孔子学院吸引了众多媒体争相进行报道。如中新网发表《全球首家由跨国企业参与投资的孔子学院在德国揭牌》，对德国奥迪英戈尔施塔特孔子学院揭牌仪式进行了报道。奥迪英戈尔施塔特孔子学院是德国第 19 所孔子学院，也是全球第一所由跨国企业参与投资建设的孔子学院。英戈尔施塔特工业技术大学校长舒伯在致辞中表示，孔子学院的建立为两校之间的合作提供了更好的平台，能为两校学生提供更多实践机会。英戈尔施塔特市第一市长罗思天表示，他期待孔子学院作为一个非营利性组织，除推广语言和文化之外，今后在科技合作方面能取得巨大成绩。奥迪公司董事冯德睿表示，中德两国不仅在经济领域，而且在语言和文化方面也需要加深合作。他深信，这所孔子学院今后一定能发挥其桥梁作用。中国驻慕尼黑总领事毛静秋指出，奥迪英戈尔施塔特孔子学院因其致力于技术、创新、可持续发展和管理方面的合作，在全世界 500 多所孔子学院中是独一无二的。她表示，随着德国人学习汉语以及了解中国文化的需求不断增加，她对奥迪英戈尔施塔特孔子学院的未来充满信心。[②] 新华网

① 阮佳闻 . 法兰克福孔子学院成立十周年 为深化合作发挥积极作用［EB/OL］. http://news.cri.cn/20170922/1d7f5ead-de6b-7896-94cc-3cd7989cd2d7.html.

② 全球首家由跨国企业参与投资的孔子学院在德国揭牌［EB/OL］. http://www.chinanews.com/cul/2017/05-24/8232342.shtml.

发表《美国首家国际金融孔子学院在纽约成立》，对美国首家以国际金融为主题的纽约巴鲁克国际金融孔子学院的成立进行了报道。巴鲁克学院院长米切尔·沃勒斯坦说，中国是政治经济大国，在世界舞台上的地位非常重要。现在，越来越多的美国人尤其是学生和商务人士希望学习中文和中国文化，了解中国的金融市场和商务环境。开设国际金融孔子学院非常有意义。上海外国语大学党委书记姜锋表示，上外和巴鲁克学院在学科建设和学生培养上有许多共同的目标和愿景，两所大学还在金融、国际关系、管理等学科的建设上有共通之处，因而双方的合作可谓水到渠成。①

孔子学院采取中外合作办学的形式，国内高校是孔子学院建设的重要参与方和组织者。2017 年，上海交通大学、北京外国语大学、浙江师范大学、天津外国语大学等多所高校举办系列活动纪念承办孔院成立十周年。如中国社会科学网发表《上海交通大学建设孔子学院十周年纪念活动暨主题论坛举行》，对上海交通大学举办的主题为“合作、发展、交融、共享”的建设孔子学院十周年纪念活动暨主题论坛进行了专题报道。时任上海交通大学党委常务副书记郭新立教授指出，孔子学院是世界认识中国的重要平台，也是中国大学与世界一流大学交流的窗口。学校高度重视孔子学院的建设工作，将发展孔子学院视为推进国际化战略和创建世界一流大学的重要机遇。希望上海交大的孔子学院和孔子课堂在未来能够秉承“和而不同、兼容并蓄”的理念，再接再厉，在推进国际人文交流、促进世界和平与发展方面发挥更重要的作用，为世界各国民众学习汉语、了解中华文化和文明，做出更重要的贡献。②中国网以《“北外孔子学院工作处成立十周年庆祝大会暨国内承办院校孔子学院可持续发展论坛”在京开幕》为题对活动进行了图文报道。彭龙校长指出，孔子学院是语言传播史上的一个奇迹。经过十年的努力，北外构建了成熟的面向各个层面的人才培养和文化体验项目体系，出色地完成了各项工作，保证了孔子学院的健康

---

①王文，周飒昂 . 美国首家国际金融孔子学院在纽约成立［EB/OL］. http://www.xinhuanet.com/2017-12/07/c_1122073344.htm.

②李玉 . 上海交通大学建设孔子学院十周年纪念活动暨主题论坛举行［EB/OL］. http://lcl.cssn.cn/gd/gd_rwhd/xslt/201704/t20170427_3501522.shtml.

发展，积累了宝贵的经验。在新的形势下，北外将汇聚全校力量，为全球孔子学院，特别是“一带一路”沿线国家孔子学院培养高层次海外教育、管理人才和高级翻译人才，积极提供非英语的语言文化服务，更好地服务我国的全球战略。①

此外，韩国孔子学院教师签证的突发事件成为本年度热点舆情事件，引起多家媒体的广泛关注和转载报道。据韩联社 2017 年 2 月 1 日报道，2016 年 12 月底，韩国法务部出入境管理事务所拒绝为部分孔子学院中国籍教师签发或延期 E-2 签证。而在此前，孔子学院教师持 E-2 签证入境未受任何阻拦。韩国法务部对此解释说，本次决策仅源于日常性的签证、滞留管理的层面，绝无其他意义与考虑。2016 年 8 至 9 月，出入境管理事务所发现境内孔子学院聘用的中国籍教师与中方签劳动合同，且由中方向他们发放工资，这不符合 E-2 签证发放标准，因此依法未延长或签发部分签证。若韩方无法向孔子学院的中国籍教师给出标准以上的薪酬，则需要重新办理 D-1（非营利文化艺术）签证入韩。此外，法务部方面还考虑到韩国境内的孔子学院的困难之处，表示若能够给出从 2017 年 3 月起将按照标准直接支付薪酬的承诺，则将针对中国籍讲师签发工作期限一年的 E-2 签证。

（二）围绕孔子学院功能和影响的分析评价类报道

在孔子学院的消息事件类报道中，通常也会涉及孔子学院的功能和影响，但内容相对分散。在分析评价类报道中，部分记者和海内外专家学者充分发挥“意见领袖”的作用在各大媒体上发声，就孔子学院的功能和影响进行理性分析和解读，发挥舆论引导的积极作用。

本年度，此类报道的内容主要集中在以下几个方面：孔子学院促进中外交流与理解、传播汉语和中华文化、助力“一带一路”建设等。

《光明日报》发表题为“办好孔子学院　促进民心相通”的学者文章，指出，由于中国的快速发展和包括孔子学院在内的各类平台的推动，中华文化

① 齐凯．“北外孔子学院工作处成立十周年庆祝大会暨国内承办院校孔子学院可持续发展论坛”在京开幕［EB/OL］. http://www.china.com.cn/newphoto/2017-06/02/content_40954864.htm.

越来越受到世界各国人民的重视，尤其是自强不息、修齐治平等中华传统价值观，为解决人类发展面临的难题提供了独特的文化视角和中国智慧。

“国之交在于民相亲，民相亲在于心相通。”在“一带一路”国际合作高峰论坛开幕式上的演讲中，习近平主席指出民心相通对于建设“一带一路”的重要意义。民心如何凝聚，关键在于文化的沟通与认同。孔子学院就是一座实现民心相通的重要桥梁，也是一条文化交流的重要纽带。

从全球第一所孔子学院创办开始，孔子学院就以推广汉语和传播中华文化为己任。在孔子学院的影响下，英国有 5 200 多所中小学开设了汉语课；美国学习汉语的人数超过 280 万人，仅次于学习西班牙语的人数。美、英、法、日、韩等 43 个国家将汉语教学纳入国民教育体系。更为重要的是，许多华人华侨把孔子学院作为下一代学习中国语言文化的重要场所，视作维系民族情感的纽带。

建设和发展孔子学院，有助于提高我国文化开放水平，扩大中华文化的国际感召力和影响力，有利于增强我国的国际传播能力，推进对外话语体系建设。孔子学院已成为中华文化走出去，开展公共外交和人文交流的成功范例，更让中外民众心与心之间的距离越来越近。在与外方合作创办孔子学院的过程中，我们深切感受到，双方增进理解与信任，就可以让更多外国人摘下“有色眼镜”，没有偏见地看待中国。

“惟以心相交，方成其久远。”在“一带一路”建设全方位推进的当下，用足、用好孔子学院这一不可多得的优势资源，将其与国际友好城市建设相结合，必将促进中国人民与沿线国家人民相知相通，深化人文交流，实现“民心相通”。

来源文献：钟英华．办好孔子学院　促进民心相通［N］．光明日报，2017-06-21（02）．

《光明日报》发表题为“拉近中外心灵距离的文化‘高铁’”的记者文章，对十八大以来孔子学院的创新发展进行了论述。文章指出，语言学习的平台一旦搭好，文明交流的窗口随之打开，思想碰撞、互鉴、交融的火花便四溅夺目。

孔子学院就是这样的平台和窗口，属于中国，也属于世界。

汉语难学，但挡不住学习的热情，“汉语热”的背后是国家综合国力的提升。中国前所未有地靠近世界舞台的中心，汉语的文化价值和实用价值不断提升，世界迫切想要进一步了解中国，而中国文化在世界的影响力与中国文化本身的内涵相比，相差甚远。掌握一种语言，就掌握了通往一国文化的钥匙。孔子学院成为承载双方期望的机构，也的确不负众望。

从无到有，从小到大，从冷到热，以独一无二的中外合作新模式，孔子学院如雨后春笋般成长起来。十八大以来，短短五年时间，孔子学院抢抓机遇，快速布局，新覆盖34个空白国家，新增116所孔子学院、541个中小学孔子课堂，实现了全球广覆盖。语言是心灵的窗户，看似简单的话语，却可以在人心中泛起涟漪，种下友谊的种子。伴随现今遍布全球的142个国家和地区的516所孔子学院、1 076个中小学孔子课堂，这种潜移默化的变化正在随时发生。

近年来，孔子学院锐意改革创新。深化教学改革，拓展办学功能，初步建成中国语言文化全球传播体系；精心制定和完善国际汉语教师标准、学习标准、课程大纲、考试大纲和教材编写指南，首次建立健全了国际汉语教学质量评估体系。多赢的局面正在形成。在孔子学院的带动影响下，60多个国家通过颁布法令政令等方式将汉语教学纳入国民教育体系，170多个国家开设汉语课程或汉语专业，全球学习使用汉语的人数快速攀升至1亿人，美国、日本、韩国、泰国、印尼、蒙古国、澳大利亚、新西兰等国的汉语教学均由第三外语上升为第二外语。有外国学者这样感叹：“孔子学院仅用短短十几年时间，就走完了西方同类机构几十年甚至上百年的路，就像中国经济发展一样，是个世界奇迹。”

语言是文化的载体，语言的背后是文化，是思维体系。汉语国际推广不仅是一个语言问题，更是一个文化问题。如果没有文化的承载，汉语教学也会举步维艰。了解中国文化，不能总是大而化之，而应多从小处入手。学学包饺子、打打太极拳、说说绕口令，不要小看小事，春风化雨，润物无声。在坚持汉语教学的同时，各国孔子学院开设商务、中医、武术、艺术、美食、旅游以及职业技能培训等特色课程，开展大量中华文化和当代中国学术研究与讲座。

在课堂上，孔院教师会讲述中国文化的千年历史，谈论中国丰富的物产，介绍中国这些年的进步。但是，博大精深、地大物博、历史进步还需要切身体验，直观感受。5 年来，全球孔子学院和课堂累计举办文化活动 10 万多场，受众达 6 000 万人。组织 100 多所中方高校派出艺术团组和专家学者，分赴各国孔子学院举办文艺巡演、文化巡讲、艺术巡展 3 000 多场，观众达 300 万人。每年有 3 万多名各国教育官员、大中小学校长和师生参加“汉语桥”夏令营来华团组，亲身体验中国文化。打开另一扇门，看到不一样的风景，认识一个真实的中国。

文明因交流而多彩，文明因互鉴而丰富。大家互相学说对方的语言，了解对方的文化，进而交朋友，自然而然成为传播双方文化的使者。“中国的名牌”，匈牙利人力资源部副部长霍夫曼曾这样形容孔子学院。孔子学院已不再是单一的语言文化推广机构，而成为培养文化使者的重要平台，成为拉近中外心灵距离的文化“高铁”。

每一位孔院教师和志愿者都是传播中国文化的使者。对于外国人来说，每个中国人都是近 14 亿页的《中国读本》的一页，他们往往只能通过阅读其中的几页、几十页来认识中国。每一天在世界各地都上演着文化差异与碰撞的故事。孔子学院教师讲的每一篇课文，教的每一句汉语，写的每一个汉字，无不与中国文化息息相关。

星星之火，可以燎原。从陌生到相知，从相知到了解，从了解到理解，中国在这里拥抱世界，世界在这里读懂中国。

来源文献：曹元龙．拉近中外心灵距离的文化“高铁”——孔子学院五年创新发展纪实［N］．光明日报，2017-09-24（08）．

《中国经济导报》在“一带一路”民心相随专题中发表题为“孔子学院：‘一带一路’上的‘亲善大使’”的记者文章。文章指出，孔子学院是世界认识中国的一个重要平台。作为中外语言文化交流的窗口和桥梁，孔子学院和孔子课堂为世界各国民众学习汉语，了解中华文化发挥了积极作用，也为推进中国同世界各国人文交流、促进多元多彩的世界文明发展做出了重要贡献。“一带一路”沿线已有 50 余个国家建立了 137 所孔子学院，约占全球总数的 1/4。

乌克兰是“一带一路”沿线重要国家。“一带一路”倡议为乌克兰与中国深化互利合作提供了历史性机遇，成为乌中双边关系发展的基石，确定了两国在诸多领域合作的方向。基辅国立语言大学孔子学院抓住 2015 年 4 月乌克兰国际航空公司开通基辅直航北京班机这一机遇，就员工招聘与测试、成立汉语教学点、开展航空汉语培训等事宜与航空公司达成框架协议。经过一年多的努力，孔子学院为乌航培训工作人员 36 人次。乌航为表达对孔子学院的感谢，特别批准对孔子学院奖学金学生、交流团组乘坐航班提供购票绿色通道和优惠措施。孔子学院在当地的影响逐步扩大，更多的乌克兰民众愿意了解中国，学习汉语。

国之交在于民相亲，民相亲在于心相通。民心相通，必须语言先行。近年来，“一带一路”沿线孔子学院根据当地需求，形成了从基础汉语到高端翻译，以及商务汉语、旅游汉语等系列特色汉语的语言教学体系，累计培养培训各类学员 204 万人，为“一带一路”建设提供了大批掌握汉语、了解中国，同时兼具专业和职业特长的人力资源。沿线各国 94% 的孔子学院所在大学开设了汉语学分课程，93 所大学设立了中文专业，泰国、亚美尼亚等 20 多个沿线国家将汉语教学纳入国民教育体系。

孔子学院不仅教授汉语，而且主动为促进经贸合作牵线搭桥、提供服务，就连不在“一带一路”沿线的西班牙也积极响应。西班牙巴塞罗那孔子学院基金会主任、中方院长常世儒介绍到，巴塞罗那孔子学院在开展工作方面汉语教学、文化及学术沟通三驾马车并驾齐驱。除此之外，与企业界及中西两国的贸易也有着密切联系。

汉语教育在西班牙遍地开花。常世儒指出，“近年来汉语教育越来越普及，西班牙汉语热在多年前就已形成，且热度一直持续。在这里，学习汉语的人数达到了 2.8 万人左右，为欧洲最多，参加汉语水平考试的人数也连续 6 年问鼎欧洲。而孔子学院成了当地传播中国文化及汉语的领军机构。”

西班牙政府积极响应“一带一路”，倡议提出后，实际效果主要表现在两个方面。“一方面，孔子学院有了很大拓展，中国的发展好了，影响大了，好多当地大学都追着我们合作。”常世儒介绍到。值得一提的是还建立了全球唯一的巴塞罗那大孔院，囊括了当地的公立和顶尖私立大学。另一方面，受“一带一路”影响，政府历来不会免费为机构提供办公场所的规矩，也为中国破了例。常世儒介绍，巴塞罗那政府在市中心文化区附近的黄金地段为孔子学院免费提供了一栋大楼，作为办学场所，这在他看来是破天荒的。“巴塞罗那市政府之所以向孔子学院免费提供大楼，也是因为看到孔子学院对巴塞罗那及加区的旅游文化等发展，以及与中国地区的经贸往来有所推动，当地政府的举措很有远见。”常世儒说。

随着全球对“一带一路”关注的持续升温，孔子学院也将发挥更重要的作用。常世儒说道，“从未来发展来看，我希望在大孔院的基础上，将来再成立专门的研究机构，研究孔院、塞院、国外的语言文化政策，以及一切对汉办、中国政府有用的课题，由我们牵头，组织有相关合作的 10 所大学的专家学者及社会资源一起进行研究，让孔院能成为汉办及中国政府的海外智库，这是我个人未来的目标”。巴塞罗那孔子学院已经做了三期关于塞万提斯学院的研究。“巴塞罗那孔子学院的三期研究也充分发挥了智库作用，汉办对于研究塞万提斯学院的发展很感兴趣，得到了领导重视。另外，我们也在对孔子学院自身进行研究，巴塞罗那孔子学院对当地社会、经济、文化贡献的相关数据以及具体事例，说明三期研究取得很好的成果。”常世儒最后充满信心地说道。

来源文献：荆文娜．孔子学院：“一带一路”上的“亲善大使”［N］．中国经济导报，2017-05-16（T06）．

《人民日报》发表《孔子学院，实践“丝路精神”的先行者》的记者文章，对“一带一路”亚洲孔子学院联席会议进行专题报道。与会代表围绕“一带一路”与孔子学院发展、孔子学院内涵建设与特色发展、本土师资队伍建设等议题展开深入研讨。孔子学院在亚洲快速壮大，影响力不断提升，为下一个十年发展打下良好基础。

由中外双方秉持共建、共有、共管、共享原则建立的孔子学院，架起了中外语言文化沟通理解的桥梁，为促进多元文化交流交融做出重要贡献。从孔子学院在亚洲国家发展的情况来看，孔子学院落户亚洲国家的规模越来越大，办学层次越来越高。孔子学院总部副总干事、国家汉办副主任夏建辉在会议上致辞说，亚洲国家的孔子学院呈现地域广、课程多、语言多的特点，这些孔子学院在满足各层次汉语学习立体化需求的同时，也积极适应社会多样化需求，培养高水平翻译、同声传译、本土汉语教师、中医技师等高级专业人才，开展中国学、语言教育和应用研究等。

很多孔子学院不仅推动了中外合作院校之间的交流合作，有的还为所在国政府部门提供学术研究、人才培养和培训指导等全方位服务。毋庸置疑，孔子学院发挥的桥梁作用也越来越大。泰国教育部副部长巴纳达说“泰国的孔子学院在亚洲国家中发展最快，为增进泰中合作创造了更好的条件”。

“一带一路”倡议为孔子学院发展带来机遇和挑战，孔子学院努力成为实践“丝路精神”的先行者，把自身发展与“一带一路”倡议融为一体。“一带一路”建设参与国中的51个国家设立了135所孔子学院和129个孔子课堂。巴基斯坦旁遮普大学校长扎法尔表示，只有了解中国历史和文化，才能更深刻理解“一带一路”倡议和中国提出的全球治理新理念。孔子学院正是传播中国文化，增进相互了解的重要纽带。亚洲国家的孔子学院以实际行动，促进了“一带一路”倡议深入人心。

经过10多年的快速发展，孔子学院到了提升质量、深化内涵、因地制宜、实现特色发展、打造“2.0版”的新阶段。如何提高中文教学质量、培养复合型人才、实现孔子学院可持续发展，成为与会代表关注的话题。“一带一路”建设深入发展使得亚洲国家对通晓中外语言和相关专业技术人才的需求大增。为了适应这一变化，不少孔子学院在语言培训的基础上，探索“汉语+技术”模式。随着中泰铁路合作项目的建设，泰国孔敬孔子学院推出“汉语+高铁”培养模式。未来，孔子学院将把“汉语+高铁”模式扩大为“汉语+技术”模式，满足各类职业技术汉语人才需求。

也有代表提出在孔子学院开设更多专业，促进其转型升级，提升品牌效应。乌兹别克斯坦塔什干国立东方学院孔子学院中方院长刘涛建议说，“未来可以在孔子学院设立更多与当地市场紧密联系的专业，如国际贸易、物流、旅游等。瞩目下一个十年，孔子学院将迎来更高水平的发展”。

来源文献：丁子等.孔子学院，实践“丝路精神”的先行者[N].人民日报，2017-09-12（022）.

《中国社会科学报》发表题为“‘一带一路’为孔子学院发展升级提供新推力”的学者文章。文章指出，“一带一路”是中国倡导的横贯亚欧非、面向全球的国际合作平台，在这一倡议下，孔子学院也再次迎来了新一轮的发展机遇。孔子学院已经走过了13年的发展历程，今后孔子学院应如何适应新形势、抓住新机遇、实现新作为？“一带一路”倡议的提出恰逢其时，为孔子学院的新发展提供了良机与沃土。刘延东副总理在第十一届孔子学院大会开幕式上指出孔子学院“要主动参与‘一带一路’建设，充分发挥培养语言人才和熟悉当地政策信息等优势，为中外企业合作搭建平台，提供信息咨询服务，加强职业技能培训，服务好各领域务实合作，以语言互通促进政策沟通、贸易畅通、民心相通”。这为孔子学院与“一带一路”的良性互动指明了方向。

第一，“一带一路”建设为沿线孔子学院提升办学效益带来难得机遇。质量是孔子学院的生命线。如果说，孔子学院在其发展的前十年是开创期，以数量求生存，以速度促规模，重在立足扎根；那么，当前孔子学院发展则进入深化期，以质量赢口碑，以内涵促发展，必须精耕细作。“一带一路”沿线的60多个国家大多数是发展中国家，人均收入中等偏下，人口结构年轻。随着这些国家与中国在政治、经济、文化等领域的全方位合作逐渐展开，学习汉语成为青年人到中资企业就业、来华留学旅游、与中方开展业务合作的金钥匙，也是推动孔子学院融入当地需求、提升办学效益的内在动力。孔子学院应抓住这一契机在师资力量、教材适用性、教学方法和目标上进行适时调整和转型。能否围绕“一带一路”建设中当地的新需求，将汉语教学与实用培训、岗位技能有机融合，使教学更好地为学生成才服务、为当地发展服务，成为孔子学院检验教学质量与效益的试金石。

第二，“一带一路”建设为沿线孔子学院促进中外人文双向交流铺设便利桥梁。民心相通是“一带一路”的灵魂，孔子学院就是促进民心相通的桥梁纽带，促进中外人文双向沟通更是孔子学院深入持续发展的动力。“一带一路”沿线国家人文交流的繁荣将对孔子学院进一步拓展综合文化交流平台作用提出新要求，推动孔子学院从单一的语言教学向多元服务功能发展，从单向“走出去”向“走出去”与“引进来”双向交流发展，从简单的你来我往向深层次互学互鉴发展。这是孔子学院发挥优势顺势而为的良好机遇，一方面，有利于孔子学院在牵线人员交流互访、促成来华合作项目、推动教科文卫交流等工作中更好地发挥作用；另一方面，推动有条件的孔子学院牵头承担沿线国别研究、组织译介沿线文化经典、助力文化遗产长廊建设，为促进多元文明共存共荣做出更大贡献。

第三，“一带一路”建设为沿线孔子学院推进本土化发展创造良好条件。本土化是孔子学院的发展方向。孔子学院地处海外，异域生长，要想枝繁叶茂、开花结果，本土化是必然之路，也是孔子学院办学的一贯思路。“一带一路”将使沿线国家从中国制造、中国技术中受益，沿线人民也将在中外合作、人文交流中不断增进亲近感，这些都有助于改变孔子学院中外双方泾渭分明的状态，为孔子学院本土化提供了沃土和良机，贸易畅通将为孔子学院因地制宜开设新课、扩大零基础成人生源、倒逼教学实用化改革提出新要求；资金融通将为孔子学院吸纳社会资本、实现资金来源多样化、突显公益性民间性提供历史契机；政策沟通将有助于从上到下消除“文化入侵论”“意识形态输出论”等不良舆论，形成中外共商共建共享、外方主动积极参与孔院建设的良好局面；设施联通与民心相通也将为加速中外融合、加强资源整合、方便人员流动、赢得当地民众理解支持提供设施相通、民意相亲的双重保障。

第四，“一带一路”建设为培育孔子学院品牌、提升中国文化软实力提供肥沃土壤。语言是文化软实力的重要元素，是民心相通的铺路石，语言文化推广机构的建立也通常标志着大国从经济崛起到文化崛起的传导和转换。汉语作为联结这一世界上最长走廊的沟通桥梁，无论经济往来、政治合作还是文化交流，都离不开语言的沟通，这是所有合作的先决条件，更是前期合作的重中之重。“中文成为全球性语言”将不仅仅是预言，“一带一路”的开发建设，将加快中文成为国际性语言的进程，孔子学院作为一张达成理解、促成合作的亮丽名片，其语言文化国际推广的品牌效应将大幅提升。在古老的丝绸之路上，越来越多的人学习汉语、了解中国，这是扩大孔子学院招生、提升中国软实力的源头活水。借助语言的翅膀，借力孔子学院的平台，中华文化将在“一带一路”沿线国家推广传播，中外文明日益深入交融，文化与价值理念不断深入人心，这是一个“各美其美，美人之美，美美与共，天下大同”的美好进程。孔子学院将会在“一带一路”建设中大有作为，成为中国提升软实力的金字招牌和有力支撑。

来源文献：李丹．“一带一路”为孔子学院发展升级提供新推力［N］．中国社会科学报，2017-06-05（006）．

（三）围绕孔子学院质疑与指责的回应反驳类报道

针对境外对孔子学院的误解和质疑，部分学界和媒体界人士发声，为孔子学院正名，还原一个真实客观的孔子学院形象。《环球时报》发表《对孔子学院的指责是“莫须有”的》的学者文章。其文指出：作为中国在世界各地设立的推广汉语和传播中国文化与国学教育的文化交流机构，孔子学院在越来越多的国家出现，就是因为这些国家的年轻人对中国文化感兴趣，越来越多的人希望学习中国的语言和历史文化。而孔子学院最重要的一项工作就是给世界各地的汉语学习者提供规范、权威的现代汉语教材，提供最正规、最主要的汉语教学渠道。

然而，美国全美学者协会却发表报告，宣称中国通过孔子学院向海外国家和地区输出意识形态，干预美国高校学术自由。美国一些人找出这样的借口，将一种“莫须有”的指责扣在孔子学院头上。

如今，不同国家之间扩大文化交流已经成为常态，这也是一个国家让另一个国家更多民众了解自己的常用方式。美国和欧洲国家都是如此，他们在中国设立不少机构。中国的孔子学院也一样，其功能是让其他国家的民众更好地了解中国文化，这是一种善意的活动，最终达成的是一种双赢、共赢的局面，而不是你死我活的“零和博弈”。美国一些人把中国设立孔子学院说成是“输出价值观”，显然是指鹿为马。就学习内容和授课方式来说，孔子学院与美欧在其他国家设立的文化学习机构相比没什么两样。如果说，中国的孔子学院教授国外学生中国语言和文化就是“输出价值观”，那么美欧这些机构呢？他们是否也应该被扣上这样一顶“帽子”？

其实，从全球范围看，西方文化都呈现出强势输出的态势，在亚洲，在中国，更是如此。在传播的深度和广度上，这种不对等的状态证明了中国才是文化的“被输出者”。这种逆差也决定了，我们才是更弱势的一方。而且，即便中国在国外传播文化也不是强势的，或者强加于人的。中国有句古话，“己所不欲，勿施于人”。比如孔子学院在国外，都是由其本国的学者担任院长，他们在课程设计和教学方式上都有着更大的决定权和话语权。之所以这么做，作者认为有几个重要原因：第一，孔子学院的功能很简单，就是通过加强文化交流，增进外国人对中国的了解；第二，这种语言教学和文化传播，不会造成冲突已成为全球的共识；第三，孔子学院本身就是带有开放性和自由选择性，希望能跟所在国家形成更友好的关系，欢迎更多的当地民众学习中国语言和文化。从孔子学院设立的课程看，就是以语言学习为主，再加上中国传统的诗词歌赋，根本没有宣传自己的意识形态。所以，这都能引发争议着实让人吃惊，同时也深刻反映出美国一些人对中国的偏见，对政治体制与其不同的国家的任何传播都过于敏感。

美国确实有一些人对中国的崛起不甘心，因为不能接纳中国的政治制度，而对中国任何东西抱有敌意，而且抱着一种防御的心态。随着中国成为仅次于美国的世界第二大经济体，客观上中国影响力增大，但这些美国人也加强了那种敏感的防御心态，而不是减弱了。

这可能看起来会让中国的软实力传播会进入一个特殊时期，就是随着中国经济实力的增强，我们的文化软实力在西方的传播并没有相应扩大，因为对方采取了一种刻意防备的姿态。当然，美国在崛起过程中也曾遭遇过欧洲国家的类似心态，在几十年时间里欧洲国家对美国抱有戒心。如今一些心胸狭隘的美国人又把这种“套路”用来对付中国。他们更担心，中国的文化软实力的传播，会让一些发展中国家了解中国社会制度以及中国发展道路的成功之处，形成一种示范效应。

只希望看到自己的文化在别的国家广为传播，对别的国家在本国传播文化抱有高度警惕的心态，这就是美国一些人极力想要维持的单向“传播霸权”。而且，他们希望能让这种单向“传播霸权”延续更长时间。相反，孔子学院的方式体现出中国更尊重人类不同的价值观，通过求同存异，探求最大公约数。如果意识形态存在不同，那就搁置起来，通过单纯的文化学习，筑牢人文交流基础，奠定民间沟通的基石。只有以开放的心态尊重别人，才能收获对等的交流和平等的传播。而这种传播，是那些小心眼儿的人最终难以阻挡的。

来源文献：张颐武 . 对孔子学院的指责是“莫须有”的［N］. 环球时报，2017-07-28（14）.

国际在线网站发表题为“澳大利亚校长批驳部分媒体与政客：不要把孔子学院与政治挂钩”的记者文章，针对最近澳大利亚部分媒体和政客宣扬“中国威胁论”，指责中国利用孔子学院以及大学里的中国留学生学生会干涉澳大利亚教育界的学术自由、进行文化入侵等谬论进行了采访和回应。

澳洲私立名校若思本中学校长加西亚在庆祝本校孔子课堂正式启动的仪式上表示，澳大利亚媒体和个别政客，因不了解孔子学院而将之称为“中国文化的入侵”，其实学习中文、了解中国文化是大势所趋，不应该将教育与政治混为一谈。加西亚校长指出，正因为中澳两国关系不断升温，对中国未来前景持续看好，澳大利亚学校和孩子们才渴望了解中国文化，批评者根本没有了解孔子学院的实质。他说：“我们没有感受到任何来自中国的政治干预，也没有这方面的担心。我们认为，孔子学院没有任何政治偏见，它的宗旨就是连接两国人民，增进我们对中国语言文化的了解，我们一点儿都不担心它的目的。”

加西亚认为，因为文化背景和意识形态相似，澳大利亚对欧美文化有天然亲近感，而对于中国则感到陌生，难以琢磨，认为中国含蓄而神秘。这种缺乏认同的陌生感是政客和媒体产生猜忌怀疑的原因之一。他认为，兴建孔子学院正是消除隔阂的有效举措。“只有通过教育，才能加深交接。孔子学院起到了很好的作用，通过中文教育，打破怀疑中国的思维壁垒，澳大利亚将收获良多，如果拒绝交流，我们将付出巨大代价。”

新南威尔士大学孔子学院中方院长奚俊芳教授建议部分澳大利亚媒体切勿主观臆断，可以仔细研究一下孔子学院与澳方合作协议。“可能是很多澳大利亚媒体根本不了解孔子课堂的运作模式，所有孔子课堂都是以学校为主，学校的中文教师、课程设置包括用的教材，都是由学校按照当地教学大纲制作的，我们做的工作就是支持的作用，提供一些服务。”

在若思本中学，很多学习汉语的学生说到，他们的家长非常看好中国的未来，要求他们从小学认真学好汉语，未来可以到中国获得更好的工作机会。

来源文献：李大勇，张齐智．澳大利亚校长批驳部分媒体与政客：不要把孔子学院与政治挂钩［EB/OL］. http://news.cri.cn/20171012/ed788ee5-45ca-985e-f5c9-a4cdc0ab6186.html.

全世界拥有孔子学院数量最多的是哪个国家？也许出乎你的意料，答案是美国。但网络舆论似乎又反映出，美国是个不喜欢孔子学院的社会。对于这两个看上去非常矛盾的情况，身在其中的美国人又是如何看待？环球网发表题为“‘美国人反对孔子学院’？这些‘老美’表示自己未曾听说过”的记者文章。记者通过跟随一个 10 余人的中美国际教育考察团的中国之旅，揭示他们眼中的美国孔子学院。

这些美方代表中，既有企业、教育界代表，也有媒体、政府人士。在谈到孔子学院时，他们全都展现出欢迎态度。其中，一位为特朗普政府提供建议的咨询公司代表和一位华盛顿世界事务理事会主席，也都为孔子学院在美国的推广做出努力。此前，坊间曾传出“美国人不欢迎孔子学院”的说法，甚至有类似于“美国关停孔子学院”这类的传言。这些美方代表都表示自己并没有听说过这类声音，一些代表甚至还对这种传言感到诧异。

美国犹他州参议院临时议长布兰博就是对上述不实说法感到吃惊的一员。他表示："我就不认为美国人不喜欢孔子学院"，"在美国，公民可以自由地发表任何观点，但我从来没听过有任何关于'孔子学院在美国不受欢迎'的言论。我认为，孔子学院在美国非常受欢迎，同时，我也认为美方与中方汉办共同推广孔子学院非常重要。如果说，网上有那种说法，那要注意，网民不用为自己的网上言论承担责任，他们想说什么就说什么，但并不代表他们说的是真的，也不代表那些言论就是正确的。"布兰博补充道："有几百万的美国人没有来过中国，他们不能意识到中国跟美国的不同。但是，中美两国都有相似的愿望，两国公民也有相近的目标，同时，我们都对和平、繁荣怀有共同的期盼。我们需要建立起沟通的桥梁，深化民间的理解。"

"我认为，美国目前面临的一个最大问题就是'公民文盲'。对一些美国公民来说，他们还从未深入体会，就凭一个肤浅的观点来说话。对于一些美国人而言，他们害怕未知的东西，而且，他们对这些不知道的事情甚至会变得更加恐惧。"在谈到那些有关孔子学院的不实传言时，犹他州参议员斯蒂芬森说到。

"不管美国人愿不愿意承认，中国是美国的未来。"斯蒂芬森表示："绝大多数美国人都意识到了这一点，而恰巧，我就是支持这种观点的。我看到了中美之间切实存有潜在建设性关系，中美两国在商务、教育、文化等领域都能有更多建设性互动。"斯蒂芬森最后说："中美两国都从彼此身上学到东西，我们互相了解，尊重彼此，当我们合作时，两个国家就会更加繁荣，同时也带来更多的经济增长。"

来源文献：李德意 ."美国人反对孔子学院"？这些"老美"表示自己未曾听说过［EB/OL］. http://world.huanqiu.com/exclusive/2017-11/11371796.html.

（四）围绕孔子学院自身建设与可持续发展的对策建议类报道

经过十余年的高速发展，孔子学院已进入提质增效的新阶段。在这方面，媒体也纷纷刊发专家学者对孔子学院建设与可持续发展的思考和剖析，为孔子学院的良性发展和制度化建设问诊把脉，建言献策。

《人民日报海外版》刊载名为“推动孔子学院内涵式发展”的学者文章。文章指出，自 2004 年创立，孔子学院已走过 13 个年头。作为世界认识中国的重要平台，过去的 13 年，是孔子学院从无到有，从有到强的重要成长期，未来则是孔子学院提质增效、实现内涵式创新发展的黄金期。

中外高校是孔子学院的办学主体，中外双方能否扮演好主体角色，对孔子学院未来的发展至关重要。中外方大学只有携手并肩，形成合力，才能真正把孔子学院的事情办好。履行好承办高校的责任，有两点比较重要：首先，要夯实“汉语教育”这个基础。开展汉语教育是孔子学院的第一要务，也是衡量一所孔子学院办学质量的重要标准。语言是沟通交流的重要工具。掌握一种语言就是掌握了通往一国文化的钥匙。因此，当前和今后，推动孔子学院内涵式发展的第一要务就是提升汉语教学质量，这其中，教师是核心，教材是基础，教法是保障。其次，要抓好“文化传播”这个根本。孔子学院在扎实开展汉语教学的同时，致力于讲好中国故事，传播好中国文化。在教学理念上，要树立文化自信和尊重他者文化相统一的观念。要对文化传播持分享的意识和对话的态度，注重寻找中华文化和所在地文化、世界文化的“连接点”，增强文化的价值认同，使孔子学院文化传播能够易于理解和接受，实现由单方面的文化推介向推动文化融通转变。

在教学内容上，要注重将民族精神和时代精神相统一：一方面要从中华优秀传统文化中，提取体现中华民族精神的东西，挖掘中华文化中具有现代意义和全球价值的成分；另一方面要立足现代中国，介绍中国的发展进步。通过这两个方面的“讲述”，使当地民众认识到中国文化的现代价值及对所在国家的社会发展的积极意义，从而超越一般的文化体验，不再局限于满足外国人对中国的好奇心和新鲜感。

在教学实践上，要因地制宜，多方合作，多措并举，形成互动。首先，要加强对中华文化国际传播的国别化、针对性、系统性研究，帮助孔子学院明确“文化应该怎么讲”。其次，要发挥中外高校学科优势，开展文化论坛、主题演讲等，提高受众对中华传统文化和当代文化的价值认同。最后，要与所在地社区、社会团体等合作，积极开展或参与中外人文交流活动。

当今世界，文明交流互鉴，你中有我，我中有你。中外大学的支持是孔子学院发展的基础和保障，孔子学院也为合作大学之间资源优势互补开辟了全新渠道。

来源文献：刘利 . 推动孔子学院内涵式发展［N］. 人民日报海外版，2017-12-15（09）.

澎湃新闻刊载题为“专家谈跨文化教育：孔子学院发展应结合‘一带一路’倡议布局”的学者文章。四川大学海外教育学院副院长雷莉建议，在空间布局上，孔子学院后续的发展应该结合“一带一路”国家的布局；其次，应提高孔子学院的办学层次，成立一些高端研究室，完善孔子学院的学科设置，特别是针对“一带一路”的建设需求去做调整。她指出，孔子学院单单以语言教学为主已经不够了，“学科设置完全可以采用汉语教学 + 旅游，或者电子商务等更加丰富的形式”。雷莉表示，国家的发展进入了新时期，以孔子学院为代表的跨文化教育，也应该做出更多的调整。

来源文献：李思文，周中雨 . 专家谈跨文化教育：孔子学院发展应结合“一带一路”倡议布局［EB/OL］.http://www.sohu.com/a/211555814_260616.

国际在线发表《孔子学院落户毛里求斯　专家：找准定位前景美好》的记者文章。作者随同察哈尔学会代表团走访了中国在毛里求斯的首家孔子学院。近年来，中毛各领域交流密切，人员往来需求不断增长，毛里求斯朋友学习汉语的热情很高，愿意进一步了解中国社会、经济和文化。

新加坡南洋理工大学社会科学院院长、察哈尔学会高级研究员刘宏教授认为，孔子学院从 2004 年起发展到现在，近 13 年时间就有了如今的规模，总体来说是比较健康的，但是不可避免地也会面临一些挑战。长远来讲，孔子学院的发展要取得好的成效，最主要的是它能否满足和符合当地社会对中国的语言、文化、社会的了解需求，一定要找到一个对接点。

“我个人的体会是，有些时候，孔子学院定位还是不够明确。”刘宏表示，比如说它的重点是教语言，但其实社会上有很多语言培训机构，孔子学院应该有更高远的定位和期许，包括师资的培训、汉语教材的当地化和推广，另外就是如何把当地文化社会的需求，跟中国的经济发展和国际地位的提升对接在一起。刘宏认为，这些任务是一般的语言教学机构做不到的，这不是它们的使命，它们也没有这样的资源，但是孔子学院有，它有强大的后盾。而且，孔子学院的使命也是推动中国和所在国家间的相互了解和认识。“因此孔子学院一定要超越仅仅作为语言培训机构的定位和自我局限。”

刘宏指出，孔子学院的教材要注重把当地特色的文化要素融合进去，即在坚持中文标准基础上的教材本土化，这样才能和当地较好地对接起来。还有就是要跟当地的主流媒体积极沟通。“我在英国时就跟包括BBC、《卫报》和《独立报》等做访谈，向它们介绍孔子学院是做什么的，以消除当地主流社会可能的疑虑。”

对于此前有孔子学院在美国、瑞典和法国等被关闭的事件，刘宏认为，“这还是极少数，毕竟孔子学院有500多所了，其中有几所被关也不是什么大事。主要原因是每个大学的情况各不相同，还有就是因为不了解而产生的偏见。”他说，“倒是我们从中可以更好地找到孔子学院的定位，更好地把它的发展既跟中国的发展联系在一起，也跟当地的发展联系在一起。只有这样，孔子学院才能真正拥有美好的前景”。刘宏对此充满信心。

中国人民大学国际关系学院教授、察哈尔学会高级研究员王义桅说，孔子学院已经获得了巨大的成就，它属于中国，也属于世界，正在成为东方文化的代表，同时也正在成为各个地方走出去进行对外合作的桥梁和纽带，有“地方使馆”的意味。孔子学院当然也面临着挑战，但它都是和所在国的大学共同建立的，所以如果在发展的过程中出现了问题也应该从双方找原因。

“但孔子学院也确实有必要升级换代。”王义桅说，比如教材的改进，使之更符合不同国家的需要，注重教学的地区差异性，加大网上孔子学院的建设等。此外，孔子学院光教语言也不够，可以考虑在进行职业培训的过程中推广语言，这样应该会更加具有针对性，可给对方创造就业，会增加对方学员的积极性。还可以跟已经在当地落地的中资企业合作，培训外籍员工，这样就进一步落地生根了，也更加可持续。

来源文献：黎萌.孔子学院落户毛里求斯 专家：找准定位前景美好［EB/OL］.http://news.cri.cn/20170505/f0743786-242f-1289-3ff9-6d8d10319941.html.

第二节　境外媒体报道与评论

一、概览与分析

遍布于146个国家和地区的525所孔子学院和1 113个孔子课堂①，为境外媒体报道提供了丰富的汉语教学与文化交流的素材。孔子学院及其相关话题受到境外媒体多角度、立体化的关注和报道。本节从报道数量、报道分布、报道内容、报道来源、报道态度等五个维度对境外媒体的舆情态势进行综合分析和图文呈现。

（一）报道数量

2017年境外媒体报道总量为1 351篇，较2016年的1 380篇略有减少。从报道数量看，波动并不大，2月份和12月份为媒体报道的高峰期，在这一点上跟境内媒体报道趋势一致。但仔细分析可看出，2月份境外报道数量较多的主题内容同样是与“韩国签证”事件相关，境内外媒体的关注点基本统一；12月份，境外媒体关注的内容与境内有所不同，境外报道的内容比较分散，备受境内媒体关注的“孔子学院大会”并不是外媒的报道重点。对比发现，本年度报道峰值与2016年境外报道的峰值有所不同。比如，2016年5月报道量达到峰值主要是与“孔子学院总部回应‘60多所孔子学院被美关停’：纯属捏造”这一突发事件和“2016年拉美孔子学院联席会议闭幕”这两则新闻有关。由此可以看出，外媒报道数量受重大或突发事件的影响较大，如图5-12、图5-13和图5-14。

①数据截止到2017年12月31日。

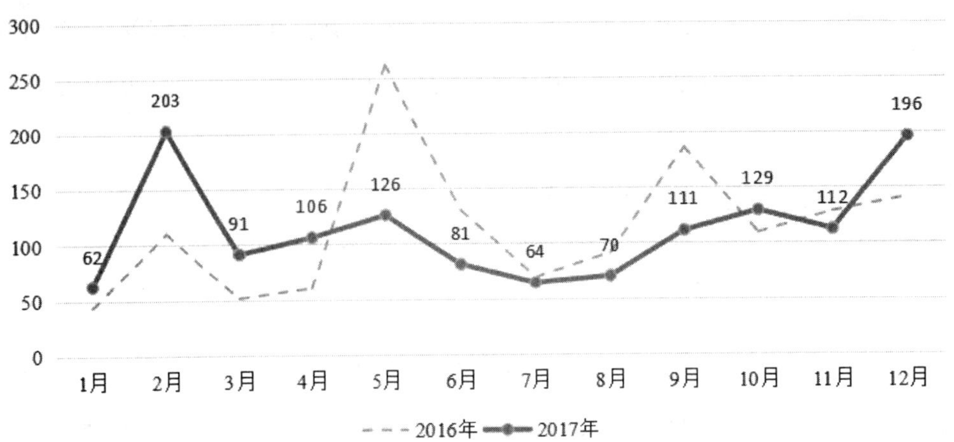

图 5-12　2017 年境外媒体每月报道数量

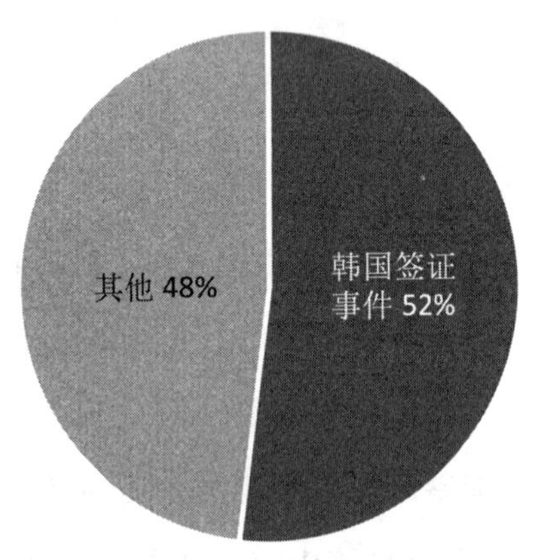

图 5-13　2 月份“韩国签证”事件报道占比

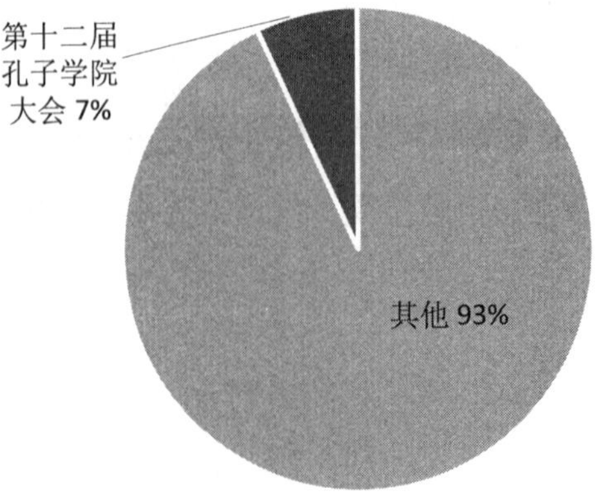

图 5-14　12 月份“孔子学院大会”报道占比

（二）报道分布

1. 地区分布

从国家和地区看，报道数量最多的媒体主要分布在中国香港、美国、西班牙；中国台湾、日本、俄罗斯、澳大利亚、马来西亚、加拿大、德国、法国、英国等国家和地区的报道数量相对较多；印度、墨西哥、智利、中国澳门、塞内加尔、保加利亚、圣马力诺、加纳等亚非拉国家和地区也保持了一定关注度，如图 5-15。

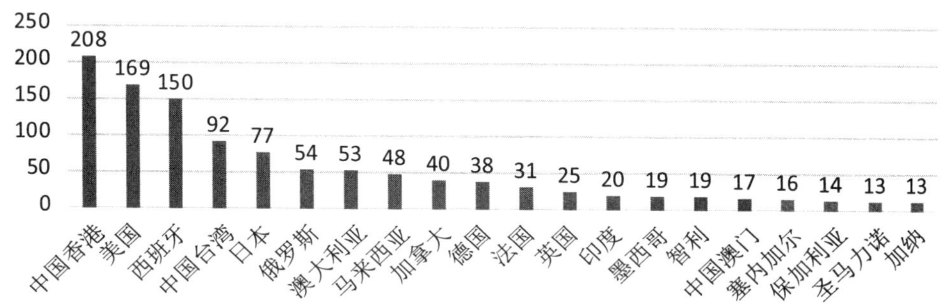

图 5-15　境外国家 / 地区媒体报道数量 Top 20

从洲际分布看，亚洲的新闻报道量最多，其次是欧洲和北美洲，这三个大洲的报道量占到了总量的 84%，如图 5-16。

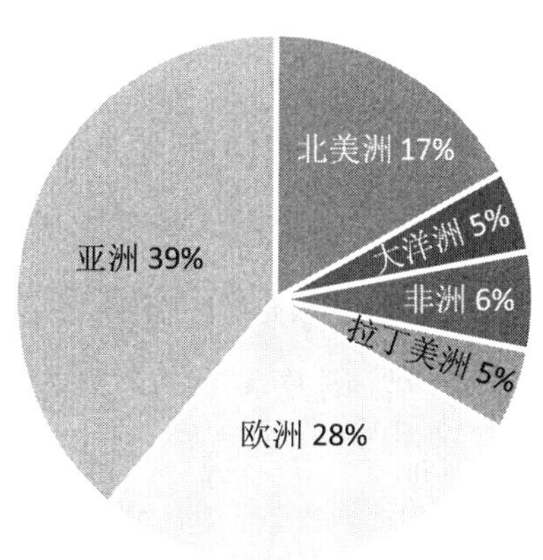

图 5-16　境外媒体报道各大洲分布

2. 语言分布

从语言分布看，英文报道数量最多，其后依次是繁体中文、西班牙语和简体中文，其余语言占比较少。这与英语作为国际上最主要的通用语言，在媒体领域占据强势地位，非英语国家的重量级媒体也倾向于用英语写作来增加报道的关注量正相关。境外华文媒体（包括简体中文和繁体中文）占比 38%，超过英文媒体的 25%，体现了海外华人华侨对孔子学院相关话题的关注度。西班牙语媒体报道占比较高，则体现了本年度西班牙孔子学院较高的活跃度和媒体关注度，如图 5-17。

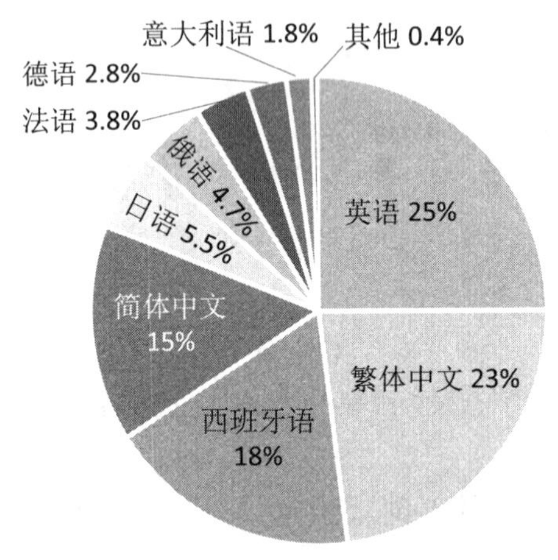

图 5-17　境外媒体报道语言分布

（三）报道内容

报告选取 2017 年度境外媒体报道中出现频率最高的前 100 个关键词，对报道内容进行归纳分析。从这 100 个关键词中可以看出，中文和外文新闻大多都涉及“文化”“大学”“汉语”“教育”“国家”“合作”“交流”“政府”等关键词，体现了境外媒体对“汉语教学”“人文交流”“国际关系”等话题的关注。此外，“韩国”“签证”“出入境”“法务部”“延期”等高频关键词体现出外媒对“韩国签证”事件的关注，而且关注度要高于境内媒体，如图 5-18。

图 5-18　2017 年度境外媒体报道关键词 TOP 100 词云①

鉴于欧洲、非洲、美国和中国港澳台地区的报道数量较多，报告分别选取了欧洲、非洲、美国和中国港澳台地区媒体报道中出现频率最高的前 50 个关键词，对不同国家和地区的报道内容进行进一步的分析。欧洲地区的媒体报道涉及语言种类较多，报告对关键词词云中出现的词汇统一翻译成汉语。分析发现，“中国”和“大学”占据了最显要位置，其次是“语言”“学生”“文化”“课程”“合作”和“活动”等，充分体现了孔子学院教育和文化的基本属性。“新华社”这一关键词较高的出现率表明欧洲新闻媒体对中国境内主流媒体报道的转载及引用，如图 5-19。

① 为避免相同新闻多次转发对高频词权重的影响，词云的制作首先剔除了重复新闻，在此基础上进一步删减了“孔子学院”“2017”等表示时间、次序等脱离实际语境没有意义的词语。

图 5-19　欧洲地区媒体报道关键词 TOP 50 词云①

在非洲地区的媒体报道中，通过关键词词云可以看出，除了和欧洲部分相对重合的语言、文化、教育等（chinese、language、university、students、culture、education...）热门话题外，还涉及交流、发展、资本（exchanges、development、capital）等内容，如图 5-20。

图 5-20　非洲地区媒体报道关键词词云

① 词云图中 UCLM 为西班牙公立大学卡斯蒂利亚拉曼查大学缩写。

通过美国媒体的新闻报道关键词云可发现，美国媒体的关注点与欧洲和非洲的大部分关键词基本趋于一致。小有差别的是，HSK 考试、学堂在线等（hsk、xuetangx...）新闻在美国的媒体报道中占据了显要位置，如图 5-21。

图 5-21　美国媒体报道关键词词云

在中国港澳台地区的所有媒体报道中，通过关键词词云可以看出，“文化”“合作”“教育”“交流”“汉语”等关键词出现的频率较高，而其他大部分中文关键词和 2017 年度境外媒体报道关键词 TOP 100 词云图的中文关键词基本趋于一致，如图 5-18 和图 5-22。

图 5-22　中国港澳台地区媒体报道关键词词云

（四）报道来源

为便于分析，报告对参与报道的 526 家境外媒体按照主流媒体和地方媒体进行整合分类。从两个类别媒体报道的权重分布看，主流媒体关于孔子学院的报道总量较少，占媒体报道总数的 5%，且大部分仅有一篇报道。需要指出的是，主流媒体的数量仅占媒体总数的 4.4%。而“更接地气”的地方媒体则表现活跃，给予了孔子学院更多的关注，成为报道的主力军。值得注意的是，大部分地方媒体报道的是和当地孔子学院相关的活动消息类新闻，对孔子学院的其他报道较少，体现了孔子学院报道的地区和社区效应，如图 5–23。

从媒体来源的洲际分布来看，大部分媒体来源于欧洲（30%）、亚洲（28%）和北美洲（26%），占据了全球媒体的 84%，如图 5–24。

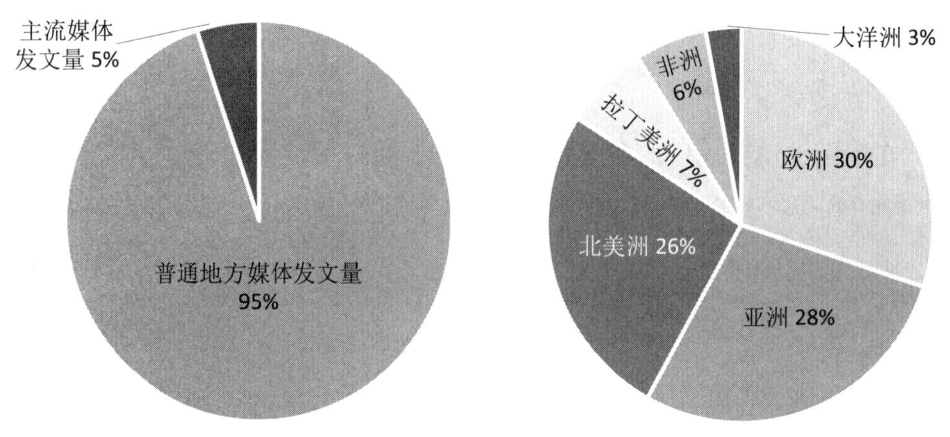

图 5–23　主流媒体及地方媒体报道的权重分布　　图 5–24　媒体来源洲际分布

分析欧洲、非洲、美国和中国港澳台地区的媒体报道中可以看出，不同媒体的来源及其报道情况。在欧洲的 156 家媒体中，西班牙的媒体及报道数量最多，包括有影响力的全国性媒体、地区性大报和媒体网站，体现了本年度西班牙多个媒体对孔子学院的关注。圣马力诺、保加利亚和罗马尼亚这三个国家的报道都来自于当地权威媒体机构，体现了主流媒体对当地孔院相关活动的关注。发文量排名前十的媒体来源见表 5–4。

表 5-4　欧洲地区媒体来源 Top 10

排序	来源媒体	国家	数量（篇）
1	San Marino RTV	圣马力诺	13
2	Bulgarian News Agency	保加利亚	13
3	Levante Emv	西班牙	10
4	La Cerca	西班牙	10
5	El Periodico de Aragon	西班牙	9
6	Europa Press	西班牙	8
7	20 Minutos.es	西班牙	8
8	Gente Digital	西班牙	8
9	Agerpres Foto	罗马尼亚	8
10	ABC.es	西班牙	8

在非洲的 33 家媒体中，塞内加尔媒体报道数量最多，主要是源于泛非通讯社（AllAfrica.com）和《太阳报》（*Le Soleil*）两家著名非洲媒体对孔子学院话题的关注；加纳和纳米比亚的媒体发文量也较多，而且大多发表在拥有较高影响力的当地国家通讯社，体现出非洲媒体对孔子学院的热情和关注。发文量排名前十的媒体来源见表 5-5。

表 5-5　非洲地区媒体来源 Top 10

排序	来源媒体	国家	数量（篇）
1	AllAfrica.com	塞内加尔	14
2	Nambia Press Agency	纳米比亚	9
3	Coastweek	肯尼亚	6
4	Durban University of Technology	南非	5
5	News Ghana	加纳	3
6	Ghana News Agency	加纳	3
7	Modern Ghana	加纳	2
8	Le Soleil	塞内加尔	2
9	Cameroon Tribune	喀麦隆	2
10	Business Ghana	加纳	2

在美国的 112 家媒体中，侨报网、《明镜时报》和《中美邮报》等美国华人媒体对孔子学院这一话题较为关注，部分媒体应对近年来海外“中国文化热”和兴办孔子学院的热潮，设立“孔子学堂”等专题、专版进行集中报道。相反，美国主流重量级媒体发文量很少，孔子学院并非它们报道的重点内容，而往往是在论述汉语学习、中美关系等话题时顺带提及孔子学院。发文量排名前十的媒体来源见表 5-6。

表 5-6　美国地区媒体来源 Top 10

排序	来源媒体	数量（篇）
1	美通社	12
2	Barchart.com	6
3	Topix	5
4	侨报网	4
5	Oklahoma Daily	4
6	Dallas Morning News	3
7	WBKO	3
8	明镜时报	2
9	中美邮报	2
10	National Association of Scholars	2

在中国港澳台地区的 57 家媒体中，报道最多的媒体分别为《亚太日报》、新浪网、香港新闻网、星岛环球网、中评网、《星岛日报》、《中时电子报》、雅虎、《香港商报》和大公网，共占据了 72% 的媒体报道量，且大部分来源于香港地区，如图 5-25。值得注意的是，发文最多的媒体《亚太日报》，其大部分文章转载自境内主流媒体，原创新闻报道占比不高。发文量排名前十的媒体来源见表 5-7。

表 5-7　中国港澳台地区媒体来源 Top 10

排序	来源媒体	地区	数量（篇）
1	亚太日报	中国香港	59
2	新浪网	中国香港、中国台湾	54
3	香港新闻网	中国香港	27
4	星岛环球网	中国香港	26
5	中评网	中国香港	20
6	星岛日报	中国香港	20
7	中时电子报	中国台湾	6
8	雅虎	中国香港、中国台湾	6
9	香港商报	中国香港	6
10	大公网	中国香港	5

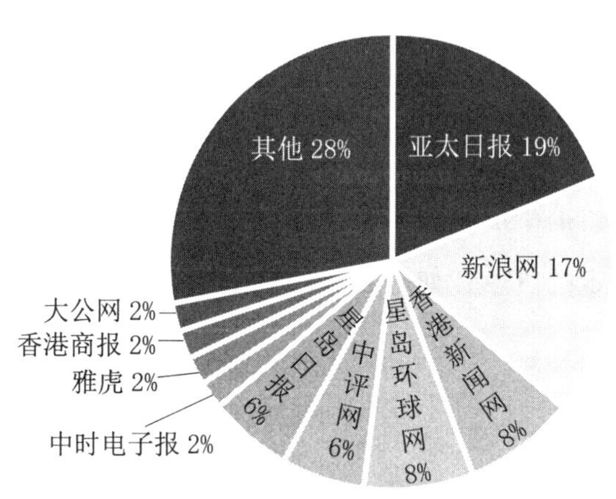

图 5-25　中国港澳台地区媒体发文量媒体分布

（五）报道态度

报告以正面、中性、负面三种情感倾向对所有新闻报道内容进行标注。整体上看，境外媒体报道的情感倾向同境内媒体一样，以中性和正面为主，分别占 64% 和 31%。负面报道占 5%，比境内部分略有增加，如图 5-26。

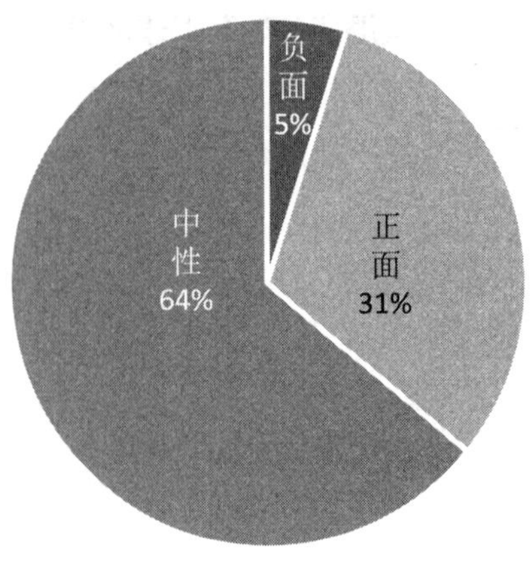

图 5-26　境外媒体报道情感倾向

正面报道以简体中文和繁体中文的报道为主，涉及的主题主要有“语言与文化交流”“孔子课堂”“汉语桥”“揭牌仪式”等活动；外文报道主要涉及“学堂在线和孔子学院的合作”“HSK 考试”“汉语学习”等主题。正面报道通常以事件报道的形式，并附有关于孔子学院的简短评论，认为孔子学院在促进汉语学习、传播中国文化、改善双边关系、促进对话与合作、增进理解与交流等方面有一定的贡献，如图 5-27。

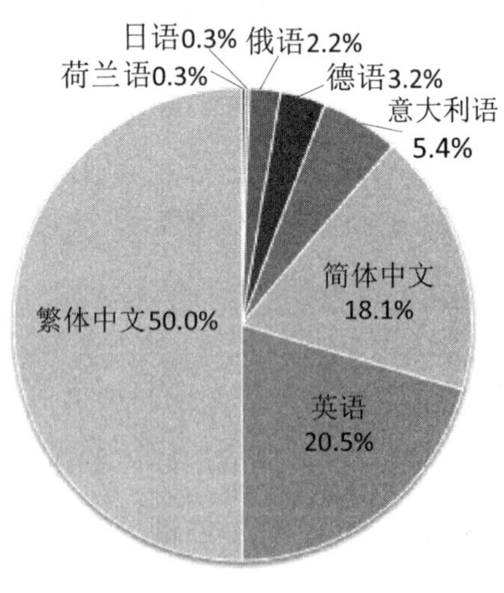

图 5-27　正面报道语言分布

中性报道中，英语、西班牙语、简体中文和繁体中文的报道最多。在报道内容方面，中文报道涉及最多的是“韩国签证延期”话题，外文报道主要涉及孔子学院及合作大学的语言文化活动类新闻。中性报道往往是把孔子学院的新闻视为普通消息，“就事论事”，不加评论，无明显偏向性态度和引导性文字，如图 5-28。

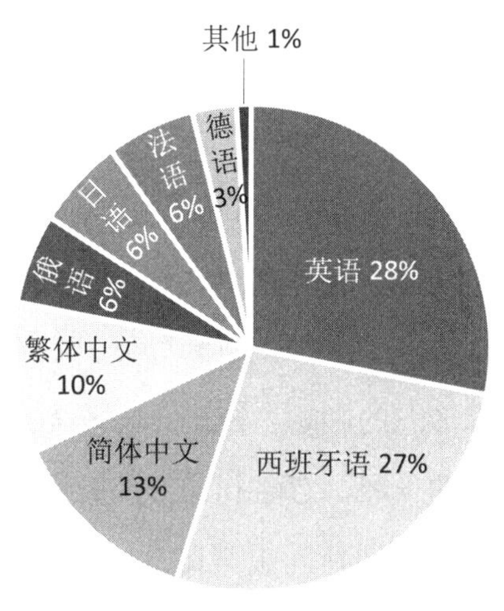

图 5-28　中性报道语言分布

负面报道主要涉及日语、繁体中文、英语、西班牙语和简体中文，其中日语报道所占比例最高；与中性和正面报道所涉语种比较，负面报道涉及的语种数量有所减少。负面报道的内容涉及最多的是对孔子学院的质疑、指责和讨论。其中，美国全国学者协会发布长篇报告《外包到中国：在美国高等学府的孔子学院及软实力》，宣称中国政府通过孔子学院“向海外国家地区输出其意识形态，干预美国高校学术自由”成为负面报道的核心内容，如图 5-29。

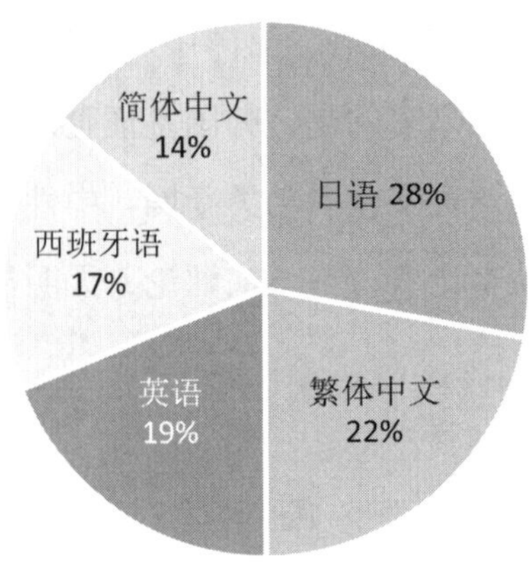

图 5-29　负面报道语言分布

除了部分影响力较小的地方媒体文章之外，今年的负面报道还涉及《卫报》《泰晤士高等教育报》《金融时报中文版》等英美主流媒体。部分西方主流媒体受自身价值取向和意识形态的影响，往往有意或无意地用“有色眼镜”来解读和评析孔子学院在海外的发展，忽略孔子学院的实际贡献和积极作用。

进一步分析可以发现，正面新闻报道比例最高的大洲为亚洲（49%），中性新闻报道比例最高的为拉丁美洲（98%），而负面新闻报道比例最高的是大洋洲（14%）。其中负面报道比较多的是日本、美国、西班牙、中国台湾、新西兰、澳大利亚和中国香港等国家或地区媒体，如图 5-30 和表 5-8。

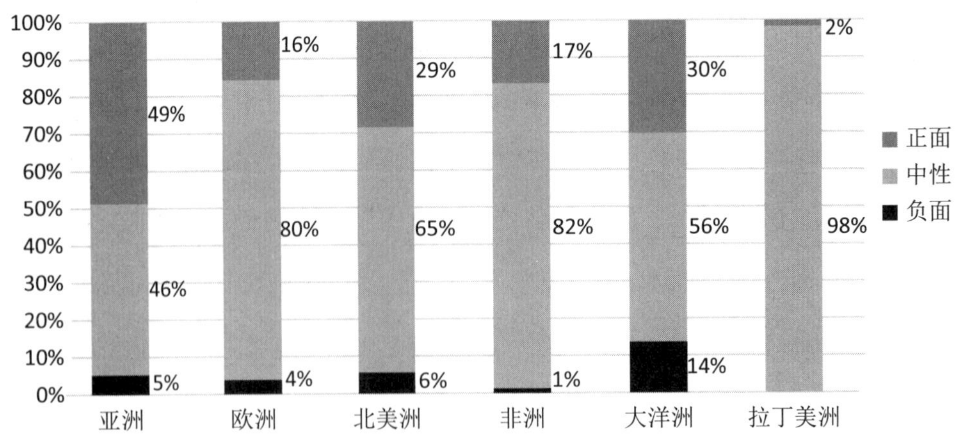

图 5-30　境外媒体报道情感倾向洲际分布

表 5-8 境外负面新闻报道来源前十位的国家及地区

排序	国家 / 地区	负面报道数量（篇）
1	日本	18
2	美国	13
3	西班牙	11
4	中国台湾	6
5	新西兰	5
6	澳大利亚	4
7	中国香港	3
8	英国	2
9	南非	1
10	捷克	1

二、报道与评论

本年度境外关涉孔子学院报道与评论的内容主要集中在以下两个方面：一是围绕孔子学院各类活动的消息事件类报道，二是围绕孔子学院功能和影响的分析评价类报道。本节将进行重点摘录与择要呈现。

（一）围绕孔子学院各类活动的消息事件类报道

本年度，境外媒体对孔子学院组织或参与的各类活动的报道，主要集中在孔子学院揭牌成立、教学及考试、文化活动、中外交流活动、学生获奖及孔子学院荣誉等。此类报道在体裁和篇幅上，大多是短篇新闻，鲜有深度分析或论述，数量占据全年报道总量的绝大部分。除了对活动本身进行简要介绍外，一般还会附有对孔子学院的简要评价。

孔子学院的揭牌成立是孔子学院所在大学和地区的一项重要活动，往往受到境外媒体的较高关注。美国媒体 Targeted News Service 对北卡罗来纳大学夏洛特分校孔子学院的成立进行了报道。[①] 北卡罗来纳大学副校长兼教务长 Joan

①Confucius Institute to Open at UNC Charlotte [EB/OL]. http://www.targetednews.com/pr_disp.php?pr_id=5787321.

Frances Lorden 指出，孔子学院将在校园和社区方面扩大我们在中国语言和文化方面的服务，我们期待着这种新的合作关系将为夏洛特带来独特的文化交流、出国留学和合作研究的机会。澳门大学于 2017 年设立中国澳门首家孔子学院，受到《澳门日报》《市民日报》等多家媒体的报道。报道指出，澳大孔子学院将利用其独特的特区体制、地理位置、多元文化、多语社会等优势，专门面向葡语系及其他与中国澳门接触的国家，针对性地发展一个有特色的国际汉语教学、培训与交流平台。西班牙地方媒体 La Cerca 对卡斯蒂利亚拉曼查大学（UCLM）孔子学院揭牌仪式进行了报道。卡斯蒂利亚拉曼查大区教育文化和体育局局长费尔佩托（Felpeto）指出，该孔子学院的建立为该地区同中国的交流打开了一扇大门，将有助于促进本地区同中国之间的经济交流，使得卡斯蒂利亚拉曼查地区的就业和经济发展机会成倍地增长，具有重要的经济意义。同时孔子学院有助于两国语言的交流，从而促进两国文化的互通，促进两国人民和谐共处，加深相互理解。[①]

孔子学院的周年庆祝活动，特别是十周年庆典也是本年度境外媒体报道的重要内容。谢菲尔德工商会网站对英国谢菲尔德大学孔子学院庆祝成立 10 周年暨示范孔子学院揭牌活动进行了专门报道。报道指出，中国驻英大使刘晓明出席庆典活动并做了《知之者，好之者，乐之者》的主旨演讲，刘大使肯定了谢菲尔德大学孔子学院在中英交流合作中起到的重要作用及取得的巨大成绩，强调“示范孔院”应做汉语教学的“知之者”、讲述中国故事的“好之者”、促进中英关系的“乐之者”。谢菲尔德大学校长凯斯·博内特在致辞中表示，十年时间，谢菲尔德大学孔子学院的发展成为中国国家主席习近平所称的中英关系“黄金时代”的一个缩影，成为中英两国正式建交 45 年来所取得的重要成果之一。英国国会议员保罗·布卢姆菲尔德在致辞中，对谢菲尔德大学孔子学院为增进和促进当地民众与中国人民之间的沟通与理解所做的工作表示感谢。[②]

---

① Felpetodestaca que el Instituto Confucio de la UCLM ayudará a mejorar las relaciones culturales y económicas de la región con China[EB/OL]. http://www.lacerca.com/noticias/castilla_la_mancha/felpeto-instituto-confucio-uclm-relaciones-economicas-region-china-361689-1.html.

② Sheffield Confucius Institute celebrates 10-year anniversary with major event [EB/OL]. http://www.scci.org.uk/2017/10/sheffield-confucius-institute-celebrates-10-year-anniversary-with-major-event/.

西班牙埃菲社对瓦伦西亚大学孔子学院举办的题为“十年欢庆，十座里程碑”的十周年庆祝活动进行了报道。孔子学院院长比森特·安德鲁指出，瓦伦西亚对中国语言、文化和社会的认知需求越来越多，孔子学院将继续作为千年文明大国——中国的最佳代表，并成为西班牙与拉丁美洲其他国家之间的纽带。此外，智利政府网 Gobierno de Chile 也对总统出席圣托马斯大学孔子学院十周年盛大庆典并讲话的新闻进行了报道，喀山联邦大学孔子学院的十周年庆典也引起俄罗斯当地媒体的注意。[①]

境外媒体多关注孔子学院的具体活动与运营情况，报道孔子学院为当地做出的积极贡献。美国石英财经网以“孔子学院正培养出一批批讲汉语的非洲人”为题对非洲孔子学院进行报道，指出，中国的经济成就是其在非洲最强大的公共外交工具，有抱负的非洲人越来越把学汉语视为成功捷径。落户于大学的孔子学院和小学、中学的孔子课堂，正为非洲未来的对华关系打下牢固基础，中国为非洲发展提供了真实和想象的工具——这对非洲崛起至关重要。[②]

（二）围绕孔子学院功能和影响的分析评价类报道

孔子学院影响力不断扩张，使世界更加深入地思考研究它的意义。中国香港的《亚洲时报》（*Asia Times*）发表澳大利亚弗林德斯大学人文与社会科学学院高级讲师、《软实力与中文学习的全球推广：孔子学院计划》（*Soft Power and the Worldwide Promotion of Chinese Language Learning: The Confucius Institute Project*）一书作者杰弗里·吉尔（Jeffrey Gil）的评论性文章《孔子学院开启汉语学习之门》（*Confucius Institutes and Classrooms can Make the Grade-a Primer*）。作者以海外的视角来观察孔子学院，深刻并有条理地分析了孔子学院与孔子课堂的重要地位、机遇以及发展的局限性和挑战，并提出了

①El Instituto Confucio de la UV celebra su décimo aniversario[EB/OL]. https://www.efe.com/efe/comunitat-valenciana/cultura-y-ocio/el-instituto-confucio-de-la-uv-celebra-su-decimo-aniversario/50000884-3452672.

②Confucius Institutes across Africa are nurturing generations of pro-China Mandarin speakers[EB/OL]. https://qz.com/1113559/confucius-institutes-in-africa-are-nurturing-mandarin-speakers-with-pro-china-views/.

一些建议。

作者认为，孔子学院与孔子课堂创造出许多学习汉语的新机遇，并在许多方面提升改进了现有的汉语学习条件，包括外派汉语师资、提供汉语教学材料、为公众开设汉语课程以及为学生提供丰富的课外活动等。这似乎是一个非常完美的匹配：全球数百万人渴望学习汉语，而孔子学院和孔子课堂恰恰为其提供了汉语学习的机会和资源，满足了世界汉语爱好者的需求。

文章指出，孔子学院和孔子课堂建设并非一帆风顺。自设立之初就引发了一些争议，主要集中于孔子学院和孔子课堂是否限制学术自由、是否进行宣传教育以及是否帮助中国政府控制汉语课程与教学等问题。虽然几乎没有证据支持这些观点，但批评并未结束。同时，孔子学院和孔子课堂的工作也受到一些实际运行和组织管理问题的制约，如孔子学院与所在大学中文系和汉语项目的关系、汉语教师的资质以及他们是否能够长期在国外工作等。

针对如何改进上述问题，作者提出以下三点建议：

一是加强教学的专业化或者说特色化。国外中学和大学的外语教学往往缺乏资金和资源支持，孔子学院与孔子课堂为其提供了现成的资源。孔子学院和孔子课堂应与外方合作院校互为支持与补充而非竞争关系。要做到这一点，可以通过在课程设置上突出专业性和特色化来实现，比如澳大利亚墨尔本皇家理工大学中医孔子学院，英国伦敦金史密斯大学舞蹈与表演孔子学院，美国纽约州立宾汉顿大学戏曲孔子学院等；也可以结合外方合作院校的特长和优势来选择特色孔院的建设方向。孔子课堂尚未实现这种专门化发展道路，也许是因为其教育目标是以中小学为主。建议在职业院校与专科学校尝试设立孔子课堂。

二是明确界限，加强交流。孔子学院和孔子课堂建在大学与中小学之内，这种独特性有诸多优势，可以与合作院校共享资源与资金，但这也引发了组织管理上的一些问题。有些大学在孔子学院成立之前就设有中文专业，现在的关键点在于如何保证这两者之间关系和谐。例如，孔子学院和大学中文系的关系是什么？设立孔子课堂之后，学校原有的汉语教师该如何做？此时，就需要我们寻找到解决这些问题的方法，明确各项工作的界限，处理好所有部门之间的合作关系。此外，我们还需要关注一些诸如奖学金的设置与管理、教学人员的工作职责、对汉语爱好者教学与活动任务的开展等具体问题。

三是借鉴经验，加强合作。孔子学院与孔子课堂是世界上最新的语言文化推广机构。其他国家的一些语言推广机构存在已久，例如1883年创立的法语联盟、1889年创立的意大利但丁协会、1934年创立的英国文化委员会等。这些机构长期以来积累的语言和文化推广经验，可以为孔子学院和孔子课堂所借鉴。加强与这些语言推广机构的合作，可以极大地促进孔子学院自身的发展。作者相信，通过一些调整和改进，孔子学院与孔子课堂将引领汉语与中华文化走向新的和谐高度。

来源文献：Jeffrey Gil. Confucius Institutes and Classrooms can make the grade-a primer［EB/OL］. http://www.atimes.com/harmonious-confucius-institutes-classrooms/. 李桂春译，刘淑红校 .

《亚洲时报》（*Asia Times*）还发表了杰弗里·吉尔（Jeffrey Gil）的文章《受束缚的中国：谁在害怕孔子学院》（*Dragon in the Room: Who's Afraid of Confucius Institutes*）。指出，最近的一系列事件表明，认为中国与澳大利亚接触的方方面面都存在恶意是危险的。对孔子学院和孔子课堂的反应就是明证。

文章称，澳大利亚共有14所孔子学院，每所孔子学院都是由澳方一所大学、中方一所大学和中国国家汉办合作设立。基于类似模式的孔子课堂设在中小学，在澳大利亚共有67个。这些中国语言和文化中心经常遭到批评，因为它们的资金部分来自汉办，而汉办直接隶属于中国教育部。批评人士说，孔子学院和孔子课堂与政府的这种关系意味着它们将被用于限制学术自由、进行政治宣传、从事间谍活动，从而削弱澳大利亚的价值观和制度。然而，并没有证据表明，孔子学院和孔子课堂从事了这些活动。

孔子学院和孔子课堂的工作人员明确指出，这些担忧是没有根据的。这是一种近乎阴谋论的想法。

文章认为，批评人士有一个观点是有道理的，即大多数孔子学院和孔子课堂都回避了争议或敏感话题。但这并非汉办或其他中国政府机构的直接授意。比如中国的西藏、台湾和南海问题，这些问题与汉语课堂和文化活动有关系吗？

这些话题可以由其他机构探讨，但它们不是孔子学院和孔子课堂的任务。期待一个由政府资助的语言和文化推广计划关注本国的负面问题，这是不现实的。西班牙的塞万提斯学院会组织有关巴斯克和加泰罗尼亚分离主义或直布罗陀主权争议问题的活动吗?

作者认为，批评人士忽略了孔子学院和孔子课堂对中国语言和文化教育的积极贡献。孔子学院和孔子课堂为资金不足的大学和中小学提供了宝贵的师资、教材和课程，还组织了大量的文化活动和公益讲座，有力支持了澳大利亚的亚洲语言教学与研究。

来源文献：Jeffrey Gil. Dragon in the room: who's afraid of Confucius Institutes ［EB/OL］. http://www.atimes.com/dragon-room-whos-afraid-confucius-institutes/. 李桂春译，刘淑红校 .

2017 年 10 月 26 日，英国《金融时报》（*Financial Times*）及其中文版发表 Jane Pong 和 Emily Feng 撰写的文章《孔子学院：文化瑰宝还是学术威胁？》（*Confucius Institutes: Cultural Asset or Campus Threat*？），表达了境外部分人士对孔子学院快速发展的担忧和质疑。

文章指出，孔子学院在海外根基扎得最牢的是在美国，全美已经有 100 多所孔子学院。孔子学院以中国最著名的哲学家孔子的名字命名，声称仿效西方一些文化项目而建，如法国的法语联盟、德国的歌德学院，这些西方组织对外宣称只参与文化外交。

但是，由于孔子学院扩张极快，已进入了全球逾四分之三的国家，这让一些人担心，北京方面正在颠覆西方大学奉行的学术自由的传统价值观，以此作为在全球范围扩大中国软实力的一种手段。这些担忧已经导致全球数所大学关闭了孔子学院，其中包括美国的芝加哥大学和宾夕法尼亚州立大学、瑞典斯德哥尔摩大学、法国里昂大学和加拿大麦克马斯特大学，但是绝大多数高校仍然保留着孔子学院。

对于规模较小、缺少资金、可能已经砍掉语言项目和相关研究经费的高校而言，孔子学院被视为一种有效的资金来源。汉办不仅负担孔子学院的运营成本并提供课本，还负责招聘、培训汉语言教师并支付他们的薪水。由于办学经费来自中国，批评人士认为，孔子学院是推动中国政府议程的现成平台，既能美化中国形象，又可压制部分敏感问题的讨论。如马萨诸塞州威廉姆斯学院的政治学教授萨姆·克兰（Sam Crane）表示“孔子学院是（中国）政府的办公室或者说分支。”

来源文献：Jane Pong, Emily Feng. Confucius Institutes: Cultural asset or campus threat？［EB/OL］. https://ig.ft.com/confucius-institutes/. 李桂春译，刘淑红校 .

2017 年 5 月 5 日，北美地区第一座新建孔子学院专用楼、美国西肯塔基大学示范孔子学院大楼正式投入使用。美国媒体 *Daily News* 当天发表《孔子学院大楼继续引发关注》（*Confucius Institute Building Continues to Draw Questions*）的文章，论述孔子学院大楼的建设、建成典礼以及孔子学院大楼的所属权问题，并讨论孔子学院大楼引发的相关争议。有人认为孔子学院是中国宣传文化的武器，有人认为其有利于文化交流和促进发展。

美国西肯塔基大学孔子学院举行了示范孔子学院大楼落成典礼，标志着西肯塔基大学与中国 50 年合作关系的开始。50 年内，孔子学院免费和专属使用这座大楼。在落成典礼期间，西肯塔基大学校长兰斯戴尔（Gary Ransdell）将新大楼描述为两国之间的桥梁，称赞这一伙伴关系将促进两国的合作与文化交流。“重要的是，这是我们通过大学社区实现与国际接触的主要手段。”他说。

兰斯戴尔指出，孔子学院是中国的有利宣传武器。他说，“我会说，‘那有什么问题’，更多地了解另一个国家有什么不好？如果他们愿意投资，并教授我们他们的历史和文化，我们应该接受这一点”。兰斯戴尔补充说，美国同样投入“大量资源来传达我们的文化和我们的语言，以及我们在其他国家的生活方式”，“当然中国也会想要这样做”。他说：“我们应该放开国家的政治因素，去拥抱它的人民、它的历史和文化，并找到它的价值。”

西肯塔基大学孔子学院开展了许多活动，主要是通过提供汉语教师来为肯塔基州的 K-12 学校提供指导。兰斯戴尔说，该孔子学院的汉语教师数量将从今年的 45 人增加到明年的 55 人。

尽管国家汉办为该大楼的建设提供了200万美元，但兰斯戴尔表示，西肯塔基大学继续拥有并掌管该大楼。“它的一切都在这所大学的指导下，”他说，“一切都是我们的，只有我们自己来管理。”

然而，孔子学院大楼也引发校园内一些人士的批评。其中包括西肯塔基大学即将离任的学生会主席杰伊·托德·里奇（Jay Todd Richey）。里奇认为，美国大学教授协会批准的学术指导方针应该在孔子学院得到落实，包括教学材料的选择、教师的聘任以及公开协议等。“如果他们想得到校园里的优质资源，并且与我们大学的名字挂钩，他们应该遵守我们的规则。”里奇说。

来源文献：Aaron Mudd. Confucius Institute building continues to draw questions［EB/OL］. http://www.bgdailynews.com/news/confucius-institute-building-continues-to-draw-questions/article_6fa61727-3b06-58af-8c4f-171c5c349f16.html. 李桂春译，刘淑红校 .

第三节　舆情研究与话语分析

一、学者研究及其观点

与2016年相比，本年度学界关于孔子学院舆情研究的专题文章和学位论文数量略有减少。但基于新的媒体报道素材，学者们尝试采用多种研究视角、理论和方法，探究孔子学院面临的舆论环境、塑造的媒体形象以及社会公众对孔子学院的态度与认知，进而提出改善孔子学院传播的相关策略与建议。

主流媒体反映政府意志及公众态度，引导舆论走向，在塑造孔子学院形象方面扮演着重要角色。延续近几年的传统，基于英美主流媒体报道的研究依然是重点。刘程、曾丽华在《美国主流媒体孔子学院新闻报道的批评话语分析》一文中，以2004至2015年美国《纽约时报》《华尔街日报》《洛杉矶时报》《华盛顿邮报》《今日美国》五大主流媒体的118篇孔子学院新闻报道为样本，采用批评话语分析的方法，从汉语教学和文化传播、公共外交和软实力、孔子学院事件等方面进行分析，为孔子学院的跨文化传播提出参考建议。

在谈到汉语教学和文化传播时，作者发现，此类新闻的报道数量占报道总量的比例最低，但分布平均，中性和正面报道结合，且多为描述性新闻。其新闻标题直接表明了汉语在美国流行的现状，在这些新闻报道中以大量的数字来描述“汉语热”和孔子学院在美国的快速发展。此外，部分报道引述了孔子学院美方院长、美国官员、美国家长和学生等不同背景、不同角色但与孔子学院紧密相关者的话语，使新闻更具有可信性。有关报道显示，美国人支持和接受孔子学院和汉语的原因主要包括：中国经济的迅速发展，学习汉语具有实用性；美国学校自身需要创新，建立孔子学院既可以获得合作伙伴，又可以获得资金；美国家长希望自己的孩子以后具有全球竞争力，可以适应全球化环境。针对美国国内反对孔子学院的声音，也有人站出来客观地指出，孔子学院面临的一些问题并不是“孔子学院不好”，而是“对强有劲的竞争对手下意识的仇外心理”。

在论及公共外交和软实力方面，作者指出，美国媒体十分关注孔子学院的政治功能，报道力度最大，报道数量占了报道总量的近一半，但负面报道较多。很多新闻标题虽然没有涉及孔子学院，但都与国家软实力、外交和国家形象等有关，直接表达了整篇报道的主题。这些标题容易使受众先入为主，形成对中国及其软实力的刻板印象。某些报道甚至直接抹黑孔子学院，认为其“是中国对其他国家的入侵，是对美国人的‘洗脑’”，刻意引导舆论方向和受众思想。此外，美国主流媒体并不纯粹地报道孔子学院在公共外交和软实力以及国家形象方面的表现或作用，而是频繁地使用敏感词汇，过度联想到西藏问题、台湾问题、人权等政治事件，含沙射影，错误引导读者，以形成对中国及孔子学院的负面印象。很多新闻将孔子学院与中国形象片、领导人访美、奥运会等一同报道，认为它们是中国软实力和公共外交的表现。

从“孔子学院事件”报道来看，此类新闻以负面报道为主，少数新闻单纯报道事件本身，大部分新闻都在报道签证风波、美国芝加哥大学和宾夕法尼亚大学停办孔子学院等，同时均过度揣测事件的起因、孔子学院的性质，以及中国开办孔了学院的动机，甚至牵扯到中国政府和中国共产党等。作者指出，孔子学院遭到质疑的首要原因是它的政治性。孔子学院被很多人认为是宣传工具，最主要的原因是它由中国政府“控制”，不像英国文化委员会、歌德学院、法语联盟等其他国家的语言文化推广机构在体制上、管理上和经济上相对独立。此外，美国新闻中有不少关于中国投入孔子学院费用的报道，而且都列举了庞大的数字。一方面，这些数字使报道更具有“准确性”和“可信度”，能够吸引受众眼球，将受众注意力集中在这些庞大的数字上面；另一方面，通过巨大的数字，达到引导读者对孔子学院和中国政府产生质疑、警惕乃至反感的目的，引起受众的逆反心理。除了指责孔子学院的政治色彩外，部分媒体还指责孔子学院限制和威胁美国校园的学术自由，同样容易引导受众产生对中国的负面印象。

作者对美国主流媒体孔子学院新闻报道呈现上述特点的主要原因进行了分析：第一，冷战思维和非此即彼的二元对立思维，不断强化对华负面刻板印象；第二，种族中心主义和美国文化优越感；第三，以“中国崛起”为幌子树立“中国威胁论”；第四，对中国既合作又打压、合作少打压多的媒体战略。

如何面对国际舆论环境，改善孔子学院的海外形象，作者提出四条建议：一是减少中国政府对孔子学院的直接干预和介入，弱化孔子学院的政治色彩。政府由“台前”退居“幕后”，由主动推动变为政策引导；孔子学院由政府主导转为民间运作，创新孔子学院管理机制和运行模式。二是孔子学院总部/国家汉办应及时控制孔子学院的数量，转为内涵发展，提高质量，实现提质增效。三是孔子学院总部/国家汉办要建立完善的、多语种的孔子学院信息发布机制和稳定的发布渠道，成为海内外媒体的新闻源，及时发布权威信息，主动占领舆论高地，避免海外媒体的恶意揣测和不实报道；孔子学院要增强新闻传播意识和媒体沟通能力，学会主动设置议程引导舆论，相关信息主动公开透明，引导和帮助海内外媒体准确深入了解孔子学院，使其客观真实地报道孔子学院，避免误读误判；国内英文对外媒体要加大孔子学院的报道力度，使传播内容人性化、话语体系国际化、传播形式多样化、传播渠道多元化，避免“高高在上”“自说自话”。认清形势、统一认识，孔子学院中方工作人员和中国国内民众应该做好孔子学院“民间使者”的角色，助力传播孔子学院积极形象。最后，讲好中国故事、传播好中国声音，以公共外交的高度和姿态做好孔子学院工作。

来源文献：刘程，曾丽华．美国主流媒体孔子学院新闻报道的批评话语分析［J］．对外传播，2017（01）：76-78.

周丹将研究视野转向国内，同样采用批评话语分析的研究方法，对国内澎湃新闻“澎湃问吧”板块中，土耳其海峡大学孔子学院中方院长刘义与网友就孔子学院相关话题进行互动的话语进行了分析。该话题在澎湃问吧中引起网友大量关注和互动，民众积极发表对孔子学院的态度和看法，期间共有 452 个提问、339 个回复和 636 个赞。从刘义与网友互动的内容来看，国内民众对孔子学院的问题有浓厚的兴趣，但对孔子学院的职能和基本工作信息了解较少；由于孔子学院以孔子来命名，不少的网友顾名思义，看到孔子学院便将其与“孔子”“孔子学说”“孔教”等结合起来，产生误读；部分网友对孔子学院持负面看法，传递出对孔子学院的抵触情绪。

作者对民众对孔子学院产生误读的主要原因进行了简要分析：第一，国内新闻媒体对孔子学院的重视不够，国内民众了解孔子学院的渠道较少。有关孔子学院的报道大多是一些党报，较为亲民一些的晚报、都市报和地方媒体的报道较少。第二是孔子学院相关人员不接地气。孔子学院由国内高校和国外高校联合承办，且都在国外，给人一种“高高在上”的感觉，使得大家把孔子学院与政府、高层等联系起来，加剧了民众的误读。第三是国内民众对我国传统文化不自信。提到传统文化，部分民众非常陌生，认识不足，他们往往持一种批评和否定态度，对于文化大多一味“崇洋”。

作者最后总结指出，国内民众对孔子学院的质疑和误读是孔子学院快速发展过程中不可避免的问题，应该以平和的心态来看待。孔子学院也该进行相应的反思和调整。

来源文献：周丹．国内民众视野下孔子学院的话语分析——以“澎湃问吧”土耳其海峡大学孔子学院中方院长与网友的互动话语为例［J］．视听，2017（10）：124-125.

孔子学院形象建构与新闻媒体的塑造有很强的相关性。由于中西方历史、传统及意识形态的不同，中外新闻媒体在报道模式和报道特征上均存在较大差异。胡琛的硕士学位论文《中英主流媒体中“孔子学院”形象话语的对比研究》以 2006 年至 2016 年《人民日报》和《卫报》中有关“孔子学院”形象的相关报道为语料来源，以多元文化话语研究方法为理论框架，采用对比分析的方法，从话语主题、话语主体、话语风格、话语修辞等方面，对中英两国主流媒体有关孔子学院形象的话语行为进行剖析，考察中英两国对于孔子学院形象话语的构建方式及其差异。

研究发现，中英两国主流报纸报道的相似之处在于，两者均在整体上给予孔子学院肯定积极的评价，不同点主要体现在四个方面：一是话语主题方面，中国媒体话语主题构建相对单一，主要围绕介绍孔子学院在语言文化传播方面起到的积极作用，并给予孔子学院较高评价。英媒的话语主题侧重于孔子学院的整体形象，即孔子学院在给英国民众学习汉语带来便利的同时，也带来了学术自由的限制、文化入侵以及借此进行政治宣传等负面问题。二是话语主体方面，中国媒体主要关注中国政府、中方合作院校校方代表等官方话语，而英媒在关注官方话语的同时，也大量引用了媒体记者和专家学者的话语。三是在话语风格方面，中国媒体使用直接引语多于英国媒体，增强了报道的权威性和说服力。四是在话语修辞方面，中国媒体报道的标题中多以隐喻方式表述观点，更加生动形象地向读者展示孔子学院，而英国媒体的标题多采用反问和设问的修辞方法，可以加强语气，激发读者情感，加深读者印象。比如，《人民日报》多使用以下标题：“2012 中国文化的海外风景——孔子学院花开世界”“孔子学院，为世界捧出‘中国读本’”“‘汉语热’持续走高 ‘学孔子’供不应求　修建沟通中外的‘心灵高铁’”。《卫报》多使用以下标题：“孔子学院：文化或政治机构？‘不是宣传工具’”“慈善还是宣传？”“免费学校可行吗？”。

来源文献：胡琛．中英主流媒体中“孔子学院”形象话语的对比研究［D］．湘潭大学，2017.

自 2005 年非洲第一所孔子学院在肯尼亚成立以来，12 年间已在非洲 32

国诞生了46所孔子学院，非洲成为孔子学院发展最迅速、最具有活力的地区之一。然而，随着孔子学院的发展深入到非洲各国的教育、社会、文化等层面，一些深层次问题开始出现，发展也面临一系列挑战。南非开普敦大学孔子学院中方院长覃胜勇在《孔子学院在非洲》一文中，以非洲地区主流英文报纸、主要网络媒体，以及相关学术文献涉及孔子学院的357篇文章为研究对象，对孔子学院在非洲的舆论环境及未来发展进行了剖析研究。

作者指出，非洲地区的英文报纸及网络媒体上，孔子学院相关报道的数量不多，但呈逐年递增之势，持积极评价或中立报道的比例远高于持负面或消极评价的比例。这在一定程度上反映了孔子学院在非洲的正面形象。孔子学院在非洲的舆论环境整体向好，其价值主要体现在四个方面：促进中非文化交流，有利于中非经济交流，推动双方的政治互信，有利于非洲华人的民族认同与文化传承。

在促进中非文化交流方面，与欧洲和北美的许多大学有着悠久而成熟的汉学或中国研究传统不同，在非洲，大学生或普通民众对于中国的理解大多是通过西方媒体，而孔子学院则给许多当地民众提供了中国语言与文化的第一个甚至是唯一的经常性活动场域与交流平台。中国在非洲建设的孔子学院，以及提供国际企业管理学位或其他课程的中国大学，是许多非洲学生和年轻教授在文化和教育上的一个日渐重要的选项。非洲学生之所以愿意接受这些学习机会，是因为他们视其为事业提升的阶梯，而且相较于美国与英国，费用要低廉；同时他们认为体验一个崛起中大国内部运作的丰富经验，更具有深远的意义。他们乐意在可负担的范围内，倾其所有“换得”此种教育与文化的经验。

在有利于中非经济交流方面，非洲媒体认为，孔子学院的发展与汉语教学的推广，势必会给非洲带来更多的就业机会和商业机会，其对于非洲经济发展的实用价值和潜在价值不断提升。以津巴布韦为例，随着中国和该国经贸关系的发展，越来越多的人开始对中文感兴趣并希望学习中文。

在推动双方的政治互信方面，语言文化传播的另一个重要意义就是外交需要。如今，中国在几乎所有的全球性多边国际机构中都占有一席之地，越来越多的国家希望与中国建立稳定的外交关系。而汉语拥有全球第一大母语使用人口，以汉语语言文化交流为切入点的伙伴关系，具有坚实的民间基础。

在有利于非洲华人的民族认同与文化传承方面，非洲如今生活着上百万的中国移民，对于众多热爱祖国和家乡的海外华侨华人来说，学习华文、传承中华文化是一种民族自觉。与东南亚及欧美等华人较多、华文教育较为发达的地区不同，在非洲，当地华人通过学校系统接受华文教育的机会几乎为零。换言之，在非洲大陆发展孔子学院，有着重要的维系民族认同与文化传承的功能。孔子学院在与当地中国台湾承办的华文学校的竞争中，承担着维护国家统一与维系民族认同的重要功能。

正如一篇非洲报道所提及的，尽管中国的孔子学院不完美，但它给非洲提供了认识中国与促进中非合作的机会和资源，因此非常有价值。

文章指出，非洲的部分媒体也存在对孔子学院的质疑声音，比如在南非，由于当地长期受白人统治，意识形态与西方接近，孔子学院创立之初就受到外界的质疑与压力，甚至有学者怀疑孔子学院在海外窃取情报、技术及从事间谍活动。而西方主流媒体大肆宣扬中国“新殖民主义”“文化入侵”等，也影响了部分非洲媒体和普通民众。一些当地学者对孔子学院在非洲的发展及中国在非洲的影响表示了怀疑或批评，他们认为应优先发展非洲当地语言教学。南非斯泰伦博什大学中国研究中心执行主任罗斯认为，非洲国家不应该让中国政府来填补后殖民主义时代的教育真空，非洲国家迫切需要广泛地建立其自身独立的教育体系，其中也包括汉语教学能力。

作者发现，尽管孔子学院在南非发展相对顺利，但作为南非国际关系研究重镇的金山大学仍然不愿意建立孔子学院。金山大学的许多学者担心孔子学院会影响学校的教育，并影响其本身对于中非关系问题的价值判断。此外，在这类传统的南非白人大学，有些人戴着文化种族主义的“有色眼镜”在打量孔子学院，无视孔子学院在南非的良好生长态势。

文章认为，“难以融入当地”是由于中非文化交流不够，同时存在文化隔阂。南非主流媒体《邮政卫报》指出，在许多非洲孔子学院的管理与运作过程中，由于中非之间大学管理体系及教学方式上的差异，汉语教学并没有很好地融入当地大学的教学体系，从而导致了中外方之间的信任度不够以及管理上的问题，进而成为孔子学院可持续发展的一个障碍。

作者指出，未来非洲地区孔子学院的发展，应该结合和服务于中国政府的“一带一路”建设、中国产能“走出去”及其他对非援助计划，向项目所涉区域扩展。相应地，中国在欧美发达国家与非洲发展中国家展现软实力，也应该采取不同策略。在非洲，中国政府适宜通过孔子学院的发展来确保“一带一路”相关倡议的顺利实施，并构筑文化软实力优势。

来源文献：覃胜勇．孔子学院在非洲［EB/OL］. http://www.nfcmag.com/article/7270.html.

二、境内外媒体报道对比分析

2017 年度，境内外媒体报道与评论为海内外公众及时传递和反映了孔子学院各类活动、社会评价与舆论态度等。本节对境内外舆情从宏观到微观进行多层次的比较分析，进一步探究和剖析境内外媒体在报道孔子学院方面的差异，为推动孔子学院发展、改善孔子学院媒体传播提供借鉴与启示。

（一）境内外舆情特征

从报道规模看，境内外关于孔子学院的报道数量比约为 7∶1，境内报道量远远超过境外报道量。境外报道数量与孔子学院在海外的发展规模与速度不成正比，潜力尚待进一步挖掘。考虑到部分媒体报道的主题并非与孔子学院直接相关，而往往是在论述其他话题时顺带提及孔子学院，本报告将检索范围进一步扩大，以“孔子学院”为关键词进行全文检索，其他检索条件不变。经统计，境内报道共有 93 000 多篇，境外报道有 12 000 篇，差距依然十分明显，如图 5-31。进一步分析可发现，境内报道往往跟中国梦、“一带一路”、中国故事、汉语桥、人文交流、务实合作、传统文化、中国企业等话题相关，境外报道则大多跟汉语、大学、中国政府、影响、南海、美国、印度等话题相关。相比境内媒体的直接关注，境外媒体对孔子学院的分析和评论往往带有更加明显政治色彩。

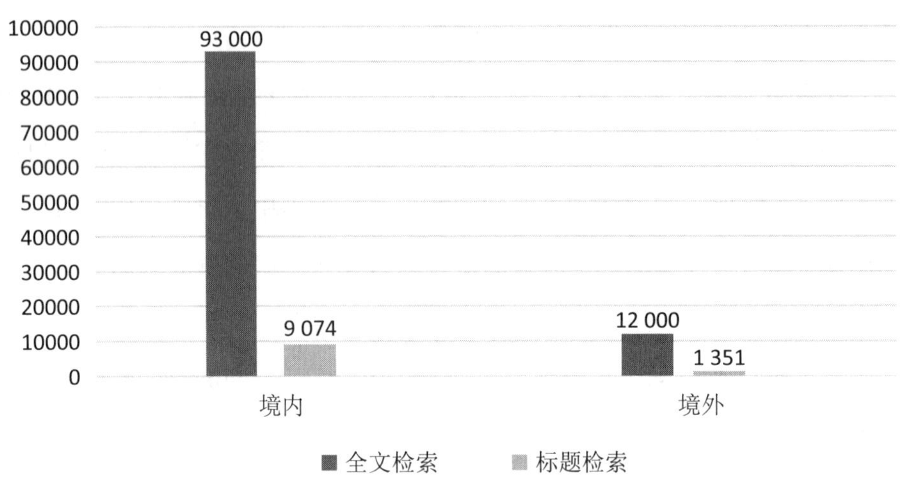

图 5-31 境内外媒体报道总量对比

从报道媒体看，境内媒体平均发文量在 10 篇以上，年报道量超过 100 篇的媒体有 20 家。境内主流媒体[①]对孔子学院关注度高，成为报道的主力军，发文量占全年报道总量的 39%。以中国网、新华网和人民网三大媒体为例，全年发文量近千篇。而且，境内主流媒体大多为原创性报道，充分发挥了对孔子学院报道的引领作用。境外参与报道的媒体数量多，但单个媒体新闻报道量很少，63% 的媒体仅有 1 篇新闻报道。境外中文媒体发文量最多的《亚太日报》有 59 篇，其中 57 篇转引自新华社等境内主流媒体，外文媒体发文量最多的泛非通讯社（AllAfrica.com）有 14 篇报道，均转自当地其他媒体。境外主流媒体发文量仅占报道总量的 5%，绝大部分报道来源于普通地方媒体，如图 5-32。这说明，境外地方媒体对孔子学院的关注程度高于主流媒体，这跟孔子学院在海外积极扎根当地发展，积极与当地学校、社区等开展各种合作，为地方媒体所在地带来变化有关。比如，西班牙卡斯蒂利亚拉曼查大学孔子学院于 2017 年 4 月揭牌成立，当地媒体 La Cerca 于 2 月份就开始对孔院成立筹备进行报道，接着又对孔院成立、开展汉语教学和文化活动、促进商业合作、参加孔子学院大会等进行了持续的跟踪报道，全年报道数量超过 10 篇。

① 包含中央重点新闻网站和全国互联网综合门户网站。

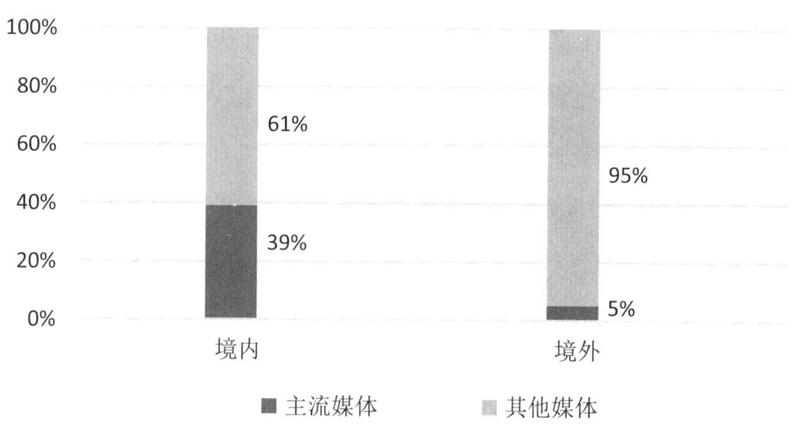

图 5-32 境内外媒体类型占比对比

境内外大学是孔子学院办学的主体，大学媒体也在报道孔子学院方面发挥了积极作用。作为海外孔子学院的合作方，境内高校对所承建的孔子学院的相关事件都给予了一定程度的关注。以中国人民大学为例，该校共承办 13 所海外孔子学院，2017 年共有 68 篇新闻报道，报道内容集中于各个孔院的精彩活动、校领导出访孔子学院、中方院长工作会议等。天津科技大学对其合建的泰国易三仓大学孔子学院有 25 篇报道。境外高校对其孔子学院的关注度也渐渐随着孔子学院规模的扩大有所增加。比如，南非《德班理工大学校报》对其承办的孔子学院共有 5 篇新闻报道，内容有孔院举办的新年音乐会、参加非洲孔子学院联席会议、国际文化盛会上展示中国文化、主办中非发展合作研讨会、联合举办联欢晚会等。

从报道内容看，境内外报道都以孔子学院日常活动的消息事件类新闻为主，且多为中性和正面报道。对于孔子学院相关的重要活动，境内通常被主流媒体优先报道，由地方性媒体进行转载；而境外则是以当地地方媒体报道居多。以 2017 年成立的德国奥迪英戈尔施塔特孔子学院为例，境内多家主流媒体都对其揭牌仪式进行了报道，如新华网、国际在线、中国新闻网等；而在境外则主要被德国媒体广泛报道，如德国的杂志 *Focus Online* 和英戈尔施塔特地方媒体 *Donaukurier*。此外，境内外报道中观点评论类文章均占比较低，境内此类报道文章的话题往往围绕孔子学院的发展和带来的好处展开，以中性和正面情感倾向为主；而境外部分媒体除了客观的评价外，有些媒体直接抹黑孔子学院，此类报道标题多含有“批评”“调查”“问题”“抗议”“关闭”“警惕”等字眼，刻意渲染孔子学院的政治性。

另外，境内外媒体的关注重点也有所不同。例如，2017 年 12 月，境内媒体对“第十二届孔子学院大会”给予了极大的关注，境外媒体的报道则比较少。而 2017 年 2 月的“韩国法务部未发孔子学院部分教师签证”事件却同时引起了境内外媒体的关注。

（二）“韩国签证事件”话语分析

事件背景：2016 年 12 月底，韩国法务部出入境管理事务所拒绝为部分孔子学院中国籍教师签发或延期 E-2 签证。此事经过短暂发酵后，在 2017 年 2 月得到广泛报道，境内外双方均对此事予以高度关注。有不少媒体将此事件与此前韩国政府宣布部署“萨德”系统、中国游客赴韩旅游减少和所谓的“限韩令”联系在一起。

为了更好地呈现境内外媒体报道的差异，报告运用批评话语分析的方法，选取境内外各十篇关于此事的典型新闻报道，分为标题和内容两个部分，对这一引起境内外共同关注的事件进行进一步的分析研究。

1. 新闻标题分析

新闻标题，是在新闻报道主体之前对新闻内容加以概括或评价的简短文字[①]。根据梵迪克的说法，标题起着概述的作用，是对新闻内容的高度浓缩。大多数读者会根据新闻标题初步构建对新闻事件的印象，新闻标题也一定程度上体现了媒体的新闻动机。

境内选取的十篇新闻报道均来自中央重点新闻网站或全国互联网综合门户网站。标题所体现的新闻主题基本一致，而框架结构和修辞手法存在一定差异。

在这十篇报道中，绝大多数标题（部分或整体的）都描述了既定的事实，

---

①张浩．新编当代传媒写作大全［M］．北京：北京工业大学出版社，2016：66.

为读者构建了一个包含韩国、孔子学院、教师和拒签的“语境”（“韩国法务部未发孔子学院部分教师签证”），将读者的认知过程缩短，使读者能够快速理解信息。基于新闻求真求实的特点，境内媒体强调客观性，这也是一般新闻语篇所具备的基本特点。

而除了描述既定事实外，部分标题则直接引用了当事人或权威机构的话，这一方面增加了相关新闻的真实性和权威性，增强了说服力，另一方面增强了叙事感，对新闻内容进行了高度概括。如：

韩国法务部未发孔子学院部分教师签证称别无他意（澎湃新闻网）

韩方未给境内孔子学院部分教师办签证：依法办事（环球网）

韩国未发孔子学院部分教师签证引争议 韩法务部：别无他意（人民网手机版）

另外，有两则标题采用了问句的形式，引起悬念，激发读者对语境的期待。而被动语态的运用，则暗指中方和孔子学院在此事的“被动性”和“无奈感”，暗含对韩国的不满。如：

韩国孔子学院中国籍教师被拒签：中方限韩令加码，韩国开始反击？（新浪博客）

是反制中国借口还是其他？韩法务部就孔子学院签证被拒做出回应（《第一财经日报》）

此外，这十则新闻标题的话语主体分别为“韩国”“韩国法务部”或“中方”“外交部”。采用官方或权威人士及机构的话语，一方面使相关新闻的真实性和权威性得到保证，另一方面，也突显了中韩双方政府对此事的关注。如：

外交部回应“韩方暂停向孔子学院教师发放签证”（中新网）

韩国政府就“孔子学院教师签证被拒”一事做出解释（网易新闻）

韩媒称韩方暂停向孔子学院教师发放签证 中方回应（中国网）

大部分新闻标题在对事件过程有了大致的描述后，紧接着又着重强调“韩法务部称别无他意”“韩国政府（……）做出解释”等结果性话语，体现了新闻标题话语向受众传达“正能量”的社会心理。并且在对“限韩令”等敏感话语的运用上，或采用疑问的句式，或使用“或”这一推测性修辞手法，使新闻标题具有客观性。显然，从把关人及受众的角度，境内媒体更想呈现的是正面的、积极的新闻，而不是一味地负面报道。

在境外的十篇新闻中，发布相关报道的主要是中国港台地区、日韩及境外其他国家和地区的华人媒体，欧美地区对此事件的报道较少。相关报道信源主要来自于韩联社及法新社。境外发文媒体的来源一方面体现了“韩国法务部未发孔子学院部分教师签证”这一事件的区域性特征，除了亚洲地区的媒体和海外华人媒体，世界主流媒体对此事鲜有人关注；另一方面，对信源的选择也体现了境外媒体态度立场的倾向性。

十篇境外报道主要为简体中文、繁体中文、日语、韩语和英语（报告对日语和韩语进行了翻译）。与境内部分相同的是，绝大多数标题描述了“韩国法务部未发孔子学院部分教师签证”这一客观事实。如：

韩停向孔子学院中国教师发签证（中国香港苹果新闻）

韩法务部未给境内孔子学院部分教师办签证引关注（韩国韩联社）

与境内部分有显著差异的是，境外新闻标题不再引用当事人或权威机构的话语，而是转为运用间接引语、问句等形式突出主题，强调所想传达的信息及表达的立场主张。如：

THAAD：韩国法务部拒绝向孔子学院部分教师发放签证（韩国《朝鲜日报》）

South Korea ‘suspends visas’ for Chinese teachers at Confucius Institutes（中国香港《南华早报》）

反击限韩令？韩未发孔子学院教师签证引关注（中国台湾《中时电子报》）

萨德惩罚战？韩国停发放孔子学院教师签证（加拿大多维新闻）

“THAAD”（萨德）和“suspends visas”（暂停签证）通过标点符号，直接突显了这两个词语在标题中的重要地位。而“反击限韩令”和“萨德惩罚战”以设问的语气放在句首，之后却没有对问题进行相关解释。和境内新闻标题相对比可以发现，境外标题的语气更强烈，更具有倾向性，并且有一定误导作用。

从话语主体上看，大部分境外新闻标题同部分境内标题一样突显“韩国”“法务部”等官方话语，而其中有两则标题并没有明确指出话语主体。如：

中韩交恶相互报复　孔子学院教师未获签证（马来西亚《南洋商报》）

不满北京借萨德报复　韩国“孔子学院”成反华怒气排泄口（中国台湾《民报》）

对话语主体的模糊化处理体现了相关新闻报道强烈的个人感情色彩，缺少必要的客观性和真实性。

值得注意的是，这十篇境外媒体报道的标题中，除一篇日媒引用中国媒体的报道外，均没有出现韩国“别无他意”“做出解释”等结果性话语。而日媒在标题上突出“中国媒体”，也不排除隐喻“中国媒体强调韩国政府别无他意”这一思路。但是，境外媒体在标题中多强调“限韩令”“萨德”的影响，运用“反击”“报复”“惩罚”“交恶”等感情色彩强烈的词汇，让读者先入为主地对这一事件有了负面印象。如：

孔子学院教师的签证被拒 韩国政府解释“别无他意”——中国媒体报道（日本 livedoor）

韩国反击中国“禁韩令”：停止为孔子学院教师提供签证（新加坡南洋视界）

反击限韩令？韩未发孔子学院教师签证引关注（中国台湾《中时电子报》）

萨德惩罚战？韩国停发放孔子学院教师签证（加拿大多维新闻）

中韩交恶相互报复 孔子学院教师未获签证（马来西亚《南洋商报》）

与境内新闻标题相对客观和相对积极的写作倾向比较，部分境外媒体在报道这一事件的时候，有意识地偏向韩国方面，甚至“唯恐天下不乱”。

2. 新闻内容分析

新闻报道的常规形式大致可分为五个范畴：一是概述，即新闻标题和新闻导语；二是情节，即语境中的主要事件和背景；三是后果，即重要事件发生之后的行动及事件；四是口头反应，即新闻事件的重要参与人或显要的政治人物就事件发表的评论；五是媒体自身的评论。

在境内的十篇新闻报道中，新闻报道的内容基本都是以“概述（导语）——主要事件——后果——口头反应”的方式展开，约四成没有进行背景介绍，几乎所有的报道都没有媒体的评价预测。如：

据新加坡《联合早报》2月1日援引韩联社报道称，韩国几所高校近日透露，韩国法务部出入境管理事务所2016年年末拒绝为部分孔子学院中国籍教师签发或延长E-2签证，此事引发各方关注。

韩联社报道，首都圈某高校2016年11月为已在该校孔子学院工作5年多的中国籍副院长申请E-2签证延期一年，但韩国法务部出入境管理事务所以雇佣关系及工资发放体系不符合E-2签证签发标准为由，将签证有效期仅延长两个月，迫使该院长上月回国。由于现有5名中国籍教师的签证有效期即将届满，A大学最近还为5名新任教师申请E-2签证，但都未办妥。

韩国法务部对此解释说，2016年8至9月出入境管理事务所发现境内孔子学院聘用的中国籍教师与中方签劳动合同，且由中方向他们发放工资，这不符合E–2签证发放标准，因此依法办事未延长或签发部分签证，除此之外别无他意。

在概述部分（主要是导语部分），通过援引信源的报道，对报道的主要内容进行了提纲挈领的概括；在主要事件部分，加入较多的细节描述，使读者对新闻事件有了深入的了解；在后果部分，附上事件的结果影响，如“迫使院长上月回国”等；最后在口头反应部分，引用“韩国法务部”的解释，强调事件原因及“别无他意”。

此外，在此基本新闻结构的基础上，部分媒体的报道也体现了自身的媒体特征。人民网手机版（值得注意的是人民网和新华网均未专门报道此起事件），在主要事件之前加入了背景描述，写明“中国第一所海外孔子学院在韩国首尔建立”。澎湃新闻网则对此事件有了进一步的背景及影响研究，在主要事件之前点明“2016年7月，韩国政府宣布部署‘萨德’系统，使得中韩关系遭受影响”；“最近，韩国媒体又开始集中报道‘限韩令’阴影笼罩韩国娱乐和文化艺术圈”等事件，并附上中国外交部发言人耿爽此前对“限韩令”一事的明确回复。这些一方面强调了“签证”事件引发争议的相关背景，另一方面也通过引述官方话语，打破了外界的相关猜测。最后，由“韩国法务部未发孔子学院部分教师签证”这一事件，又引申到中韩关系、韩美关系上，扩大了此事件的政治影响。对此事件的报道，体现了澎湃新闻网专注于时政与思想的媒体特征。而《第一财经日报》则综合其他媒体消息，结合自身的深入分析，对此事件开展了进一步的跟踪报道。如对整体事件的相关背景进行了深入的介绍说明（对韩国《出入境管理法》的 E-2 签证进行详细介绍），并通过对相关当事人的采访，增添了事件的可靠性和叙事性（“另一所拥有孔子学院的韩国高校的负责人则向《第一财经日报》记者表示，其所在的高校孔子学院的中国籍教师的签证也即将面临到期，而此刻政府突然宣布‘停止签发 E-2 签证’的政策，着实令人慌张”）。为了进一步跟踪此事件，记者又“试图与负责发放签证的韩国法务部发言人取得联系”，“随后，法务部发言人回复记者的邮件，对此事做出了解释”，最终此次事件有了明确的结果。关于“外交部回应‘韩方暂停向孔子学院教师发放签证’”这一新闻，各大媒体分别直接或间接地引述了外交部发言人陆慷针对此事件的官方话语，增加了新闻的权威性和可信性。

总体来看，境内新闻对于此新闻事件的措辞较为严谨，词汇书面化、官方化，多引相关人士、机构或信源的原文，鲜少有媒体自身的评价和带有主观色彩的语句。对于相关背景事件的介绍及延伸，多进行相关信息的罗列，并没有进行进一步的分析和评价。

境内新闻在对“韩国法务部未发孔子学院部分教师签证”这一新闻的报道在宏观结构上呈现出较为模式化的特征，即突出显要信息，主要事件紧接着导语之后展开，随后注明事件的结果影响，最后引用官方或权威机构的口头反应作为结尾，定下整起事件的新闻基调。而个别媒体对于相关背景、影响的引申，则体现了不同媒体机构的态度立场和媒体风格。

综合分析境外的十篇新闻报道发现，引用“韩联社”信源的媒体报道，与境内新闻框架及内容大体相同，而引用“法新社”信源的媒体报道，除了以强调背景叙述和引述他人言语为特点的新闻报道框架外，还体现出明显的认知模式和意识形态特征。基于此，报告重点分析了发表于《南华早报》的来自法新社的英文报道 *South Korea ‘Suspends Visas’ for Chinese Teachers at Confucius Institutes*。

整体来看，《南华早报》的这篇新闻报道也基本遵循了新闻报道的基本框架，以“概述——背景——主要事件——口头反应”的方式展开。

在导语部分，与境内媒体普遍采用概述新闻内容的方式不同，此篇报道开篇便引述相关权威人士话语，强调这些“被中国政府聘用并支付薪酬的教师”，违反了韩国的相关规定。对“中国政府”和“违反规定”的强调，一方面隐喻了这些中国教师的政府背景，另一方面暗指过错在于中方，给读者塑造出一个“由中国政府操控的”“违反规定”的孔子学院教师形象。

The teachers have been formally employed and paid by the Chinese government, in violation of rules that require visa holders to be hired and paid by South Korean employers, official says.

在情节的描述上，与境内报道直接叙述主要事件或简要概述背景不同，此篇报道直接将韩国停止向孔子学院的中国教师颁发签证的原因与“萨德”的部署问题联系在一起。其话语带有很强的主观性，极易误导受众。

South Korea has stopped issuing new visas or renewals for Chinese teachers at Beijing’s Confucius Institutes in the country, an official and a report said Wednesday, with tensions growing over a controversial US missile system.

此篇报道着重墨描写孔子学院的背景问题，其话语修辞具有鲜明特征。首先，通过数字抓人眼球，隐喻孔子学院数量规模庞大（Hundreds of Confucius Institutes around the world、22 Confucius Institutes in South Korea[①]）。其次，将孔子学院与软实力战略、学术自由问题联系在一起，使用敏感词汇，刻意引导舆论方向，使受众先入为主，形成对中国及其软实力的刻板印象（as part of Beijing’s soft power strategy、controversy over issues of academic freedom）。另外，在描述孔子学院时，又多以“国营”“中国政府”等词语修饰，突显孔子学院的政府背景及官方色彩（The state-run network...）。

在口头反应部分，此篇报道引用了大量相关人士的话语去佐证“签证事件”的真实性，还原事件细节，做出事件评价。整体上新闻叙述比较客观，但叙述角度单一，没有对中方相关人士进行访问。值得注意的是，所有参与例证的相关人物均没有指明具体身份，都以 An official、Analysts 代称，甚至匿名（the

① 根据《孔子学院年度发展报告》，截至 2017 年底，韩国共有 23 所孔子学院。

official said on condition of anonymity、An unnamed ministry official）。

在其中一位匿名官员解释韩国此举“别无他意”后，此篇新闻并没有结束报道，反而使用“However”，以强烈的转折语气将此次事件与美国总统特朗普的新任国防部长访韩联系到一起，暗示韩国此举并不是“别无他意”。

境内也有部分媒体报道了韩美防长会谈及中韩的紧张局势，然而《南华早报》这篇报道以强烈的修辞手法和措辞将两起事件更紧密地联系到一起，政治意识突出。

此外，境内媒体对于此事件的后续行动均有进一步的报道（如韩国法务部对此事的完整解释和解决方法，中国外交部的回应等），而境外媒体对这些事的报道较少，也体现出境外媒体的立场倾向特征。

综上分析，首先在信源的选择上境内外媒体体现出了不同的倾向性，境内媒体主要是以韩联社较为客观的报道为基础，并据此做进一步的报道延伸；而境外媒体除了部分引用韩联社和中国媒体的报道外，许多都参考了法新社的新闻并进行了综合报道。其次在新闻框架结构上，部分境内新闻没有对事件背景进行描述，而境外报道则非常注重此次事件跟“萨德”“限韩令”及孔子学院相关背景事件的联系。再次，境内新闻的报道多引用他人话语、媒体报道来接近事实真相，用词较为严谨客观，以描述性话语为主；而境外媒体只采用单方面叙述角度，话语空间偏颇一方，多使用转折、隐喻等修辞手法，新闻话语缺乏客观性，带有一定感情偏向和意识形态色彩。

| 第六章 |

案例研究：英国孔子学院

本章内容主要关注英国孔子学院的建设与发展经验，内容分为五个部分：英国孔子学院概况、孔子学院与大学合作、孔子学院与基础教育、孔子学院与政府合作，以及英国的特色孔子学院。

“英国孔子学院概况”介绍了英国孔子学院的建设与发展状况，尤其是英国孔子学院所呈现的国别化特征、面临的机遇与挑战，并从自身建设和外部适应方面提出建议。“孔子学院与大学合作”从孔子学院与承办院校之间的办学理念、教育体制、中外学者学生交流和社会服务四个方面分析英国孔子学院与大学合作的状况，并围绕孔子学院融入大学的有利条件与困难，以及今后孔子学院如何更好地融入大学展开论述。“孔子学院与基础教育”透过汉语教学、文化活动、教学资源、师资培训四个方面的案例，呈现英国孔子学院（课堂）对英国基础教育体系中汉语教学的影响，特别关注了今后发展中不同教育阶段的汉语教学能力衔接问题，以及制约英国基础教育领域汉语教学发展的相关因素。“孔子学院与政府合作”透过孔子学院与中英两国政府在外交、文教、经贸科技、人文交流等领域开展的全方位合作案例，呈现孔子学院所发挥的综合文化交流平台的作用。以此为基础，总结了孔子学院参与政府合作的特点，分析了英国孔子学院在推动中英两国政府合作中发挥的作用，并提出相关建议。“英国的特色孔子学院”通过分析四种不同类型的特色孔子学院（中医、商务、出版和舞蹈表演孔子学院）代表性案例，总结了特色孔子学院的功能，分析了特色孔子学院产生的原因，探讨了今后在办学定位与质量上的发展方向。

英国孔子学院案例具有一定的代表性和影响力。本章所选案例侧重点不同、代表性不一，有的是机构，有的是人物，有的是项目，以求见微知著，彰显孔子学院的建设理念与实践经验。在尊重事实的基础上，加强案例的内涵分析，探索普遍规律，寻求影响扩散，挖掘英国孔子学院的社会功能与作用。一方面可以为孔子学院实践提供借鉴与参考，另一方面也希望从中提炼出孔子学院研究中的某些焦点和关键问题，为理论研究提供实践样本，为读者理解和加深孔子学院的认知提供更加直观的认识和蓝本。

第一节　英国孔子学院概况

截至 2018 年 6 月，英国共设立了 29 所孔子学院，其中，20 所孔子学院集中在英格兰地区，北爱尔兰地区的孔子学院数量最少，仅有 1 所孔子学院。伦敦孔子学院是最早成立的孔子学院，2005 年启动运行；考文垂大学孔子学院是最新成立的孔子学院，2016 年启动运行。此外，英国各地中小学还建立了 156 所孔子课堂。英国孔子学院和孔子课堂的数量均居欧洲之首。[①] 如表 6-1。

表 6-1　英国孔子学院基本信息

	孔子学院名称	所在城市	国外承办机构	国内合作机构
1	伦敦孔子学院	伦敦	伦敦大学亚非学院	北京外国语大学
2	曼彻斯特大学孔子学院	曼彻斯特	曼彻斯特大学	北京师范大学
3	爱丁堡大学苏格兰孔子学院	爱丁堡	爱丁堡大学	复旦大学
4	伦敦商务孔子学院	伦敦	伦敦政治经济学院、汇丰银行、渣打银行、德勤会计事务所、太古集团、英国石油公司	清华大学
5	谢菲尔德大学孔子学院	谢菲尔德	谢菲尔德大学	北京语言大学、南京大学
6	伦敦大学学院教育学院孔子学院	伦敦	伦敦大学学院教育学院	北京大学

① 数据来源：根据孔子学院总部/国家汉办网站“全球孔子学院（课堂）”相关内容整理。

（续表）

	孔子学院名称	所在城市	国外承办机构	国内合作机构
7	威尔士三一圣大卫大学孔子学院	兰彼得	威尔士三一圣大卫大学	北京联合大学
8	卡迪夫大学孔子学院	卡迪夫	卡迪夫大学	厦门大学
9	伦敦中医孔子学院	伦敦	南岸大学	黑龙江中医药大学、哈尔滨师范大学
10	诺丁汉大学孔子学院	诺丁汉	诺丁汉大学	复旦大学
11	兰开夏中央大学孔子学院	佩斯顿	兰开夏中央大学	北京第二外国语大学
12	利物浦大学孔子学院	利物浦	利物浦大学	西安交通大学
13	苏格兰中小学孔子学院	苏格兰	苏格兰国家语言中心	天津市教委
14	兰卡斯特大学孔子学院	兰卡斯特	兰卡斯特大学	华南理工大学
15	格拉斯哥大学孔子学院	格拉斯哥	格拉斯哥大学	南开大学
16	南安普顿大学孔子学院	南安普顿	南安普顿大学	厦门大学
17	奥斯特大学孔子学院	贝尔法斯特	奥斯特大学	湖北师范大学
18	伦敦大学金史密斯舞蹈与表演孔子学院	伦敦	伦敦大学金史密斯学院	北京舞蹈学院
19	纽卡斯尔大学孔子学院	纽卡斯尔	纽卡斯尔大学	厦门大学
20	班戈大学孔子学院	班戈	班戈大学	中国政法大学
22	利兹大学商务孔子学院	利兹	利兹大学	对外经济贸易大学
22	阿伯丁大学孔子学院	阿伯丁	阿伯丁大学	武汉大学
23	知山大学孔子学院	奥姆斯科克	知山大学	重庆师范大学
24	德蒙福特大学孔子学院	莱斯特	德蒙福特大学	北京科技大学
25	赫瑞瓦特大学苏格兰商务与交流孔子学院	爱丁堡	赫瑞瓦特大学	天津财经大学
26	伦敦玛丽女王大学孔子学院	伦敦	伦敦玛丽女王大学	上海财经大学
27	牛津布鲁克斯大学孔子学院	牛津	牛津布鲁克斯大学	外语教学与研究出版社
28	赫尔大学孔子学院	赫尔	赫尔大学	天津师范大学
29	考文垂大学孔子学院	考文垂	考文垂大学	江西财经大学

与其他国家相比，英国孔子学院表现出明显的特征：首先，在基础教育方面，孔子课堂数量居全球前列，在推动英国中小学汉语教学的发展方面发挥了

积极作用；其次，在政府合作方面，中英两国政府与孔子学院之间形成了良性互动和循环；再次，在特色孔子学院方面，以中医、商务、出版、舞蹈等为主题的孔子学院占比较高；最后，在大学互动方面，英国孔子学院积极推动中英大学合作建立汉语专业及学分课程，实现与所在大学的资源合理配置和共享，努力推动孔子学院（课堂）融入大学。

据《英国发展报告（2016—2017）》[①]介绍，从2005年英国第一所孔子学院开设以来，孔子学院在英国采取的就不是传播中华文化和汉语教学的单一模式，而是力求结合自身实际和现实需求发展出自己的特色，比如以商务为特色的伦敦商务孔子学院、利兹大学商务孔子学院、赫瑞瓦特大学苏格兰商务与交流孔子学院，以中医药为特色的伦敦中医孔子学院，全球第一所以舞蹈和表演艺术为特色的伦敦大学金史密斯舞蹈与表演孔子学院，全球首家以专著出版和新媒体为特色的牛津布鲁克斯大学孔子学院等，更具专业性和侧重性，内容也更加多元化。该报告总结了孔子学院在英国多元化新发展的五个显著特点：

第一，英国孔子学院的合作共建单位由早期的以中英高校为主，逐步发展为高校、银行、会计事务所、商业企业、政府机构、出版社等多元化机构的联合。例如，英国第一所商务特色的孔子学院——伦敦商务孔子学院，其国外承办机构就包括伦敦政治经济学院、汇丰银行、渣打银行、德勤会计师事务所、太古集团、英国石油公司等多个不同性质的机构。

第二，英国孔子学院的资金来源渠道更趋多样化。除中国政府提供的资金外，鼓励和吸引国内外的各种社会力量，如个人、企业、基金会等民间和商业资金加入，拓展合作模式，推广商业合作，推动孔子学院健康持续发展。例如，牛津布鲁克斯大学孔子学院作为世界范围内第一所由英国高校与中国出版机构合作开设的孔子学院，其在筹备开办之初就计划以商业化模式运营，而不是仅依赖中国政府的资金支持。

第三，孔子学院在英国的地区分布，最初多集中于伦敦和英国中东部地区，逐渐扩大到英国其他地区，更加注重各地区的合理布局，影响力得到进一步扩

① 王展鹏. 英国发展报告（2016—2017）［M］. 北京：社会科学文献出版社，2017：307-309.

大，如2016年揭牌成立的第一所位于英国亨伯地区的孔子学院——英国赫尔大学孔子学院，以及第一所位于英国中西部地区的孔子学院——英国考文垂大学孔子学院。孔子学院在英国地区分布的不断扩大也体现出英国政府、大学和公众日益增长的对汉语的需求以及开设孔子学院的热情。

第四，孔子学院在英国的运行机制更加健全，区域与国别协作得到进一步加强。2016年9月20日在英国格拉斯哥大学召开的英国及爱尔兰孔子学院联席会议，以及2017年9月6日在英国诺丁汉大学召开的全英孔子学院院长圆桌论坛等相关会议机制的建立、发展和逐步完善，为英国孔子学院之间在汉语教学、院企合作、财政和人员管理等方面提供了一个交流经验、资源共享、互相学习借鉴的平台，对于促进孔子学院在英国的持续健康发展具有十分积极的意义。

第五，英国孔子学院在开展丰富多彩的教学和文化活动的同时，充分利用自身特点和优势，与英国政府、企业、行业协会等机构组织在汉语教学、经济贸易、科技人文等多个领域的合作交流都得到了加强和深化，并积极服务于所在地区的公众需求，服务能力和水平得到了提高，进一步扩大了孔子学院在英国的影响力。例如，在汉语教学方面，英国政府为伦敦大学学院教育学院（UCL-IOE）孔子学院承办的“中文培优项目”（Mandarin Excellence Programme）投入1 000万英镑，用于培养熟练掌握中文的中学生。

总体上看，孔子学院在英国发展情况良好，办学规模稳步发展，办学质量不断提升，办学特色日渐突出。自2007年开始评选全球先进孔子学院以来，英国孔子学院在“全球先进孔子学院”数量上位居前列，其中，2010至2017年间英国孔子学院共获得13次“先进孔子学院”称号。特别是在孔子学院总部公布的首批15所“全球示范孔子学院”中英国就有4所，分别是伦敦商务孔子学院、爱丁堡大学苏格兰孔子学院、伦敦中医孔子学院、诺丁汉大学孔子学院，占比高达26.7%。

英国孔子学院不仅在业内脱颖而出，也获得了中英两国政府和教育界的高度认可。2016年9月16日，孔子学院总部驻英国首席代表、英国汉语考试委员会主任陈同度、孔子学院中方合作院校湖北师范大学党委书记向显智，一同获得了北爱尔兰政府颁发的“特殊贡献奖”，成为第一次获得此奖项的中国人。几乎与此同时，英国伦敦南岸大学校长、伦敦中医孔子学院理事长大卫·菲尼克斯（David Phenix）荣获中国政府颁发的“友谊奖”。该奖用以表彰菲尼克斯为孔子学院在英国的建设和发展所取得的优异成绩做出的卓越贡献。2017 年 1 月 25 日，在英国教育界享有重要地位的“高等学院大奖”（Higher Education Academy Awards）将“优秀教学合作奖”（Collaborative Award for Teaching Excellence）授予英国赫尔大学孔子学院和赫尔大学的合作项目“Chinese Whispers”，以表彰该项目在教学中的优秀协作和创新实践。

英国孔子学院（课堂）之所以能够走在欧洲前列，得益于其悠久的汉语教学和研究历史，以及良好的外部环境。

英国悠久的汉语教学和研究传统为孔子学院的发展奠定了良好的基础，也为汉语教学的社会需求做好了铺垫。《世界汉语教学概况》[①] 总结了英国汉语教学和研究的历史。英国汉语教学是从 19 世纪后半期威妥玛（Thomas F. Wade）和理雅各（James Legge）先后在大学里讲授汉语时开始的。威妥玛是剑桥大学最早的汉语教授，他所拟定的罗马字拼音方案，至今在英国和世界还有影响。理雅各是牛津大学最早的汉语教授。他们在英国开创了汉语教学和研究工作。英国伦敦大学亚非学院在汉语教学领域贡献突出，早在 1924 年中国著名作家老舍就曾在该校教过现代汉语。第二次世界大战期间，随着“东方学”研究的加强，牛津、剑桥等著名大学的汉语教学也得到发展。

中英建交以后，英国的汉语教学进入一个新的发展阶段。英国有牛津大学、剑桥大学、爱丁堡大学、利兹大学、达勒姆大学、中伦敦科技大学等七所高等学府设置了东亚语文系、远东系或中文系。名称虽然不一，但汉语教学都是必不可少的。1976 年，英国成立英国汉学家学会，该学会每年举办一次年会。如今英国汉学家跟西方汉学家一样，把研究的兴趣从历史的中国转移到当代中国。

除了深厚的历史积淀，良好的外部环境和社会基础也为英国孔子学院的发展提供了重要机遇。随着经济全球化的深度发展，中国和世界的互动越来越

---

① 北京语言学院世界汉语教学交流中心信息资料部 . 世界汉语教学概况［M］. 北京：国际文化出版公司，1991：23-29.

紧密，中国的发展离不开世界，世界的发展也越来越离不开中国，和中国打交道则成了一个必然选择。任何一个国家都不愿意忽略中国所拥有的巨大市场和国际影响力。可以预期的是，中国在未来很长一段时间内都还会保持中高速增长，还会继续成为全球经济的重要“引擎”。中国经济持续发展的前景是值得期待的。[①]

随着中国经济的发展，越来越多的英国人认识到汉语的重要性，有些人甚至把它看作“全球性战略语言”或“明日语言”。近来汉语已成为英国最热门的外语之一。据英国媒体报道，英国广播公司（BBC）将在电视上播出汉语教学动画片节目，教授4至6岁的孩子学习汉语。

汉语教学受到普遍关注的一个突出表现是，越来越多的英国学校开设了汉语课程。汉语是英国各类学校中“现代外语”课程中的主要候选语言之一。根据英国文化委员会的统计，英国有500所中小学开设了汉语课程，其中大多数学校把汉语作为选修课，也有一部分学校已经把汉语作为必修课来对待。2009至2010年间，英国有9所高校开设中文课程，85所大学开设与中文相关的课程。[②]

2017年英国文化委员会公布的一项对上千名英国家长的问卷调查结果再次印证了这一现象。该项调查结果显示，中文被英国家长选为“未来最有用”的语言，51%的家长表示希望自己的孩子能学习中文。该组织2017年1月发布的“英国语言学习”报告也指出，加强中文学习有利于学生在未来职业规划中和世界接轨。

伴随中英两国关系的不断深入，尤其在人文交流和教育合作领域，学生交流规模不断扩大，教育合作项目富有成效，语言教学合作持续发展，教育政策交流机制化。“近年来中英两国在高级别人文交流机制建设上取得了诸多重要进展，两国高等教育合作是其中的亮点之一。”中国学生赴英学习、两国合作办学机制的深化促进了中英两国在专业人才培养方面的合作，也有力地推动

---

①张新峰.英国娃娃“疯狂”学中文说明啥？［EB/OL］. http://pinglun.eastday.com/p/20151104/u1ai9088733.html.

②教育部语言文字信息管理司.世界语言生活状况（2016）［M］.北京：商务印书馆，2016：22.

了中英文明互鉴的发展。孔子学院增进了英国青年对中国传统文化和当代中国的了解，在消除误解和偏见方面发挥了重要作用。同时，双方高等教育在科研合作、人员往来等方面的合作也呈现出机制化、常态化等特点。英国政府更是直接出台汉语学习项目。2017 年 9 月，由伦敦大学研究院和英国文化委员会共同创办的“卓越汉语教学”项目正式启动，耗资近 1 000 万英镑，旨在 2020 年之前培养出至少 5 000 名能流利使用汉语的学生。这是英国政府首次对外语进行投资的项目。可以预见，中英在高等教育领域的合作在英国脱欧背景下仍将呈现稳定发展、更加深入的态势，其基础性和引领性的作用将更加突显。

在中外双方共同努力下，英国孔子学院取得了令人瞩目的成就，依托自身优势展现出本土发展特色。同时，英国孔子学院发展过程中也面临许多挑战值得我们深入研究和分析，包括自身建设方面的问题，也包括外部适应能力的问题。

首先就是学习者的绝对数量有待提升。虽然英国各方大力推广中文学习，上涨趋势也明显，但英国学生学习中文的绝对人数依然很小。根据英国文化委员会的统计，在 GCSE① 和 A-LEVEL② 的考试中，虽然选择汉语普通话考试的人数仅次于法语、德语、西语三种语言，是非拉丁语语系中最受欢迎的语言，但学习汉语的人数依然比其他三种语言人数少很多。2016 年参加 GCSE 考试的学生中，有 15 万学生选择了法语，选择中文考试的只有 3 500 多名学生，而该数字已经比 2008 年参加该门考试的人数增加了 30%。利兹大学中文和西班牙语专业毕业生马修认为，相比汉语，法语、德语、西语在英国更流行可能有两个原因：一个是“大部分的中学包括 GCSE 和 A-LEVEL 阶段，都可以很好地教授这三种语言”；另一个原因，“我们习惯到语言环境中学习，相比来说，去这几个国家容易很多。”③

---

①GCSE（General Certificate of Secondary Education），英国普通中等教育证书，是英国学生完成第一阶段中等教育会考所颁发的证书。

②A-Level（General Certificate of Education Advanced Level），英国普通中等教育证书考试高级水平课程，是英国学生的大学入学考试课程。

③ 英国掀“中文热” 卡梅伦呼吁学中文与世界接轨［EB/OL］. http://huaren.haiwainet.cn/n/2017/0911/c232657-31111465.html.

其次，质量发展是英国孔子学院下一步发展的重点，也符合新时期以“提质增效”为内涵的孔子学院发展要求。这涉及两个主要问题：一是孔子学院汉语教学的等级标准和衔接问题。孔子学院汉语教学缺乏统一标准，不同阶段的汉语教学应该设置明确的目标和标准。这种目标和标准既要考虑英国外语教学界普遍使用的欧洲语言框架的能力描述参照，也要结合汉语言自身特征，同时还应该注意不同教育领域的汉语教学能力的衔接问题。二是汉语教学教育理念的转变，需要更多地从本土视角去思考和进行教学实践，用国际教育理念开展汉语教育，真正实现汉语教育的本土化，进一步融入当地教育体系。

再次，在孔子学院支撑方面，资源供给成为影响英国孔子学院发展的重要因素，以孔子学院总部为主的投入成为英国孔子学院（课堂）前 10 余年发展的重要保障或支撑。进入新的发展阶段，各方对孔子学院在资源、供给上的投入会对英国孔子学院的发展产生直接影响。

除了办学规模、办学质量和资源供给等自身建设过程中面临的挑战，英国孔子学院未来发展还需要提升外部适应能力，关注相关语言政策，加强外部合作。

孔子学院作为教育机构会受到语言政策的影响，英国的孔子学院也不例外。在英国，英格兰、苏格兰、北爱尔兰和威尔士四个地区的语言政策各不相同，对孔子学院产生的影响也有所区别。

自 2014 年 9 月起，英格兰就将汉语作为第二关键教育期[①]的必修课，此举为所有英格兰学生持续地学习汉语提供了很好的机会。然而，与其他欧洲国家相比，英格兰学生在语言学习上的表现仍旧逊色。不同外语在 GSCE、A-Level 等公共考试中的通过率是影响年轻人外语学习选择的一个重要原因。选择汉语作为 GCSE 语言考试科目的学生人数在所有考生中位列第 8。英格兰设立了一个部门专门帮助华裔孩子获得汉语读写能力，并取得汉语资格证书。初级教师培训体系（ITT）的激烈改革变动以及汉语师资培训机构的匮乏导致合格汉语

① 英国教育体系分为五个阶段：第一关键教育期指的是 3 岁到 5 岁的幼儿园教育；第二关键教育期指的是 5 岁至 11 岁的小学教育；第三关键教育期指的是 11 岁至 16 岁的中学教育；第四关键教育期指的是 16 岁至 18 岁的延续教育（或大学预备班）；第五关键教育期指的是大学教育。

师资紧缺。

虽然北爱尔兰政府规定学生只需在 11 至 14 岁学习外语，但当地 57%的小学会为学生提供外语学习课程（通常以课外活动的形式进行）。由于外语学习仅列为第四关键期学习的选修课，在此阶段学习外语的学生数大幅下降。北爱尔兰规定，在中学阶段，学习一门非欧洲语言的学生必须同时学习一门欧洲主要语言，并且这一限制还有上升趋势。因此，在北爱尔兰，由于缺少专业的培训渠道，人们很难通过中学阶段的学习成为汉语教师。

苏格兰的教育体系与联合王国其他三国不同。苏格兰有长期的、战略性的“中国计划”，并且采用欧洲“1+2”的外语教育方式。这意味着拥有现成、到位的体制来发展其汉语能力。外语作为苏格兰小学高年级阶段的教学内容已有若干年。许多苏格兰大学提供汉语教师教育课程。预计以后还会有更多的机构提供汉语师资培训。

威尔士是一个双语国家（威尔士语 / 英语），但在外语学习方面，威尔士的表现在联合王国之中垫底。同北爱尔兰一样，威尔士仅将外语学习作为 11 至 14 岁学生的选修课。在第四关键期，选择汉语学习的学生非常少，其原因一般认为与没有必修要求、严格的评分以及学生可选修课程大幅增长有关。因此，在威尔士，由于缺少汉语学习氛围和学习渠道，人们很难通过培训成为汉语教师。

关于孔子学院与英国本土汉语教学机构的合作。在孔子学院成立之前，英国当地的很多组织机构和社会团体，如出版社、教育基金、专业协会和银行等，对中国语言和文化有着浓厚的兴趣，为推动英国汉语教学做出了努力，其中表现最为突出的是英国文化委员会和华文学校。

英国文化委员会是促进汉语在英国学校推广、增加中小学汉语学习人数的主力军。英国文化委员会在接收和培训汉语教师、组织赴中国教育考察、为学校开发教材以及支持汉语推广方面有着丰富的经验。它在英国有着广泛的影响，其官方地位对有效推广和改进汉语教学至关重要。

当地的华文学校也为英国中文教育的发展提供了动力和支撑。旅英华人很重视中文学习。1968 年，伦敦华侨组织共和协会，由 1 位教师、8 名学生，因陋就简，首创中文识字班。随后各地华人办学蔚然成风。到 1982 年，全英中文学校有 56 所，1984 年达 80 所，1987 年将近 100 所。学生约有 10 000 人，每 20 个华人就有一个在中文学校学习中文。①

因此，孔子学院要增强与英国文化委员会、中文学校等各类社会组织团体推动汉语国际教育和传播的协调性，统一协作，相互支持，避免重复投入和恶性竞争，进一步提高汉语教育的效率。

第二节　孔子学院与大学合作

中外大学合作是孔子学院采取的基本办学模式，英国孔子学院的情况也是如此。在英国的 29 所孔子学院中，除 1 所采取的是政府之间的合作模式外，其余 28 所均为大学合作模式。大学合作模式有利于孔子学院借助主体学校的资源，如场所、设施和设备，减少了资金投入。同时，孔子学院也成为主体学校之间的一个国际交流的窗口，便于开展汉语教学，传播中国文化知识，进行比较研究，也便于主体学校培育更多的合作办学的资源。②

孔子学院的可持续发展很大程度上取决于大学合作模式运行是否顺畅，主要涉及办学理念、教育体制、中外学者学生交流和社会服务四个方面。

一、办学理念

孔子学院融入承办大学的前提是符合承办大学的发展目标，与承办大学整体发展战略，特别是国际化发展战略相一致。这里的大学既包括中方承办大学，也包括外方承办大学。报告选取英国谢菲尔德大学和中国厦门大学为例来进行阐述。

谢菲尔德大学孔子学院（以下简称“谢大孔院”）取得的成绩，与谢菲尔德大学校长凯思·博内特爵士（Sir Keith Burnett）的大力支持密切相关。作为

① 北京语言学院世界汉语教学交流中心信息资料部 . 世界汉语教学概况［M］. 北京：国际文化出版公司，1991：23-29.

② 周志刚，乔章凤 . 海外孔子学院合作办学模式探析［J］. 江苏高教，2008（05）：32-35.

英国皇家爵士、英国皇家学会会员，凯思热爱中国语言文化，据说是唯一一位能够较熟练运用中文的英国大学校长。他曾在《人民日报海外版》撰文《孔子学院——照亮彼此的一束光》，也接受过新华社记者的专访。谢大孔院已将凯思爵士发表的与中国相关的演讲、文章、专访等收录、翻译成书，定题为“通融大道——英国谢菲尔德大学校长论中国”，2017 年由新华出版社出版。鉴于其在中英人文交流中做出的突出贡献，凯思爵士于 2014、2016 年两次被孔子学院总部授予“先进个人”称号。

在凯思爵士看来，一所优秀的大学没有必要将过多精力放在对大学排行榜的关注上，而应该关注自身的技能与优势，思考大学能为当地经济与社区带来什么，能为社会带来什么，这些问题都是排行榜无法衡量的。[①] 这种服务社会的发展理念被他应用到了谢大孔院的建设和发展中。他认为，孔子学院积极开放的心态、主动寻求“桥梁”的意愿与谢菲尔德大学（以下简称“谢大”）的发展理念高度吻合。早在 2006 年，他就同北京语言大学、南京大学一同搭建起谢大孔院这座“桥梁”。借助孔子学院这座“桥梁”，谢大曾在一个月内参与了 3 项重要活动：一是在 2016 年浦江创新论坛上，凯思爵士做了题为“携手应对共同的挑战”的主旨演讲；二是在他的引导和支持下，谢大与上海航天局、上海交通大学在航空航天领域进行了合作交流，与南京大学、美国俄亥俄州立大学在工程领域签订了学生交流协议，利用谢大在工程和企业教育方面的优势进行国际合作，培养学生的创新、创业技能；三是在中英合作的另一个重要领域核能源上，谢大也发挥不可替代的作用。英国国家核能制造研究中心就在谢大，近年来他们一直与中国核能生产商合作开发新一代低碳核能技术。

谢大还实现了孔子学院资源与大学发展的有机结合，从联合培养创新型人才，到共同攻坚科学课题均有涉及。这些结合使双方合作内容更加务实和丰富，实现互利共赢。[②] 孔子学院不断深化、拓宽桥梁作用，除了在语言、文化领域，

---

① 专访：“大学应在老工业基地转型中发挥重要作用”——访英国谢菲尔德大学校长凯思·博内特爵士［EB/OL］. http://www.xinhuanet.com/2018-05/17/c_129874739.htm?from=timeline&isappinstalled=0.

② 刘晓明大使在谢菲尔德大学孔子学院成立十周年暨示范孔子学院揭牌仪式上的主旨演讲：《知之者，好之者，乐之者》［EB/OL］. http://www.mfa.gov.cn/ce/ceuk/chn/dsxx/t1496793.htm.

更发展到商业、工业以及健康产业。

谢大认为，孔子学院作为“桥梁”可以为谢大和学生创造更多的共同参与应对全球挑战项目的机会，而这些项目将会创造出新的产品和财富，并提供新的就业机会，为中英两国带来实际的利益。①

作为中外合作办学机构，孔子学院由中外双方合作设立，因此，孔子学院既要符合所在国大学的发展理念，也要同时顺应国内承办大学的办学思路。

作为最早承办孔子学院的国内高校之一，厦门大学于 2007、2011 和 2012 年分别与英国卡迪夫大学、南安普顿大学和纽卡斯尔大学合作建立了孔子学院，成为在英国合作承办孔子学院最多的国内大学。厦门大学将孔子学院建设和发展与大学发展战略有机结合，积极将孔子学院融入大学的教育体系，构建完整的孔子学院服务体系，调动国内高校师生参与孔子学院建设的积极性。孔子学院建设既符合厦门大学的国际化发展理念，也是其国际化战略的具体实践。

厦门大学是目前国内承办院校中孔子学院服务体系最完备的机构之一，涉及管理体制及政策、组织架构、孔子学院建设、基地建设、人才培养培训等方面。②该校在孔子学院融入国内高校教育体系方面做出了积极的尝试，不仅成功推动了汉语国际教育专业学科的成立，促成了海外华文教育学院或国际教育学院、孔子学院办公室、汉语国际推广南方基地等机构在大学的成立，为中国大学教育增添了新的时代元素，也培养了具有丰富海外经验和高水平跨文化能力的汉语国际推广队伍。

在基地建设方面，厦门大学汉语国际推广南方基地不仅服务于厦门大学所承办的海外孔子学院，更为世界各地的孔子学院提供人才、教材等资源支撑，为中外合作提供了交流平台。从 2008 年至 2013 年，基地共培训了 7 000 多名国际汉语教师及管理人员，其中包括孔子学院中外方院长、公派教师、汉语教师志愿者、外国本土汉语教师、教育官员和中小学校长等。此外，基地广泛开

---

① 谢菲尔德大学校长在南京大学演讲：教育为桥　服务人民［EB/OL］. http：//news.china.com.cn/2016-10/15/content_39495180.htm.

② 厦门大学海外教育学院学院简介 [EB/OL］. http://oec.xmu.edu.cn/(S(mnqcyvawudep1045jy5he1aj))/website.aspx?website_id=2&website_class=2.

展国际汉语教学、教师和教材状况的调查研究，建设远程教师教育体系和教学资源支撑体系，研发国别化教材和教学法，完善汉语推广人才储备库，为汉推事业做出了重要贡献。①

二、教育体制

孔子学院与大学教育体制的融合是一个绕不过去的问题，不仅涉及与中方承办院校教育体制的融合，也包括与外方承办院校教育体制的融合。相比而言，孔子学院能否进入外方大学教育体制并正常运行更值得探索和关注。基于此，我们选择了诺丁汉大学等四所院校的孔子学院进行分析。

（一）与大学教育体制接轨

孔子学院在管理体制、组织架构、人员结构、人才培养等方面与驻在国大学教育体制接轨，实现孔子学院与现有教育体制的深度融合。

诺丁汉大学具有长远的中国战略，孔子学院融入大学教育体制也变得顺理成章。杨福家教授担任校长期间对孔子学院的建设贡献卓著，现任执行校长和多位副校长均非常关心和支持孔子学院的发展。特别是副校长克里斯·路德（Chris Rudd）担任诺丁汉大学孔子学院（以下简称“诺大孔院”）理事会主席以来，吸收了诺丁汉大学国际办公室主任、亚洲商务中心主任、当代中国学学院院长进入理事会，孔子学院的建设与发展因此成为大学事务的重要组成部分。克里斯多次明确表示，诺大孔院不仅在大学的汉语教育和中国研究中具有无法替代的重要作用，而且对丰富地方和社区文化、推动中英交流、加强中英友谊方面发挥了越来越大的积极影响。正是在他的领导和推动下，2014 年 3 月诺丁汉大学执行校长大卫·格林纳威（David Greenaway）正式致函复旦大学副校长冯晓源教授和诺丁汉大学的相关部门领导，在通报孔子学院取得的优异成绩和做出的卓越贡献的同时，明确表示要从大学层面进一步支持和推动孔子学院的更大发展。

① 厦门大学汉语国际推广南方基地/孔子学院办公室［EB/OL］. http://ocia.xmu.edu.cn/about/cnconfucius.html.

在组织架构上，诺大孔院与当代中国学学院相互依托，相互支撑，强强合作，优势互补。姚树洁教授作为当代中国学学院院长，同时也是孔子学院外方院长，为两院的合作与融合提供了有力保障。两院领导和教师分工协作，共享办公资源，合力推出了一系列颇具影响的学术与文化活动。其中最重要的活动是自2007年开始举办的当代中国研究年度国际学术论坛，以及每周二举行的当代中国研究系列学术报告会。诺大孔院曾与当代中国学学院联合主办了东亚研究年会，超过20个国家和地区的近300位知名学者参加，使年度国际学术论坛达到了前所未有的规模。在“孔子学院建设与中国和平发展”的专场讨论会上，特别邀请了法兰克福大学孔子学院、爱丁堡大学孔子学院和利兹大学孔子学院的中外方院长做主题发言。每周组织的中国研究高端学术讲座，聘请英国、中国，以及其他国家众多学术领域的顶尖中国问题专家来学院做讲座，围绕各类学术问题展开研讨。这一学术交流平台，带动英国汉学研究向新汉学研究方向延伸和拓展。这些活动的组织和实施都有赖于两院领导的关心支持和两院众多教师的积极参与。

诺丁汉大学的汉语教学全部由当代中国学学院和孔子学院的汉语教师承担，汉语教师队伍共有12人，两院各6人，组成汉语教学团队，全面参与诺丁汉大学汉语学位学分课程教育，全学年教授全日制大学生1 000余人次，包括大学本科生和硕士研究生，占全英国大学学习汉语学分课程人数的48%，孔子学院成立以来教授人数累计达到近万人次。诺大孔院既面向本校大学生提供学位必修课程及选修课程，也面向当地社会提供非学位汉语课程，参加人数逐年稳定增长，主要教授对象是职业人士和地区居民，涵盖初级、中级和高级三个层次。在各类汉语课程教学中，两院汉语教师相互配合，相互支持，相得益彰。

孔子学院除了在管理体制、组织架构、人员结构上融入所在大学教育体制之外，在人才培养体系方面的融入同样至关重要。

兰卡斯特大学的语言学系全英排名第一。孔子学院与其开展合作，致力于设立汉语学分课程和汉语辅修专业，使汉语课程进入英国国民教育体系，在兰卡斯特实现孔子学院的可持续发展。汉语学分课程包括中国文化与社会、听力、口语、阅读与写作等，共计 40 个学分。2012 年，17 名来自各院系的大一新生走进 Frankland Colloquium 教室，兰卡斯特大学孔子学院（以下简称“兰大孔院”）汉语学分课程正式开班授课。[①] 汉语辅修专业（语言学专业辅修汉语、英语专业辅修汉语）的学位课程也取得了重要进展。政治学、国际关系学、哲学、宗教学、欧洲语言系、环境研究中心、经济学系、市场营销、生物学系、社会学系、物理学系等院系的汉语学分课程和汉语辅修专业于 2013 年起面向兰卡斯特大学全校学生开课。2015 年，兰大孔院首个商务汉语硕士学分课程成功开设，24 名兰卡斯特大学国际创新专业硕士生开始修读该必修课程，教学团队由中英方院长、孔子学院教师组成，也会特邀其他专家教师承担教学任务。课程周学时数为 8 节，课堂上教师创设沉浸式学习环境，采用讲座和研讨的方式组织教学活动。课程以培养学生商务汉语交际能力为目的，帮助他们实现拓宽择业范围的长远规划。[②]

兰大孔院在校内积极开设学分课程，不仅促进了兰卡斯特大学汉语教学和专业学科的发展，使得孔子学院有效融入了当地大学教育体系，也提升了孔子学院的区域影响力，帮助更多学生更好地学习和了解汉语和中华文化。

（二）创新大学教育体制

孔子学院不仅能与所在大学现有的教育体系接轨，还为大学人才培养体系创新提供了重要平台。这些都是孔子学院融入所在大学的重要渠道。

赫尔大学孔子学院（以下简称“赫大孔院”）自 2016 年 1 月底成立以来，立足赫尔地区本土资源，精诚进取，努力打造特色品牌，在创新教育体系方面做出了重要尝试，成功融入当地大学的同时，提升了孔子学院在赫尔地区的影响力。

Chinese Whispers 项目是赫大孔院主创的汉语学习项目，旨在通过多元因素使学习者快乐积极地学习汉语。首个成果是赫尔大学合唱团，该合唱团不仅将中国语言和孔子学院音乐优势资源结合起来，还帮助孔子学院与音乐学院、

① ②英国兰卡斯特大学孔子学院汉语学分课程正式开班［EB/OL］. http://www.hanban.edu.cn/article/2012-10/17/content_465037.htm.

历史语言文化学院组成了大学跨学科合作团队，在有效帮助学习者提升汉语技能的同时，使得孔子学院更有效地融入了赫尔大学。该团队于2017年年初斩获英国高等教育学会“回音壁”教学卓越合作奖项目。

依托孔子学院合唱团资源，2017年11月初，赫尔大学文化历史学院、音乐学院成功申报了大学“回音壁：搭建语言和音乐共振下的文化桥梁”的跨学科博士项目，通过了学校评审委员会审核，并成功获批三个博士培养名额，该研究领域涉及中外音乐创作、表演与研究、中国语言与中外文化、教学、翻译和应用语言学、心理学等内容。这是赫大孔院在合作高校天津师范大学鼎力支持下融入大学的又一成功案例，并直接推动了赫尔大学和天津师范大学的学术交流及联合科研项目的开发，促进包括应用语言学、音乐、汉语教学、中外文化与心理学等学科研究领域的奖学金机制的建立。① 该项目探索通过艺术活动这种新颖愉快的教学形式进行汉语文化传播的途径，一方面进行合唱团的建设，将该活动从大学逐步延展到当地中小学；另一方面以跨学科教学创新为方向，深入进行横向学科合作科研项目的开发。赫大孔院希望可以运用音乐等因素来提高学习者的语言学习兴趣，帮助教师在教学方法上做出改进，从而打破学科界限，促进英国的汉语学习。②

该项目的成功开展得到了英国教育界和媒体的认同，提升了孔子学院在赫尔地区的地位和影响力。2017年1月，Chinese Whispers 项目从全英15个入围的项目中脱颖而出斩获全英“高等学院大奖”。③

特殊群体的教育是英国教育体系中十分重要的组成部分，在这个领域，孔子学院在学习借鉴的基础上设计出一套有体系、有针对性的汉语教学方法，让特殊群体也能轻松地学习汉语，使汉语教学从常规化走向创新化。英国班戈大学孔子学院就是践行这一理念的代表机构。在众多一对一课程学员中，视力

---

① 赫尔大学孔院资源博士项目获批［EB/OL］. http://gjjl.tjnu.edu.cn/info/1083/4268.htm.

② 赫尔大学孔子学院“Chinese Whispers”项目获全英高等学院大奖［EB/OL］. http://www.hanban.edu.cn/article/2017-02/09/content_676037.htm.

③ “高等学院大奖”旨在推动和奖励优质高等教育，是对教师优秀的教学方法的高度承认，在英国教育界的地位十分重要。

较弱的安哈拉德·罗德（Angharad Rhodes）比较特殊。为尽可能加强她对汉语的直观感受，提升其学习兴趣，孔子学院外方院长周大伟（David Joyner）想出了很多好点子。当了解到安哈拉德触觉比一般人灵敏时，周大伟将学习内容以镂空的方式刻在纸板上，包括汉字、中国地图拼图和中国朝代版图模板。经过一段时间的学习，安哈拉德的汉语水平有了很大提升，还在孔子学院的新年文艺演出中担任主持人。[①]

三、学者学生交流

学者和学生是一所大学的中心，孔子学院在大学里的主要服务对象就是学者和学生。孔子学院只有融入大学当中，才能成为学者学生扩大国际视野、促进国际交流的重要平台。

（一）学者交流

作为英国第一所孔子学院，英国伦敦孔子学院（以下简称“伦敦孔院”）充分发挥所在大学——伦敦大学亚非学院[②]的研究优势，将中国学研究确立为孔子学院的发展重点。围绕这一发展定位，伦敦孔院创立了几个研究品牌项目。其中，中国学论坛、中国作家西游活动通过上课、讲座的形式聚集了全世界的“中国学”研究者，以切磋学问、磨砺思想、分享信息为宗旨，为他们提供了跨学科、无国界、无语言隔阂的平等的学术交流平台。

作为孔子学院的特色项目，伦敦大学中国学论坛成立于2015年，已经举办了近80场学术讲座，为全世界中国学研究者提供了重要的交流平台，促进了中国研究的进一步发展，为英国人理解中国和中华文化做出了贡献。从2015年开始，伦敦孔院就积极邀请在英国进行访学的中国学研究者开展中国学论坛活动，论坛内容涉及中国戏曲、中国文学范式、中国外交史、中国古诗

---

① 班戈孔院探索创新化教学［EB/OL］. http://www.hanban.org/article/2017-05/31/content_687473.htm.

② 伦敦大学亚非学院20世纪60年代成立了当代中国研究所（Contemporary China Institute），1992年又成立了中国研究中心。同时，它与英国政府相关部门保持联系，出版“当代中国研究丛刊”，国际知名的《中国季刊》（*China Quarterly*）就是他们的重要出版物。

词、中国电影、中国现实生活和早期中国历史等，呈现出多维立体跨时空的中国形象。此外，该论坛还邀请世界知名汉学家对中国古代汉语手稿、中国重要的哲学家和历史人物进行了详细解读。如 2015 年 5 月，美国加州伯克利大学教授麦克·尼兰（Michael Nylan）作为研究中国早期文化的知名学者，在伦敦孔院做了“中国古汉语手稿文化与 A.C. Graham 的发掘”和“庄子与 A.C. Graham”两场讲座，吸引了诸多研究汉学的学者专家。[①]

2018 年，伦敦孔院与人民文学出版社联合举办了“2018 中国作家西游系列活动”，旨在邀请中国优秀作家与伦敦大学亚非学院师生进行面对面地交流与分享，启发文学创作的多元思考。在开幕式上，中国当代知名小说家路内与现场听众探讨了其作品《刀臀》的翻译问题，并分享了自己的创作历程。[②] 中国著名作家苏童应邀为孔子学院师生做了一场文学创作的经验和感悟的交流活动，分享了其成名作《妻妾成群》《河岸》《红粉》和《妇女故事》的创作历程。[③] 这些活动既帮助学生理解了中国小说和中国现实，也启发了他们关于中国文学和文学创作的多元思考。

无论是中国学论坛还是中国作家西游活动，伦敦孔院致力于学术交流和探讨，聚集了来自中国、美国、韩国等地的世界汉学家，为伦敦大学亚非学院的中国学研究的发展带来了新的飞跃，也促进了中英两国甚至世界各国关于中国学研究的学术交流。

受中国国家语委、国家留学基金委委托，谢大孔院 2017 年承办了首次“语言文字优秀中青年学者出国研修项目”。[④] 为了筹备本次交流项目，谢大孔院利用其丰富的学术资源，邀请英国著名语言学者为青年学者开设了多样的课

① 伦敦孔子学院举办中国古代汉语系列讲座［EB/OL］. http://www.hanban.org/article/2015-05/12/content_595029.htm.

② “2018 中国作家西游系列活动”在伦敦孔子学院拉开帷幕［EB/OL］. http://www.hanban.org/article/2018-03/26/content_723720.htm.

③ “塑造意象的大师”苏童见面会——记伦敦孔子学院 2018 年第二场中国作家西游活动［EB/OL］. http://www.hanban.org/article/2018-03/28/content_724006.htm.

④ 语言文字中青年学者出国研修项目实施情况汇报［EB/OL］. http://baijiahao.baidu.com/s?id=1590100143436247448&wfr=spider&for=pc.

程、举办课外讲座以及文化体验活动，组织“谢菲尔德中国学联与语言文字优秀中青年学者”对话，从理论和实践上为青年学者提供学习交流的机会。谢大孔院先后邀请了剑桥大学、谢菲尔德大学、伦敦大学教育学院等31位教授、专家为来自中国的中青年优秀学者讲授课程。课程涵盖了语言政策与规划、双语教育、家庭语言规划、儿童语言习得、二语习得、跨文化交际、句法研究、语料库与数据统计分析、语言翻译研究、英国教育体系及科研制度、英国高校对外汉语课程设置、英国古典文学等诸多研究领域，帮助学员深入了解英国语言学研究前沿领域、欧美应用语言学研究的趋势、英国相关语言政策。①

期间，谢大孔院帮助学员进行实地考察和访问，使得学员能够进行相关的学术交流，建立广泛的学术联系，为高校间进一步的国际学术交流与合作奠定基础。在学习、考察活动之外，谢大孔院还组织学员们参与了各种文化活动，安排了多次英国文学主题活动，以及多场戏剧、舞蹈课程和礼仪讲座。通过这些活动，学员们认识了英国不同地区的传统文化、风土人情，感受了英国的文学、戏剧、舞蹈等艺术和传统礼仪的魅力。

谢大孔院助力“语言文字优秀中青年学者出国研修项目”的开展，促进了中外学者的交流，有助于中国学者了解海外语言政策及教学的研究。学员普遍反映收获颇丰，拓宽了自身的研究思路，对研究很有启发性，尤其是应用语言学的研究，接触到了不同的语言现象、语言材料和语言行为。课程安排具有很强的实用性，学员除获得学习经验和建立学术联系之外，还根据自己在英国的生活体验进行了学术研究和文学创作。在2018年的项目总结会上，国家语委对项目情况和相关工作给予了高度的肯定。

（二）学生互动

孔子学院为英国学生增加了多元文化体验的机会，让他们感受不同文明、文化带来的新视角。

---

① 2017“语言文字优秀中青年学者出国研修项目”顺利结业［EB/OL］. https://confucius.nju.edu.cn/8e/c9/c7626a233161/page.htm.

兰大孔院 2014 年开始积极搭建汉语课余学习平台，“汉语角”“语伴”把不同背景的学习者汇聚到一起，说汉语聊中国事，这种面对面心与心的交流方式，成为孔子学院教学活动的有益补充，促进了师生间和生生间的互动，推动了中华文化的全球传播，更成为推动公共外交的有效途径。“汉语角”活动每周三举行，“语伴”活动则在每个学期之初进行，这些看似简单的活动，在兰大孔院一批批师生的坚守下，已经走过了 5 个春秋。

“汉语角”和“语伴”活动以轻松的交流环境和方式吸引了大量中外学生，充分利用了学生的课外时间，为学习者提供了与中国人面对面免费交流的机会，开启了一种友好轻松互动的交流模式。“汉语角”业已成为大学校园每周课余人气最旺的活动[①]，它在促进英国学生汉语水平提升的同时，更促进了孔子学院学生对中国的了解。

这种活动的开展充分发挥了民间力量，是孔子学院教学的有益补充，是除了官方宣传活动外一种更广泛意义上的公共外交手段。“汉语角”和“语伴”活动具有较为浓厚的民间色彩，只要学生愿意参与就可以开展。在这种活动中，大家可以相互介绍彼此国家的各种情况，帮助两国人相互了解，而对于中国来说，这种民间的交流，有利于消除英国人对中国的一些误解，改善中国的海外形象。面对面、心与心的交流起到了实实在在的公共外交作用。

四、社会服务

孔子学院为所在大学辐射地区的政府、社区、中小学和商业机构等提供多种形式的课程及活动方案，如汉语教学、文化体验、公开讲座等，成为发挥大学社会服务功能的一个重要平台和渠道。

诺丁汉大学一直借助孔子学院平台，积极开展与所在地及周边城市和地区的协同工作，开展社会服务，其服务对象包括政府部门、中小学、大中小企业、社区民众等。该校孔子学院在其所辐射范围内的中小学积极开展文化工作坊，通过汉语教学和文化体验等将汉语和优秀中华文化带入中小学生视野，激

① “咱们一起来说汉语，聊中国人的那些事儿。”——兰卡斯特大学孔子学院搭建汉语课余学习平台［EB/OL］. http://www.hanban.edu.cn/article/2016-12/01/content_666997.htm.

发了他们对中华文化的兴趣。

与传统教学方式不同，工作坊是一种以参与、体验和互动为主要特征的学习模式，其内容可以根据学生的兴趣爱好来安排，学生可以通过角色扮演、集体分享和头脑风暴等轻松愉快的方式来参与活动。[①] 自 2007 年诺大孔院成立以来，就积极与其所辐射区域的中小学建立联系，多次应邀开展普通话品鉴会和文化工作坊。诺大孔院已形成了固定的、持续开展工作坊内容，可以为周边小学提供普通话品鉴、书法、剪纸、武术（功夫和太极）、传统中国乐器、中国饮食、电影、中医、乒乓球和有关中国的公开研讨会等十余项文化活动，以帮助中小学生更好地学习汉语和了解中国文化。学校师生普遍认为这些活动生动活泼，不仅能吸引孩子们的注意力，培养他们对汉语和中国文化的兴趣，也有助于他们更好地理解世界文化的多元和丰富。

诺大孔院还积极与当地政府开展合作，2018 年 6 月 31 日，由英国诺丁汉奈德小学（Netherfield Primary School）和盖德灵（Gedling）区政府举办，诺大孔院协办的奈德文化节（Netherfield Gala）落下帷幕。作为盖德灵区一年一度的欢庆盛会，本次文化节以"中国文化与中国传统"为主题，吸引了 500 余名当地民众参加。盖德灵区政府和奈德小学对诺大孔院在此次文化节上的全力支持表示感谢，同时肯定了孔子学院在开展汉语和中国文化教学方面所做出的贡献。[②]

中小企业也成为诺大孔院开展社会服务的重要合作对象。2018 年 7 月 2 日，由英国诺丁汉大学语言中心主办，诺大孔院、诺丁汉大学亚洲商务中心协办的"走进中国：英国中东部中小型企业市场前景和机遇"商业研讨会举行，旨在帮助英国中东部地区（诺丁汉郡、德比郡）的中小型企业打开中国视野，创建"一站式"支持体系，为他们进入中国市场提供信息渠道和潜在机遇。会议得到英国国际贸易部、英国中东部商会、中英商业理事会（CBBC）、中英地区倡议组织（CBRI）、诺丁汉市政府和诺丁汉大学等单位和组织的大力支持，

① 王雪华．工作坊模式在高校教学中的应用［J］．当代教育论坛（管理研究），2011（08）：29–30.

② 诺丁汉大学孔子学院助力奈德文化节［EB/OL］．http://www.hanban.org/article/2018-07/06/content_738960.htm.

100 多名诺丁汉郡、德比郡中小企业代表参加会议。这不仅促进了当地经济发展，同时也有助于推动“诺丁汉–宁波五年计划”和“诺丁汉 2023 欧洲文化首都计划”的实行。[①]

服务当地社区也是孔子学院的一项重要业务。英国诺大孔院曾组织汉语教师走进当地的 Beeston 老年人活动中心，为中心的老人提供汉语日常用语、书法、太极拳和中国乐器的教学和表演，受到了老年朋友们的欢迎和称赞。[②]

【小结与思考】

大学是孔子学院的办学主体。为了更好地与大学开展合作，孔子学院需要更好地融入中外承办高校。对大学而言，融入是发挥大学办学主体作用的基础和前提，也是孔子学院在当地扎根的必由之路。鉴于孔子学院融入当地社会的重要性，第七届孔子学院大会将会议主题定为“促进孔子学院融入大学和社区”。原国家汉办主任、孔子学院总部总干事许琳说：“孔子学院一直都在寻求一条安全、可持续的发展之路。孔子学院很年轻，在全球 400 所孔子学院中，成立 5 年以上的只有百所。只有为所在大学与社区提供更好的服务，孔子学院才能获得更多的了解与重视。”

融入大学就是让孔子学院真正成为中外承办大学教育体系中的一部分，体现在五个方面：一是办学理念的融入，孔子学院的办学理念必须符合承办大学的发展理念，这是孔子学院融入大学的根本和前提；二是管理体系的融入，承办高校在机构设置、人员配备、基础设施等方面为孔子学院提供保障，这是孔子学院融入大学的基础；三是教育体制的融入，要以过硬的专业水平和出色的办学内容为支撑，发挥其独一无二的优势，这是孔子学院融入大学的关键；四是学者和学生的融入，这是孔子学院融入大学的目标，孔子学院以服务学者

① 诺丁汉大学孔子学院助力“走进中国：英国中东部中小型企业市场前景和机遇”商业研讨会［EB/OL］. http://www.hanban.org/article/2018-07/07/content_739449.htm.

② 诺丁汉大学孔子学院走进老年人活动中心开展中国文化工作坊［EB/OL］. http://www.hanban.org/article/2015-10/19/content_619288.htm.

学生为目标，让他们真正感受到孔子学院存在的价值；五是社会服务，孔子学院已经成为大学发挥社会服务功能的一个重要抓手，借助孔子学院平台，大学与所在社区和中小学能够建立持久联系，这是孔子学院融入大学的支撑。

孔子学院融入英国大学有着非常有利的条件：第一，汉语学习在英国大学中的基础较好。英国有着悠久的汉学教学与研究历史，早在1837年英国国王学院就开设了汉语课程，随后牛津大学、剑桥大学、伦敦大学亚非学院都相继开设汉语课。发展至今，165所英国高校以不同方式开设汉语课程，涉及专业课、双学位课、选修课等形式。这为孔子学院从事汉语教学和文化传播奠定了良好的基础。第二，中外合作办学模式为孔子学院的融入和发展提供了广阔的空间。绝大多数孔子学院都设立在外国的大学中，其中方合作者是中国的一所大学。在开办孔子学院的过程中，根据协议，中外双方都有着明确的责任和分工。①

孔子学院的发展取得了一定的成绩，但也应该清醒地认识到，融入大学和当地社会绝非一蹴而就、一帆风顺的。孔子学院中外承办大学的教育体制和文化背景不同，“融入难”制约了很多孔子学院的发展。“如何融入当地的大学和中小学教学、融入社区和日常生活，这是孔子学院必须破解的难题。”②除了教育理念和专业性（汉语能力标准，评估，衔接问题）的问题外，孔子学院的发展还涉及组织管理方面。有些大学在孔子学院成立之前就设有中文教育与中国文化专业，现在的关键点在于如何保证这两者之间关系和谐。孔子学院要确保对所在大学工作的支持与补充，而非与其形成竞争关系。要做到这一点，必须在专业领域实现对其专业化的支持，明确各项工作的界限，处理好所有部门之间的交流合作关系。③

如何让孔子学院更好地融入大学，孔子学院总部和各个孔子学院都在寻找合理的答案。孔子学院总部党委书记、副总干事马箭飞在《中国教育报》撰

① 全球孔子学院掌门人聚“娘家”孔院谋发展，将融入大学和社区［EB/OL］. http://ci.lnu.edu.cn/info/news/show1/46183.htm.

② 孔子学院遭遇成长的烦恼：海外融入难 专职教席缺［EB/OL］. http://edu.people.com.cn/n/2012/1219/c1053-19939588.html.

③ 海外视角：孔了学院，不可忽视的机遇与挑战［EB/OL］. http://www.chinakongzi.org/xwzx/201704/t20170411_128097.htm.

文指出："坚持中外双方平等合作、互利共赢办学模式，充分发挥中外双方大学办学主体作用，推动孔子学院与所在大学和当地社区深度融合、内生发展。积极调动中外双方办学资源。"[①] 大学是孔子学院最主要的办学主体，孔子学院与大学之间的融合是确保孔子学院可持续发展并发挥作用的重要内容。作为一个新生事物，孔子学院开创了中外合作的办学模式，中外承办大学之间需要磨合理解，互补信任，最终实现共商、共享、共赢。孔子学院总部在第七届孔子学院大会上提出的几个新的"融入"措施引起了海内外人士及中外相关高等院校的密切关注，这些措施包括孔子新汉学计划、核心教师计划、建立专职教师队伍等。[②] 对孔子学院而言，首先要了解清楚所在大学的需求以及大学对孔子学院的期待。在此基础上，孔子学院明确自身发展定位和工作重心，以成为大学共同体的组成部分为目标，主动适应所在大学的运行模式，在资源共享、体制机制、组织架构、人员配置、服务内容等各个方面围绕着大学共同体来努力。同时，孔子学院也要主动接触中国学或者汉学研究学者，推动所在大学与国内大学或对口研究院所的交流，主动参加大学举办的相关教研活动，邀请大学共同体成员参与，为大学中文系的汉语教学提供互补性教学服务，利用有关高层次的学位项目，以获得更多学术共同体成员的支持。[③] 这为孔子学院在大学的可持续发展创造良好的环境和机会的同时，推动大学更好地发挥办学主体作用。

第三节　孔子学院与基础教育

在英国，孔子学院与基础教育的互动和合作主要体现在孔子课堂。孔子课堂有两种类型：一种是独立设置的孔子课堂，一种是孔子学院下设的孔子课堂。据调查，英国孔子学院（课堂）推动了英国基础教育中汉语教学的发展。

---

① 马箭飞. 办好孔子学院　贡献中国智慧［N］. 中国教育报，2018-01-24（001）.

② 孔院谋发展　将融入大学和社区［EB/OL］. http://paper.people.com.cn/rmrbhwb/html/2012-12/17/content_1161044.htm?div=-1.

③ 如何融入大学共同体［EB/OL］. https://mp.weixin.qq.com/s/NcH1MAtuyQbEelicGgQNlw.

孔子学院（课堂）与基础教育的联系和互动主要通过两种渠道得以实现：一种是设立在大学的孔子学院为了发挥大学的社会服务功能，通过派遣教师进行汉语教学、参与设计课程和教学模式、上体验课、举行中国日、组织课后俱乐部等方式，向所处城市和周边地区中小学提供汉语教学支持，孔子学院在服务社会的同时，拓宽了当地市场；另一种比较集中地体现在孔子课堂建设上，中国驻英国大使刘晓明 2018 年 6 月 7 日在英国主流报纸《每日电讯报》刊登的署名文章《孔子学院是增进中英友谊的金钥匙》中特别提及这个方面。在这篇文章中，刘晓明回忆了他前往英国最北端的设得兰群岛，出席当地中耶尔中学孔子课堂揭牌仪式。此次访问让他深切感受到英国孩子对中国文化的浓厚兴趣。2017 年，英国有 16 万人在孔子学院和孔子课堂学习，约有 102 万人参与了孔子学院开展的 4000 多场文化活动。[①] 本节就从汉语教学、文化活动、教学资源、师资培训四个方面的案例入手来分析英国孔子学院（课堂）在基础教育领域的作用和影响。

一、汉语教学

孔子学院（课堂）积极引领汉语走进学校课堂，通过汉语教学、文化活动、资金资助、项目扶持等合作共赢的形式融入当地中小学教育体系，不仅扩大了汉语教学规模，也带动了汉语教学质量的提高。在孔子学院（课堂）的带动下，英国基础教育体系中汉语教学的影响范围不断扩大。为了深入了解孔子学院（课堂）对基础教育产生的影响，我们选取苏格兰中小学孔子学院展开分析。

苏格兰中小学孔子学院（以下简称“CISS 孔院”）是苏格兰地区唯一一所以中小学为基础的孔子学院，也是全英首个政府间主导的孔子学院。该孔子学院 2012 年建成，外方合作单位是苏格兰国家语言中心和斯特拉斯克莱德大学，中方合作单位是天津市教委。2017 年 CISS 孔院获得孔子学院总部授予的“示范孔子学院”称号。

---

① 英国最北端的群岛开设孔子课堂 为什么孔子学院在英国这么“火”？［EB/OL］. http://baijiahao.baidu.com/s?id=1602861626751203192&wfr=spider&for=pc.

几年来，学院汉语教师数量从最初的 9 人发展到 50 人，下设孔子课堂也从最初的 9 间发展到现在的 44 间，涵盖了苏格兰最北端的设得兰群岛。CISS 孔院已累计培养了 3 万多学生。[①]

该孔子学院的总体目标就是帮助更多的中小学生有机会学习汉语，并提高其语言技能，使苏格兰地区的青少年成为真正的世界公民。[②] 为了实现这一目标，孔子学院积极创建、合作和支持多个有利于汉语在苏格兰中小学推广的语言项目。孔子学院积极倡导和推动了苏格兰政府的语言“1+2”政策，确保每个孩子有机会学习汉语，并将之作为第二外语；通过“商业早餐”项目，积极推行政府“发展青年劳动力”政策，助力苏格兰政府实现“提高成绩、缩小差距”的教育目标。[③]2018 年，苏格兰政府为 CISS 孔院拨款 75.4 万英镑，以帮助苏格兰学生有机会到中国生活和学习，提高中文语言技能，拓展视野。[④]CISS 孔院的汉语教学覆盖了苏格兰地区 400 余所学校，其中已有 86 所小学和 37 所中学将汉语作为正式第二外语，选择汉语的学生数已超越盖尔语和意大利语。[⑤]

CISS 孔院培养了一批中国语言与文化的爱好者和中英友谊的小使者，为中英两国的合作和发展储备了青年力量。在天津市政府和苏格兰政府大力资助下，孔子学院为帮助家庭困难的孩子实现互访提供了资金支持，进一步激发了孩子们学习和了解对方语言文化的梦想。[⑥]在苏格兰西部的基马诺克小镇上，CISS 孔院下设的格兰奇中学孔子课堂已经成为小镇人民认识中国和中国文化的重要窗口，校长肯尼思·瑞利在 2015 年的一段采访中这样说道：“中文教育是格兰奇中学几年来的一项重要教学活动，七八年前就开设了中文课……现已有近 60 个班次开设了中文课，人数达到 220 多人。” Granton 小学的教师则

---

①⑥驻英国大使刘晓明在苏格兰中小学孔子学院成立 5 周年庆典上的讲话：《传承合作与友谊，深化交流与互鉴》[EB/OL] . http://www.fmprc.gov.cn/web/dszlsjt_673036/t1494671.shtml.

②英国苏格兰中小学孔子学院 [EB/OL] . https://v.qq.com/x/page/k0146wthbk7.html.

③④苏格兰中小学孔子学院奖学金计划获政府资助 [EB/OL] . http://finance.ifeng.com/a/20180409/16062963_0.shtml.

⑤苏格兰中小学孔子学院成立 5 周年　刘晓明谈交流互鉴 [EB/OL] . http://www.oushinet.com/qj/qjnews/ 20170922/273168.html.

通过图片、游戏等方式努力让中文融入不同的教学科目。[①] 正如采访记者凯特所说，汉语教学在苏格兰中学已成为不可或缺的科目。

CISS 孔院注重合作共赢，始终秉承合作发展理念，紧密结合基础教育发展的实际需求，与当地机构开展广泛合作，合作领域逐步发展壮大，合作伙伴已包括苏格兰歌剧院、苏格兰学校足球教育协会、苏格兰皇家音乐学院、苏格兰皇家动物协会等诸多专业机构。[②] 合作伙伴的加盟，不仅使基础教育汉语教学的质量得到提升，还增进了苏格兰各界人士对孔子学院的认识与理解，促进了苏格兰在教育、文化、体育、商业等领域对华合作。

该孔子学院取得的成绩被孔子学院的同行们比喻为"苏格兰的中国高铁"，也得到了中国驻英国大使刘晓明的高度肯定："5 年来，苏格兰中小学孔子学院充分借助双方教育部门的优势资源，积极融入当地社会，在语言学习和文化交流中，成功探索出一条独具特色的发展之路"。[③]

英国孔子学院（课堂）在将汉语教学推广到基础教育的过程中，聚集了一大批汉语教学领域的优秀专家学者，他们不仅扩大了汉语教学的影响范围，在推动汉语教学质量向标准化、规范化、专业化迈进方面也做出了努力。英国中文教育专家杜可歆（Katharine Carruthers）教授就是其中一位杰出人物。

杜可歆教授的头衔很多，除了担任伦敦大学学院助理副校长（东亚事务）、剑桥考试委员会大学入学考试的主考官、剑桥中文国际 GCSE 考试（中学会考）的首席考官，她还是英国伦敦大学教育学院孔子学院（以下简称"UCL-IOE 孔院"）外方院长。她自 2007 年担任孔子学院院长以来，积极推动英国中小学开设中国语言和文化课程，以高质量的汉语教学和丰富的中国文化活动赢得了在校学生及广大民众欢迎。[④]2012 年杜可歆教授发表《孔子学院未来发展规

---

① 英国苏格兰中小学孔子学院［EB/OL］. https://v.qq.com/x/page/k0146wthbk7.html.

② Specialist Confucius Classroom Hubs[EB/OL]. https://www.strath.ac.uk/humanities/confuciusinstituteforscotlandsschools/confuciusclassroomhubs/specialistconfuciusclassroomhubs/.

③ 驻英国大使刘晓明在苏格兰中小学孔子学院成立 5 周年庆典上的讲话：《传承合作与友谊，深化交流与互鉴》［EB/OL］. http://www.fmprc.gov.cn/web/dszlsjt_673036/t1494671.shtml.

④ 英国 UCL 教育学院孔子学院院长获大英帝国官佐勋章［EB/OL］. http://korean.hanban.edu.cn/article/2018-01/16/content_715400.htm.

划建议——以英格兰学校联合会（SSAT）孔子学院 / 课堂为例》，通过实证研究的方法，提出孔子学院 / 课堂在今后 4 年的工作重心应该是让中文融入中小学教育，孔子课堂应该走在前列，成为优秀教学的中心。[①]2013 年杜可歆教授作为主编专门组织一线教授为英国 11 至 14 岁的中学生编写了初级汉语教材《进步》，该教材包括学生用书、听力光盘、练习册和教师指南，以英国国家语言大纲为基础，侧重语言技能和汉字学习，并让文化和语言学习并行，受到了师生的广泛关注。[②] 在《英格兰中小学中文教学：开发新式教学法，增进跨文化理解》一文中，她和同事们论述了 UCL-IOE 孔院持续性活动如汉语课程的开展对中学阶段的重要影响，并提出下一阶段将重点转向小学。为提高儿童的文化意识和跨文化理解能力，他们在回顾相关教学理论及探讨文化在外语教学中的角色等基础上，分析了针对第二关键期中文学习方案的可行性。[③]2016 年，英国政府斥资 1 000 万英镑推出"中文培优"项目（MEP），杜可歆教授担任总负责人。[④] 在其带领下，UCL-IOE 孔院已经出版了十几部有关汉语教学和文化交流的著作，并在教师培训、教材和"中文培优"等方面成功培育了具有广泛影响力的文化品牌，多次获得孔子学院总部颁发的优秀孔子学院（课堂）等奖项，2013 年 UCL-IOE 孔院被总部评为"全球示范孔子学院"，2014 年被总部评选为"全球先进孔子学院"。

作为一名中英友好人士，杜可歆教授促进了中英两国在高等教育和文化交流等方面的进步。为了肯定和表彰杜可歆教授的卓越贡献，2011 年第六届孔子学院大会上，杜可歆教授被授予孔子学院的最高荣誉——"孔子学院突出贡献奖"。[⑤]2018 年杜可歆教授获得大英帝国官佐勋章（OBE），以表彰其本

① 杜可歆．孔子学院未来发展规划建议——以英格兰学校联合会（SSAT）孔子学院 / 课堂为例［A］．世界汉语教学学会通讯 2012 年第 1 期（总第 14 期）［C］．世界汉语教学学会，2012（01）：21–23.

② 朱晓茗，於滨．进步［A］．世界汉语教学学会通讯 2013 年第 2 期（总第 19 期）［C］．世界汉语教学学会，2013（02）：39.

③ 杜可歆．英格兰小学中文教学：开发新式教学法，增进跨文化理解［A］．世界汉语教学学会通讯 2014 年第 4 期（总第 25 期）［C］．世界汉语教学学会，2014（04）：29–35.

④ 让"汉语之花"开遍世界［EB/OL］．http://paper.people.com.cn/rmrbhwb/html/2017-12/15/content_1823747.htm.

⑤ 第六届孔子学院大会［EB/OL］．http://chinese.cn/conference11/index.html.

人及其带领的孔子学院团队在英国教育领域做出的杰出贡献，这是英国王室第一次为孔子学院院长授勋。①

二、文化活动

中国的武术、节庆、音乐、历史、民俗、手工艺、饮食等都已成为英国孔子学院（课堂）开展文化活动的主题。透过这些文化项目，可以让英国中小学生增加对中华文化和当代中国的了解与认识。其中，中国节庆和武术成为孔子学院最受欢迎的两个主题。

传统节日凝聚着世界不同民族的精神和情感，集中体现了不同文明的核心价值。英国孔子学院在通过教学活动和文化体验、文化演出等形式，展示中华优秀传统节日和文化内容的同时，也进行着不同文化之间的交流，尤其是春节、元宵节、端午节等节日开展的庆祝活动更是集文化交流、商业往来、外交活动等为一体，为中英合作创造了重要的平台。

春节是中国节庆文化中最重要的一个节日。为庆祝春节，英国孔子学院每年都会举办大型庆祝活动，以“迎新春”为主题的中华文化体验活动在中小学最为普遍，内容涉及剪纸、书法、美食等。2011 年，谢菲尔德银谷中学孔子课堂“中国新年周”活动极大地激发和保持了学生们的汉语学习兴趣，他们表示将会选择汉语作为语言专业课程。2015 年，英国德蒙福特大学孔子学院在当地小学举办“迎新春”中国文化推广活动，在 Little Bowden 小学和 Leicester Preparatory 小学举行了包括舞龙、舞狮、学写毛笔字、趣味动物水墨画、学中国功夫、传统乐器演奏、包饺子、学做中国结、学跳中国传统舞蹈等文化活动，为 400 多名当地小学生搭建了了解中国文化的平台，也为汉语学习夯实了基础。②2017 年，英国班戈大学孔子学院在希利尔小学（Hirael School）开展春节文化活动，孔子学院教师介绍了中国春节，并带领孩子们亲手制作红包，

① 英国 UCL 教育学院孔子学院院长获大英帝国官佐勋章［EB/OL］. http://korean.hanban.edu.cn/article/2018-01/16/content_715400.htm.

② 英国德蒙福特大学孔子学院在当地小学举办“迎新春”中国文化推广活动［EB/OL］. http://www.hanban.org/article/2015-02/20/content_576204.htm.

得到了威尔士当地媒体《每日邮报》（*Daily Post*）的关注。[①]

除了春节之外，其他一些重要传统节日如元宵节、端午节、中秋节也成为中小学汉语教学和文化体验的重要内容。2014 年，卡迪夫孔子学院与位于 Newport 的 Millbrook 小学共同举办端午节庆祝活动，为当地的小学生展示了丰富多彩的端午节习俗，表演了书法、太极拳、包粽子、制作龙舟等极具中国特色的活动。[②]2018 年，英国 UCL-IOE 孔院下设的家林中学孔子课堂在伍德彻奇教会小学（Wood Church of England Primary School）三至六年级开展了以元宵节为主题的中国文化活动，教师向学生介绍了元宵节灯会和灯谜，引发了学生们的浓厚兴趣，学生们还用亲手制作的灯笼将教室装点一新，营造出浓浓的节日气氛。[③]

另一个广受欢迎的文化主题是中国武术。中华武术文化源远流长，是中华传统体育文化中的瑰宝和精华。李小龙更是将中国功夫带到了海外并受到海外的普遍推崇。太极拳作为典型的优秀中华武术中的一种，极具美感又有益于健康，更蕴含和谐安详的意义，得到了世界人民的喜爱，也成为英国孔子学院面向中小学普遍开设的文化教学和体验内容。

太极拳课是孔子学院（课堂）教授中国武术的一种形式。为满足当地的需求，英国奥斯特大学孔子学院下设的班戈学院孔子课堂开设了太极拳课，每周三为学校师生教授二十四式太极拳，很快太极拳便风靡整个孔子课堂。[④]为响应伦敦厄普顿霍尔女子中学孔子课堂的安排，英国伦敦孔院为该中学七、八年级学生举办了中国太极文化体验活动，课堂教师向学生们教授了二十四式简化太极拳的部分动作。学生们根据教师的指令，练习基本站姿，逐渐学习有难度的动作。活动中，学生们踊跃提问，教师耐心解答。之后，学生们分组进行

---

① 威尔士希利尔小学庆祝中国新年［EB/OL］. http://www.hanban.org/article/2017-02/24/content_675455.htm.

② 卡迪夫孔子学院在 Millbrook 小学举办端午节活动［EB/OL］. http://www.hanban.org/article/ 2014-06/10/content_540200.htm.

③ 英国小学师生做灯笼庆祝元宵佳节［EB/OL］. http://www.hanban.org/article/2018-03/15/content_722782.htm.

④ 太极拳风靡班戈学院孔子课堂［EB/OL］. http://www.hanban.org/article/2017-06/30/content_692135.htm.

展示。教师还为表演优胜者颁奖，整堂课气氛热烈。①

俱乐部、比赛等也成为英国孔子学院鼓励宣传和推广中华武术文化的重要形式和举措。英国 UCL-IOE 孔院 2017 年、2018 年相继为下设的西蒙朗顿文法男校孔子课堂举办太极扇俱乐部活动，教授了太极拳法和太极扇，以帮助学生们进一步了解、体验太极。② 伦敦中医孔子学院连续 7 年举办“孔子杯”小学生武术比赛，吸引了来自伦敦地区的 Fircroft 小学、Hillbrook 小学、Ernest Bevin College 和古德里奇小学等学校的学生踊跃参加。③ 这些学生基本都选修了学校的中文武术课程，比赛前也进行了相应的武术指导，这些活动不仅激励了小学生学习中国功夫的信心，也促进了孔子学院与中小学的合作，促进了中华武术文化在中小学的传播。

三、教学资源

教学资源是为有效开展教学提供的素材以及其他各种可资利用的条件。教学资源的形式多样，通常包括教材、教具、案例、影视、图片、课件、教育技术等。英国孔子学院（课堂）所使用的教学资源既有从中国引进的，也有当地研发的。

（一）教材资源

英国孔子学院（课堂）的出现促进了英国汉语教材资源的丰富和完善。英国著名中文教育专家杜可歆教授带领孔子学院中英团队结合英国中小学汉语教学实际，在理论和实践经验结合的基础上精心编撰了两套中文教材，包括适用于 11 至 14 岁学生的《进步》（一、二）和适用于 14 至 16 岁学生的中学会考

---

① 厄普顿霍尔女子中学孔子课堂举行中国太极文化活动［EB/OL］. http://www.hanban.org/article/2017-06/15/content_690166.htm.

② 英国 UCL 教育学院孔子学院下设孔子课堂开展太极扇俱乐部活动［EB/OL］. http://www.hanban.org/article/2018-05/22/content_733284.htm.

③ 伦敦中医孔子学院举办第四届“孔子杯”武术比赛［EB/OL］. http://www.hanban.org/article/ 2014-06/19/content_541714.htm；伦敦中医孔子学院举办第五届“孔子杯”武术比赛［EB/OL］. http://www.hanban.org/article/2015-07/07/content_608642.htm；伦敦中医孔院“孔子杯”小学生武术比赛落下帷幕［EB/OL］. http://www.hanban.org/article/2017-07/06/content_692726.htm.

教材《英国初中标准中文》（Edexcel GCSE Chinese，以下简称“GCSE 中文”），以及与课本配套的两本练习册和三本教师指导手册。

《进步》和《GCSE 中文》是英国专长学校联合会孔子学院（SSAT）与全球教育出版业的领军机构培生集团（Pearson）合作出版的。由当地主流出版社出版中文教材，在英格兰尚属首次。《进步》主要针对初级汉语学习者，《GCSE 中文》是针对已经有两到三年中文学习基础的学生设计的专门应对中文会考的汉语教材[①]，编者希望通过这两套教材的学习，使英国中小学汉语学习者的汉语技能有大的飞跃，同时为中文会考做准备。[②]《进步》包括学生用书、听力光盘、练习册和教师指南。

《GCSE 中文》是一本专门为中文会考编写的汉语教材，是国别化教材的典型，分为学生用书、教师用书、试题集及配套 CD。该教材内容贴近生活且紧扣英国中学生会考考试大纲的单元主题，文化习俗方面包含了中国饮食习惯、节日、电影、历史人物等多方面内容，还包括一些价值观和当时的热点问题。2010 年，《GCSE 中文》被孔子学院总部评为优秀国际汉语教材，专家评语“适合当地教学模式，符合当地学生的学习习惯和心理特征，是本土化教材的典型。练习设计新颖，形式多样。”[③]

为加强对教材的理解和学习，英国孔子学院（课堂）还借助丰富、直观、立体的教具来辅助教学，增加教学的体验感。英国 Rosendale 孔子课堂曾从大英博物馆借到一批珍贵文物，包括秦俑、秦朝酒樽、青花瓷、唐寅字画等不同历史时期的展品。这批珍贵的文物历史悠久并具有浓郁的文化气息，Rosendale 孔子课堂的汉语教师将其带进课堂，向学生逐一讲解和介绍，充分激发了学生对中国文化和汉语的兴趣。学生们对所展示的文物都充满了兴趣，纷纷表示中华文化非常神奇，对中华文化更加喜爱和向往。这批文物大大丰富了 Rosendale 孔子课堂的汉语教学资源。校方表示，在教授语言知识的同时向学生展示中国文物，让学生对中国文化有最直观的感受，提高了学生学习汉语

① 北京外国语大学编 . 国际汉语教育：动态 · 研究［M］. 北京：外语教学与研究出版社，2011：74.

② 杜可歆（Katharine Carruthers）主编 . 英国初中标准中文［M］. 英国：培生教育集团，2011.

③ 百度百科：英国初中标准中文［EB/OL］. https://baike.baidu.com/item/ 英国初中标准中文 /12546544.

的兴趣。[①]

（二）新教育技术

孔子学院（课堂）积极借助新媒介丰富其教学资源，使教学内容的呈现更加生动有趣。青少年是英国孔子学院的重点服务对象之一，他们对动漫有着浓厚的兴趣。基于这一特征，孔子学院尝试将动漫与汉语学习和文化交流有机结合，积极与动漫大赛合作，让学生们在观看中国经典动画的同时，学习汉语，了解中国历史与文化，促进中英青少年用他们自己喜爱的方式交流切磋，吸引众多青少年关注中国、了解中国。

2018 年初，一部名为“汉语如何改变我”的动漫纪录片在播客网站“维慕（VIMEO）”上线。该片由动漫艺术家曾铮联合南岸艺术中心和善德睦中学孔子课堂共同制作。短片制作前，曾铮给孔子课堂的学生做了为期两天的动漫工作坊，同时也聆听了学生们学习汉语的故事，鼓励他们用漫画的形式表现出来。工作坊中，学生们讲述学习汉语的各种体会和感受。曾铮将学生的小短片、学生的采访录像以及工作坊的实况综合制作成了这一纪录片。[②] 用动漫的方式记录汉语学习过程是一种全新的尝试，有助于增强学生们的汉语学习兴趣。

四、汉语师资队伍

在英国中小学任教的汉语教师有通过 PGCE 课程培养的持教师资格证的本土教师，也有孔子学院总部选派到各孔子课堂的教师，以及通过英国文化教育处汉语助教项目过来的教师。[③]“2007 年，英国中小学从事汉语教学的教师大约有两三百名，这些教师中，具有英国教师资格证书的人数大约仅占 1/10，在大学受过师范教育，或专业是中文或英文而受过一定的应用语言学基本训练

---

① 英国一孔子课堂租借大英博物馆文物作为教学资源［EB/OL］. http://www.gywb.cn/content/2014-03/11/content_460563.htm.

② 英国孔子课堂学生，用动漫讲述“汉语如何改变我”［EB/OL］. http://www.sohu.com/a/225610623_711929.

③ 英国中文教学现状面面观，汉语推广仍任重道远［EB/OL］. http://chinese.people.com.cn/n/2015/0326/c42309-26753386.html.

的不足一半。有中国对外汉语教师资格证书的教师也是凤毛麟角。除了缺乏专业训练之外，80% 左右的教师是兼职。兼职教师任课的时间相对较少，学校能为他们提供的进修机会也十分有限。再加上英国中文教师没有自己的专业组织，在增强同事间的交流、争取和维护自身权益、争取有计划的职业培训等方面都有还有待于起步。这些都进一步加剧了合格教师乏匮问题的严重性。"①汉语师资缺乏，尤其是合格汉语教师的缺乏严重影响了汉语教学的开展和普及。为了加强汉语师资力量，满足汉语学习需求，英国孔子学院非常重视中小学汉语师资的培养培训，尤其是英国本土汉语教师的培养培训，从培训设计、培训形式和培训内容上都具有针对性和实践性。

（一）培训形式

英国孔子学院组织过形式多样的教师培训项目，其中一种组织形式是让英国中小学汉语教师到目的语环境中接受培训，真切地感受汉语和中华文化。这不仅有助于提高他们的汉语水平，也有助于加深他们对中国和中华文化的理解，建立与中国的联系，帮助他们更好地在中小学教授和传播汉语。

英国 SSAT 培训项目旨在为英国中小学培养本土汉语教师。该项目由英国伦敦教育学院孔子学院（原 SSAT 孔子学院）发起，和孔子学院总部联合创办，由国内知名师范院校承担培训任务。培养对象大多是来自英国各地中小学的非华裔教师，既有土生土长的英国人，也有定居英国多年的法国、德国、加拿大人。这些教师在各自的学校大多教授法语、德语、西班牙语等外语科目，也有部分小学教师教授各类综合科目。

与其他本土教师培训项目不同的是，该项目主要在中国本土进行培训，有 3 周在中国进行语言学习和文化体验，让学员在真实的中国环境中对汉语语言知识及中华文化形成一个初步的认识和了解，打下良好的基础，以便他们回英国之后能够为英国的中小学生开设初级水平的汉语课程。

培训采用主题式讲解、任务型操练、一对一差别化辅导、体验式文化教学、

①张新生，李明芳 . 英国汉语教学的现况和趋势［J］. 海外华文教育，2007（02）：46-57.

微格试讲等方式，强化提高学员的汉语水平并能教授教材《快乐汉语》。课程内容包括汉语语言知识、教学组织与课堂管理、教材介绍与使用、测试与评估、汉语课堂活动设计、中华才艺等。[①]

（二）培训模式

本土汉语教师的来源和知识背景复杂多样。英国孔子学院在保证普遍性培训的基础上，根据培训对象的不同特点，探索设计了多种行之有效的培训模式。

为满足曼彻斯特地区中小学的要求，同时配合曼彻斯特市政府的学校国际交流项目，曼彻斯特大学孔子学院（以下简称“曼大孔院”）于2011年开始开展本土教师汉语教学培训，开创性地设计了针对母语非汉语教师的汉语教学培训，以帮助曼彻斯特地区的中小学培养优质的汉语教师，服务当地的汉语教学。

曼大孔院本土汉语师资培训消除了当地中小学外语教师对汉语和中国文化的陌生感，为学校引进中文课程，探索中外教师结合的教学模式做了准备。第一次培训在曼大孔院进行，来自8所学校的18位校长、教师参加了为期16周的课程。培训内容包括了汉语知识和中国文化。教师们对培训内容和方式普遍表示满意，认为课程和教学活动都非常适合自己，提供的资源也十分有效。经过培训，有5个学校开设了汉语俱乐部，1个学校在3至6年级开设了汉语课程，还有一些学校开设了汉语兴趣班。[②]

在成功举办两次培训之后，曼大孔院与全球知名的国际出版社——英国麦克米兰出版有限公司（Macmillan Publishers Ltd）合作，于2013年举办了第三届英国本土汉语教师培训。来自华夏中文学校、利兹大学、苏格兰中小学等教学机构的30余名英国本土汉语教师参加了培训。麦克米兰出版社亚洲市场部负责人Byron Russell先生、北师大志愿者教师们也都到现场观摩了培训。资

---

① 外国汉语教师来华研修项目2013年研修班信息［A］. 世界汉语教学学会通讯，2013年第1期（总第18期）［C］. 世界汉语教学学会，2013：2.

② 曼彻斯特孔子学院开设本土教师汉语教学培训获盛赞［EB/OL］. http://www.chinanews.com/hwjy/2011/05-13/3039760.shtml.

深对外英语教师培训师 Dede Wilson 女士重点强调了语言教学中课堂活动的重要性，对如何将教学活动与教材相结合等问题进行了详细阐述，并对一些典型的教学活动进行了介绍，通过互动的方式激发了现场学员的热烈讨论。曼彻斯特大学城市大学语言中心的吴砚梅教师就汉语语音教学进行了独特的培训，她认为在音调教学中可以借助吉他等乐器辅助，在纠正音调时则可借鉴英语词汇及其发音，并提供了许多实用的教学资源。[①] 曼彻斯特孔子学院本土师资培训，既发挥了曼大孔院作为地区师资培训中心的优势，提高孔子学院在英格兰西北地区的地位和影响力，也有效提高了该地区的汉语教学水平，使汉语更好地融入当地的中小学教学体系。

（三）培训目标

本土汉语教师培训的一个重要目的就是促进英国本土汉语教师的交流与成长，了解当地汉语考试形式和内容的变化，提高教学质量，加强汉语教学师资力量，促进本土汉语教学向标准化、规范化、专业化方向迈进。

英国本土汉语教师培训研讨会是由英国伦敦孔院和英国中文教育促进会联合举办的大型学术研讨会。该项目始于 2015 年，已连续举办四届。全英主流学校和华文学校、当地中小学和周末中文班的中文教师成为主要培训对象。

本着“以考促学”的原则，培训内容主要围绕英国汉语测试和教学的相关内容展开，涵盖了“在线远程汉语教学及测试”“传统教学经验和翻译法在汉语测试中的重点使用”“汉语教学大纲”“HSK 考试与中国本土大学汉语考试的相关性”“中文考试和中文教学”“英国考试新大纲下如何提高学生听说读写译综合能力”“GCSE 大纲介绍和实践操作”“对比在教学中的运用”和“AS/ALevel 新考试大纲”，以及汉字教学、文化教学等多个方面的问题。此外，还专门邀请了伦敦孔院英方院长、亚非学院中文系讲师、英国中文考试局高级主考官宣力担任主讲，详细介绍了 2017 年通过的新 GCSE 及 AS、A-LEVEL

① 曼彻斯特大学孔子学院成功举办 2013 年英国本土汉语教师培训［EB/OL］. http://www.hanban.edu.cn/article/2013-07/15/content_504279.htm.

的考试要求。[①]

英国本土汉语教师培训研讨会培训效果显著，得到参训教师一致认可。研讨会已经成为支持中文教育和培训本土汉语教师的重要平台，期待研讨会发挥更为重要的作用。

【小结与思考】

从设立孔子课堂的数量来看，英国凭借156所的规模高居欧洲各国首位，比数量排名第二的意大利多出100余所，占到全球孔子课堂数量的14%。这些孔子课堂的设立极大地推动了英国基础教育阶段汉语教学的发展，如北爱尔兰地区教授汉语的学校似乎都与孔子学院有关系，苏格兰也是如此。

英国孔子课堂形成规模的同时也形成了一定体系。孔子课堂的各项业务在基础教育中的发展比较全面，涉及汉语教学、文化活动、教材编写、师资培训等各个方面。

英国孔子学院（课堂）的办学成效显著。在孔子学院（课堂）带动下，英国基础教育汉语教学整体呈上升趋势。“孔子课堂在英国中小学汉语推广中的作用巨大。……英国孔子学院（课堂）为当地中小学提供汉语教学、汉语教师、教材、文化推广和咨询服务等，补充和支持了所在学校的汉语教育，也客观上促进了英国汉语教育的发展。”[②]

英国孔子课堂发展带来了一些值得关注的现象：一是孔子课堂发展不平衡，开设孔子课堂的中小学大多分布在苏格兰和威尔士，设立孔子课堂的学校以公立中小学为主。二是教育衔接问题，英国孔子学院（课堂）带动基础教育汉语教学的持续发展，直接对大学汉语教学产生了影响，推动大学汉语教学做出相应的调整和改革。已往零起点的大学汉语教学已经完全无法适应新的发展

---

①150位教师参加2017年英国中文教师师训.［EB/OL］. http://www.chinaqw.com/hwjy/2017/02-23/128232. shtml.

②杨蓉蓉.海外在校汉语教育发展趋势初探——以英国为例［J］.全球教育展望，2009，38（10）：86-89.

形势，必须思考不同教育领域的汉语教学能力的衔接问题，制定不同阶段的汉语教学目标和大纲。

英国孔子课堂的发展也并非一帆风顺，已经有很多学者注意到师资质量、教学大纲、教材等问题在很大程度上限制了英国基础教育汉语教学的发展。此外，考试认证体系不完善、汉语教师专业组织缺乏等也是影响英国汉语教育的因素。

这些问题不仅需要逐个解决，更需要针对汉语教育本身的特点与规律，从教育理念、教学模式、教学管理等宏观方面有意识地建构起相应的体系，以真正指导和推动英国汉语教育的发展。尽管形势喜人，但英国汉语教育发展的道路还相当长远。这不仅需要英国汉语教育界同心协力，更需要政府、各教育部门和社会各界的大力扶持。[①]

第四节　孔子学院与政府合作

作为一个综合文化交流平台，孔子学院的基本功能是汉语教学和中华文化传播，在人文交流领域，孔子学院也正扮演着重要角色。在孔子学院的运营中，与政府的合作是一个重要的影响因素。以英国为例，孔子学院与中英两国政府在外交、文教、经贸科技、人文交流等领域表现出全方位的互动合作关系。

一、外交合作

在对外交往的过程中，孔子学院借助语言教学和文化活动促进了中外双方相互交流和理解，促成了更广泛的合作，在增进不同文明之间的相互理解、推进民心相交和共识凝聚中发挥着重要作用，在民间外交和公共外交中扮演着重要角色。

---

① 杨蓉蓉．海外在校汉语教育发展趋势初探——以英国为例［J］．全球教育展望，2009，38（10）：86-89.

应英国女王伊丽莎白二世邀请，中国国家主席习近平于2015年10月19至23日对英国进行国事访问。此访是近10年来中国国家主席首次对英国进行国事访问，具有里程碑式的历史意义，备受各界关注。习主席此行的重要一站，就是来参加全英孔子学院和孔子课堂年会开幕式。10月22日，习近平在英国约克公爵安德鲁王子陪同下抵达开幕式现场，共同参观了全英孔子学院和孔子课堂成果图片展，观看了孔子学院和孔子课堂学生汇报演出。习主席和约克公爵安德鲁王子共同为全球第1 000所孔子课堂——奥特利尔中学孔子课堂揭牌。[①] 在这次活动中，一名叫康可的英国学生朗诵了一首他在上课时接触到的习近平20多年前所做的追忆焦裕禄的诗词。通过焦裕禄的故事，他更深刻理解了当代中国和中华文化。节目结束后，习近平称赞这位外国小伙普通话讲得好，朗诵得更好。[②]

2011年，时任国务院副总理李克强就曾在英国伦敦大英博物馆与几所孔子学院学生有过亲切交流。孔子学院学生和中国文化爱好者用中文与总理聊学习中文和在中国交流的故事，得到了总理的热烈回应。曾获第九届“汉语桥”比赛特等奖的蒋思哲告诉总理想去北京高等学府继续深造，总理对此表示热烈的欢迎，并对他寄予厚望，希望他能更好地促进中英友谊和中英合作。[③]2012年蒋思哲获得清华大学全额奖学金，在清华大学经管学院攻读研究生，2013年他在中国创办了Alpha同伴教育企业和Hatchery餐饮孵化器，把国外资源引入中国，促进了中英两国的商业合作和教育往来。

英国良好的汉语学习环境培育了一批像康可、蒋思哲这样的汉语爱好者。这得益于英国政府的大力推动，英国先后两任首相卡梅伦和特蕾莎·梅都曾力推中文学习。特蕾莎·梅频繁走动争取伦敦中国城的选票支持，她在2017年

---

① 习近平主席访问英国行程全记录［EB/OL］. http://cpc.people.com.cn/xuexi/n/2015/1022/c385474-27728906.html；习近平出席全英孔子学院和孔子课堂年会开幕式［EB/OL］. http://www.xinhuanet.com/world/2015-10/23/c_128347954.htm.

② 欧阳开宇 . 特写：英国小伙朗诵习近平《念奴娇·追思焦裕禄》［EB/OL］. http://www.chinanews.com/gn/2015/10-23/7584592.shtml.

③ 记李克强与英国中国文化爱好者和孔子学院学生互动［EB/OL］. http://politics.people.com.cn/GB/1024/13719072.html.

春节录制祝福视频大秀中文受到了广泛转发和关注。2013 年，卡梅伦在其访华行程最后一站成都发表演讲，呼吁英国学生“学习中文”。卡梅伦引用了曼德拉的名言：“如果你想走进一个人的内心，就得先学会他的语言。”卡梅伦表示：“我希望英国人能和全世界发展最快的经济体保持联系。我们应该把注意力从传统的法语、德语转移到中文上，学好中文才能在未来生意场上畅通无阻。”卡梅伦这番讲话在英国国内获得了教育部和文化教育协会的公开支持。[①]英国教育部学校标准部长尼克·吉博说：“学习中文不仅是对学生个人兴趣的培养，更可以在未来职业中接轨世界发展最快的经济体。”[②]英国前任财长乔治·奥斯本曾在访问上海期间表示，自己经常督促上中学的女儿学习中文，而他本人也在空闲时间喜欢找女儿教他几句普通话。

中英两国政府为汉语学习提供的良好发展环境有助于孔子学院成长，孔子学院的成长又反过来对两国政府间的合作和往来产生积极作用，形成良性互动循环。奥斯特大学孔子学院（以下简称“奥大孔院”）就是施展公共外交的一个典型案例，它在促进北爱尔兰和中国全方位交流上做出了突出贡献。

2012 年 4 月，奥斯特大学和湖北师范大学在贝尔法斯特合作成立奥大孔院，翻开了北爱尔兰和中国关系的新的一页。曾任北爱克雷加封市市长的德萝蕾丝·凯丽女士毕业于奥斯特大学，说起在她母校诞生的孔子学院，凯丽女士赞不绝口。她介绍说：“奥大孔院为北爱尔兰年轻人学习中国语言文化，为北爱尔兰和中国年轻人相互访问、加深了解提供了很好的机会。每年北爱尔兰都有约百名儿童到中国去短期访问学习。这种民间交流为双方发展各领域层次的密切关系奠定了良好基础。”她认为，虽然北爱尔兰和中国历史上的关系可以上溯百年，但北爱尔兰对中国更全面和更深入的了解得益于孔子学院过去三年的努力。通过北爱尔兰议会中国事务跨党派小组和孔子学院等机构，北爱尔兰正在全面发展对华关系。

奥大孔院积极参与两国政府组织的交流活动。2017 年底，中国人民对外

---

① 在这里，中文备受推崇［EB/OL］. http://www.atcy.cn/html/2017/bzltx_0913/18423.html.

② 英国掀“中文热” 卡梅伦呼吁学中文与世界接轨［EB/OL］. http://huaren.haiwainet.cn/n/2017/0911/c232657-31111465.html.

友好协会与英国北爱尔兰政府在贝尔法斯特共同举办了第三届中英地方领导人会议。中国全国友协、国家发改委和七个省市政府代表，企业、教育代表团和英国北爱尔兰地方政府、企业代表及高校科研人员等近200人参加会议。奥大孔院全体员工作为服务团队为与会人员提供优质的翻译、接待等服务。会议期间，中国多个省市与北爱尔兰政府签订了友好合作协议，双方企业、科研机构和学校也签署了一些具体合作项目。奥大孔院经常参加和组织北爱尔兰地区与中国的交流活动，已成为北爱尔兰地区与中国开展交流合作的重要平台之一，在北爱尔兰地区具有较大的影响力。①

二、文教合作

孔子学院是推广汉语和中华文化的平台，目的是让英国学生和民众感受中国语言和文化的魅力，促进两国文化相互交流、碰撞、融合，在坚守本国文化的同时，取长补短，共同进步，共同发展。因此，开始文教合作，是孔子学院工作的重要内容。

2016年9月，英国教育部宣布正式启动“中文培优项目”（Mandarin Excellence Programme），支持英格兰中学汉语教学，计划在2020年底前投入1 000万英镑，培养出至少5 000名能用汉语交际的年轻人。②受英国教育部委托，伦敦大学学院教育学院孔子学院和英国文化教育协会共同负责项目的实施。位于伦敦大学学院校园内的孔子学院在英格兰境内已有42所合作中小学。伦敦大学学院方面表示，计划再培养招募100名中文教师。③该项目由英国教育部提供资金支持，从中文教育良好的中学七年级学生中，挑选出一部分学生进行每周至少8小时的强化中文训练，培养听说读写能力。第一批来自全英国14所学校、上百名学生加入到了该项目中。④

① 我校孔子学院助力第三届中英地方领导人会议成功举办［EB/OL］. http://international.hbnu.edu.cn/front?status=third1&id=546&WebShieldDRSessionVerify=01rcnGrVD2iQq3RlE30C.

② 那些将中文纳入全国统一考试的国家［EB/OL］. http://www.sohu.com/a/237908107_489009.

③ 在这里，中文备受推崇［EB/OL］. http://www.atcy.cn/html/2017/bzltx_0913/18423.html.

④ 英国掀“中文热”　卡梅伦呼吁学中文与世界接轨［EB/OL］. http://huaren.haiwainet.cn/n/2017/0911/c232657-31111465.html.

为推动“中文培优项目”实施，2016年11月英国伦敦大学学院与北京大学在北京签署了合作谅解备忘录。双方决定在等级评估、本土汉语教师培训等方面开展合作。同时，双方成立合作团队，推进该项目的落实。UCL-IOE孔院希望借此契机，将更多学校纳入“中文培优项目”，提高英格兰中小学汉语教学质量，增加汉语学习者人数。①

该项目的实现有赖于孔子学院在英国十余年的付出和努力。英国伦敦大学学院校长Michael Arthur在2017年底访问孔子学院总部时提到，孔子学院（课堂）在英国的文化和政治体制背景下，以润物细无声的方式渐渐深入民心，赢得广大民众欢迎，从而推动英国教育部改变现有教育体制，将中文纳入中小学正式外语课程，并推出“中文培优”项目。②

英国孔子学院为推广汉语教学和中华文化、增进中英文化交流合作所做出的突出贡献，也获得了中英两国政府和英国主流教育界的认可。2016年9月16日，北爱尔兰政府在贝尔法斯特市的北爱尔兰议会大厦向英国奥斯特大学孔子学院中方合作院校湖北师范大学党委书记向显智和孔子学院总部/国家汉办驻英国首席代表、英国汉语考试委员会主任陈同度获得了该政府颁发的“特殊贡献奖”③。这不仅表明北爱政府对他们工作的认可，也使得他们成为第一次获得此奖项的中国人。

同月29日，英国伦敦南岸大学校长、伦敦中医孔子学院理事长大卫·菲尼克斯（David Phoenix）荣获中国政府颁发的“友谊奖”。④该奖用以表彰菲尼克斯为孔子学院在英国的建设和发展所做出的卓越贡献。菲尼克斯热心中英两国教育文化交流，在担任英国兰开夏中央大学副校长期间，积极帮助该校孔

① 伦敦大学学院与北京大学签署“中文培优项目”合作谅解备忘录［EB/OL］. http://www.hanban.edu.cn/article/2016-11/10/content_664035.htm.

② 英国伦敦大学学院与孔子学院总部签署合作备忘录，双方将在多个方面加深合作［EB/OL］. http://wemedia.ifeng.com/37195501/wemedia.shtml.

③ “特殊贡献奖”是北爱尔兰政府为给该地区做出杰出贡献的人士设立的。奖项旨在表彰他们为北爱尔兰的汉语教学和中国文化推广的快速发展以及增进双方友好合作做出的卓越贡献。

④ 中国政府“友谊奖”是中国政府为表彰在中国现代化建设和改革开放事业中做出突出贡献的外国专家而设立的最高奖项。

子学院开展工作。调任伦敦南岸大学校长后，亲自担任伦敦中医孔子学院理事长，大力推动孔子学院各项工作，在孔子学院融入大学与社区、发展特色与品牌建设、推进汉语与中华文化传播、加强与中国大学、企业合作与学术交流等方面做出了突出贡献。他将孔子学院发展纳入大学发展的战略体系，以科学的领导方式和卓越的领导才能，在孔子学院发展规模、办学特色、高端项目开展、学术研究等方面都取得了优异成绩。在他的领导下，伦敦中医孔子学院荣获全英首家“示范孔子学院”称号。[①]

三、经贸科技合作

经贸合作是中英两国间的基础互动项目。伴随两国经济合作不断深入，孔子学院在语言教育和语言服务上的作用更加明显，如开设商务汉语课程、提供语言翻译等，为国外想学习汉语、了解中国的人创造机会，为想与中国政府、企业开展经济合作的英国企业扫清语言上的障碍，使他们在学习汉语和中华文化的同时，了解中国的国情和经济发展状况，使中英开展更多的经济合作成为可能。

（一）经贸领域

“商业文化”交流是英国人民最想和中国进行对话的内容之一。[②]孔子学院作为促进中英语言文化交流和商贸合作的重要枢纽，通过课程设置、组织活动等为英国民众了解中国商业文化、促进中英经贸领域的交流和合作提供了重要的支撑和平台。谢大孔院就是其中的典范。

谢大孔院为中英经贸合作提供课程支撑，从汉语课程设置方面帮助英国学员更好地理解中国商业和礼仪文化。2013 年，谢大孔院与谢菲尔德市商务协会（Sheffield Chamber of Commerce）成功签订了合作协议，将为商务和管理

① 英国伦敦中医孔子学院理事长荣获中国政府友谊奖［EB/OL］. http://www.chinaqw.com/hwjy/2016/10-17/108104.shtml.

② 谢菲尔德大学校长：中英民众殊途同归　愿共促汉语推动共赢［EB/OL］. http://world.huanqiu.com/exclusive/2016-12/9798262.html.

人员开设系列语言与文化活动课程，这将为拓展商务领域的深入合作打下良好的基础。2014 年与中国有业务往来的大学、商务及其他组织的工作人员开办“商务汉语 ABC”工作坊、商务汉语课程（包括“一对一”商务汉语课程）、商务讲座、商务研讨会和为有需求的社会各界提供翻译和商务咨询。①

此外，谢大孔院通过组织和参与活动为中英合作创造交流平台，为中国企业了解英国创造条件，助力中英两国经贸领域的合作。2018 年 6 月 20 日，谢大孔院同其他十四家企业、公司参与谢菲尔德市举办的国际贸易会议展览，会议由南约克郡国际贸易中心、谢菲尔德商会、约克郡和亨伯国际贸易部、谢菲尔德城市地区增长中心、企业欧洲网络共同举办，对出口贸易的重要性进行了重点探讨，近百家英国企业代表出席了会议。谢菲尔德国际贸易商会会长尼克·帕垂克（Nick Patrick）提到不同语言文化间的沟通和交流在双边贸易中的重要性，对孔子学院作为中国与英国的合作桥梁，对中英贸易关系建立的不可或缺作用予以了高度肯定。会议期间，数名优秀企业家受邀分享他们的成功经验。APPT 执行董事尼尔·伯驰诺（Neil Birchenall）通过讲述他与中国学生合作，继而开展出口贸易的故事，大加赞赏谢菲尔德大学对于跨国企业贸易的重要性。②

孔子学院的工作领域之一是支持外国企业到中国投资，尤其是中小型企业。格拉斯哥大学孔子学院（以下简称“格大孔院”）在促进英国企业与中国的商业合作方面做出了重要的贡献。

格大孔院为学员开设与中国商业交际相关的课程。2013 年 4 月和 6 月，格大孔院相继开设了中国商务礼仪培训课程，受到了学员们的热烈欢迎。之后，格大孔院与苏格兰英中贸易协会合作，将此项培训提供给了英中贸易协会会员及更多公司和企业，为中英贸易合作提供了重要的礼仪信息。

通过举办交流会等形式，格大孔院聚集了大批中英商业人士，为中英商界合作提供了重要交流平台。

---

① 孔院十年·漫谈孔院（七）［EB/OL］. http://www.paiguzx.cn/a/115908/10092674.html.

② 英国谢菲尔德大学孔子学院助力搭建中英贸易桥梁［EB/OL］. https://mp.weixin.qq.com/s/TaAqnp_tqZdeea4bg5sIhw.

（二）科技领域

英国孔子学院加深了中英两国在科技领域企业、人员和资源之间的交流与合作，促进了科技创新成果的共享。曼大孔院就是其中的典型。

曼大孔院是全英第二所孔子学院，已创建11年。基于地缘优势和中英两国在核能领域合作的不断加强，最近两年，为英国核工业的专家们上汉语课成为这所孔子学院的常规项目。2016年，英国国家核实验室找到曼大孔院，邀请孔子学院教师为其员工进行中文培训。为此，曼大孔院根据英国科研人员的学习需求开展了“定制汉语课堂”教学活动。

王薇作为曼大孔院派到“定制课堂”的第一位教师，她的学生既有英国国家核实验室的高层管理者，也有一线业务人员。每次上课前，他们都会提出一个想学习的主题，比如，中国的商务餐桌礼仪和文化、如何用中文预订宾馆等。“他们学习中文的目的性很强，就是要和中国的合作伙伴更好地沟通。”王薇说，“有个学生告诉我，他每年大约半年时间都在中国出差工作，迫切想要学习实用的汉语。”①

鉴于第一期“定制汉语课堂”反馈良好，英国国家核实验室与曼大孔院续签了一年课程，还向另一家核能机构国际核服务公司推荐了曼大孔院的课程。该孔子学院将开始为国际核服务公司提供中文培训。

曼大孔院为英国科研人员提供的良好的服务，也得到了曼彻斯特大学的愈加重视。2017年，曼彻斯特大学专门给孔子学院划拨了一栋位于校园主干道的三层小楼用以办公和教学。②

谢大孔院也为中英两国科技领域的合作交流做出了重要贡献。2016年谢大孔院先后参加了由中国国家科学技术部和上海市人民政府共同主办的高层次、开放性、国际化科技创新论坛——2016年浦江创新论坛，谢大校长凯思爵士做了《携手应对共同的挑战》的主旨演讲，强调了中英两国在创新科研领

①②特稿：从红色灯笼到橙色单车——在曼彻斯特感受中英关系“领跑者”魅力［EB/OL］. http://www.xinhuanet.com/world/2017-10/30/c_1121877289.htm.

域的合作可能性、合作历史和合作意愿，尤其是中英两国在核电领域的合作。[①]

此外，谢大与上海航天技术研究院、上海交通大学签订了合作备忘录，加强三方在航空航天先进制造业领域的合作。2016 年，谢大与上海航天技术研究院在航空航天创新领域签署了一项新的谅解备忘录。据协议，双方将成立薄壁构件制造联合研发中心，用以进行薄壁构件在商用火箭领域的研究。[②]2017 年谢大与上海交通大学签署了《上海交通大学和谢菲尔德大学学生交换协议》，以加强两校在大飞机、汽车工程、核科学等领域的进一步合作。[③]

四、人文交流合作

作为在海外长期存在的实体机构，孔子学院和一般访问团体不同，在人文交流中更具备发挥作用的条件和空间，发挥作用的形式更加多样和丰富，如汉语教学、文化活动、互访交流、出版、学术往来、社区服务等；其内涵也更为深入，孔子学院一直致力于增进世界人民对中国国情和文化的了解，促进多元文化共同发展，发展与其他国家、人民之间的友谊，也为各国政府间的交流与合作打下了基础，以达到和谐共处、相互促进的目标。正如美国加利福尼亚大学中国问题专家理查德·鲍姆所说，“中国政府通过孔子学院提升国家形象，正在向世界展示一张柔和的孔子的脸。”

2012 年，中英两国政府成立了高级别人文交流机制。6 年来，在教育、科技、文化、卫生、体育、青年、旅游、新闻媒体、地方合作、社会和妇女等领域形成了影响广泛的品牌项目，机制领域不断拓展，合作更加深入。在双方主要合作成果清单[④]当中，孔子学院也成为教育领域的一项重要内容。孔子学院不仅

---

① 孔子学院——照亮彼此的一束光［EB/OL］. http://www.xinhuanet.com/overseas/2016-10/23/c_129333834.htm.

② 谢菲尔德大学与上海航天技术研究院签署航空航天新合作［EB/OL］. https://www.baidu.com/link?url=AA1dG76F7VKielCq7ZgyE6v9qusroWDwRfULgMfQwJ_OGob764z5zxsCmKo7mTH51NlZEdMTJO5wwZMwlfJeYq&wd=&eqid=da4f66af0000d1a2000000035b4369b6.

③ 又一波强强联合！英国工程强校谢菲尔德大学访问上海交通大学啦！［EB/OL］. http://baijiahao.baidu.com/s?id=1563444124509132&wfr=spider&for=pc.

④ 2012 年中英高级别人文交流机制成立以来与英方主要合作成果清单［EB/OL］. http://www.moe.gov.cn/jyb_xwfb/moe_1946/fj_2016/201612/t20161208_291171.html.

促进了中英两国各领域的交流合作，也培养和吸引了一大批中华文化爱好者。有一对孔子学院学员令人印象深刻，他们是托比和他的妈妈萨宾。

托比对世界充满着好奇，五岁起他就开始给全球各地的人写信，想要了解不同人的生活是什么样子。在寄出的200多封信中，有一封寄到了中国香港。他从香港笔友的信中得知了一些中国的知识和中国人的生活习惯，开始对中国文化产生兴趣，萌生了学习汉语的念头。

六岁时，他参加了孔子学院的汉语儿童暑期课程。除了中文，课程还涵盖了中国艺术、手工艺、工作坊、游戏等。这些活动使他非常着迷，但他最喜欢的还是中国语言和中国文字，于是一学便是三年。正如他在已经出版的《亲爱的世界，你好呀》一书里写的那样，他希望带着这种对世界的好奇心，去中国开启一段新的冒险旅程，去鉴赏东方特色的中国古典音乐，去品尝多种烹调方法的中国美味。托比已经通过了少儿汉语考试（YCT3），并且对中国的汉字、音乐、饮食和长城故宫有着浓厚的兴趣。

在托比的中文学习之路上，他的妈妈萨宾担任着亦师亦友的角色，是托比最好的中文“搭档”。每周六，萨宾参加家长班，陪伴托比一起学习中文；每次考试，他们都一起报名，一起复习学习，互帮互助。萨宾说：“我一直以来都对中国文化有浓厚兴趣，也与华人一起工作过。在托比学中文的前两年，因工作关系我没报读成人汉语班，只打算在旁陪着他。随着时间的推移，在学习过程中我会协助他完成作业，帮助他记新词，这个亲子学习过程弥足珍贵。幸运的是，我从今年起能够与托比一起学中文，我们十分享受在一起学习的过程。”

托比和萨宾的汉语学习事迹只是孔子学院学员的一个缩影。自2005年英国第一所孔子学院设立以来，汉语学习的感人故事每天都在上演。随着孔子学院的继续深入发展，也将会有更多的小朋友和家长喜欢上汉语，真正认同中华文化。

孔子学院的发展也促进了中英两国电影艺术的传播。孔子学院将中国的优秀电影引荐给英国人民，通过电影向英国人民展现了中国的历史和文化，是英国人民了解中国的重要窗口。2015年，南京人文影视戏剧制作中心副主任、导演杨弋走进伦敦孔院，与学院师生分享和探讨了“中国独立电影与中国社会”，详细介绍了中国独立电影的状况，播放了贾樟柯电影《小武》的片段，并讲解了其所反映的中国现实，吸引了伦敦大学亚非学院、伦敦国王学院、伦敦政治经济学院等多所大学的学生、学者和社会人士来聆听，讲座之后，许多人表示想要更深入地了解中国文化和艺术。[①]2017 年，利兹大学商务孔子学院在海德公园电影院举办了一场电影节活动，吸引了当地 200 多名民众前来参加。活动期间，为来宾放映了中国影片《花样年华》，展现了中国的旗袍文化和电影艺术水平。电影节还邀请伦敦国王学院电影学院的克里斯·贝瑞（Chris Berry）教授、导演兼电影制作人戴维·谢（David Tse）、当地电影公司主管乔伊斯·李（Joyce Lee）和现场观众一起讨论了中国电影产业发展。[②]英国爱丁堡大学苏格兰孔子学院则带着中国的电影参加了苏格兰博奈斯无声电影节，推出了两部中国早期无声电影：纪录片《带着摄影机周游中国》（*Around China with a Movie Camera*）和吴永刚执导、阮玲玉主演的《神女》（*The Goddess*），展示了中国历史和风俗人情，受到了当地民众的喜爱。[③]

孔子学院这种非官方的人文交流方式既可以帮助化解分歧、促进理解，也能更自然、真实、有效地促进两国文化艺术的发展，促进中西文化的融合。正如习近平总书记所说：“通过人文交流，中英两国文化中的精华正在对两国人民的思维方式和生活方式产生着奇妙的‘化学反应’。”[④]

---

①伦敦孔子学院举办“中国独立电影与中国社会”讲座［EB/OL］. http://www.hanban.org/article/2015-11/09/content_622603.htm.

②透过电影看中国——利兹大学商务孔子学院举办“全球孔子学院日”电影节活动［EB/OL］. http://www.hanban.org/article/2016-10/10/content_659040.htm.

③英国爱丁堡大学苏格兰孔子学院参加博奈斯无声电影节［EB/OL］. http://www.hanban.org/article/2017-04/18/content_681590.htm.

④特写：英国小伙朗诵习近平《念奴娇·追思焦裕禄》［EB/OL］. http://www.chinanews.com/gn/2015/10-23/7584592.shtml.

【小结与反思】

自2015年中英关系步入“黄金时代”以来，两国各领域交流合作不断提升。今年正值中英建立大使级外交关系46周年，也是中英高级别人文交流机制建立的第6个年头，中英两国交流日益紧密、互动更加频繁。正在筹备脱欧的英国政府也更关注对华关系，与中国开展更全面的合作。英国政府清醒地意识到中国经济持续发展的前景下掌握中文的重要作用。因此，他们将汉语作为战略性语言，并首次对这一外来语种进行投资，为英国孔子学院的发展提供有利的外部环境，并确立了互利共赢的发展理念。

通过英国孔子学院与中英两国政府在不同领域的互动可以看出，孔子学院在促进两国政府合作上发挥了积极作用，通过不同的方式为中英政府间的经贸往来、人文交流等提供了直接支持和辅助。

英国孔子学院参与政府合作的特点主要表现在：一是级别比较高，两国国家领导人和各级政府以不同方式参与孔子学院（课堂）的活动；二是覆盖面比较广，孔子学院与两国政府互动的领域涵盖外交、经贸科技、文教等，其中，文教领域较为突出和活跃；三是合作形式多种多样，主要包括语言服务、文化活动、会议论坛、商务活动，宣传推广、出版发行、荣誉奖励，在这些参与形式当中，以语言服务和文化活动最为突出；四是双向对等互动，英国孔子学院不仅与中国政府合作，与英国政府合作的力度同样很大。两国政府领导人不仅出席孔子学院组织的活动，还为孔子学院提供资源支撑。

英国孔子学院之所以在政府合作中发挥了重要作用，主要原因在于：第一，高层互信。正如中欧高级别人文交流机制会议欧盟代表团团长特别代表博雷利先生所言，中欧之间有效合作的奥秘在于耐心和细心地建立互信。这不是一项短期承诺，而是一项长期行动，不仅仅需要建立机构之间的联系，而且需要建立人与人之间的联系，这样双方的合作才更加顺畅。[①] 中欧之间的这种互信关

---

① 孔子学院对中欧人文交流贡献独特［EB/OL］. http://w.huanqiu.com/r/MV8wXzg4NDQwNjBfOTBfMTQ2MjEzMTY2OQ==.

系同样适用于中英政府。正是本着长期合作、共享共赢的态度，两国之间彼此信任，才能为孔子学院提供一个良好的发展环境；第二，坚实的社会基础和民众参与度。中国经济的高速发展使得英国民众对中国的关注度大大提升，2017年英国文化委员会公布的一项对上千名英国家长的问卷调查结果显示，中文被英国家长选为“未来最有用”的语言，51% 的家长表示希望自己的孩子能学习中文；第三，良好的社会反馈。孔子学院的确在英国当地产生了实际效果，让英国各界感受到了孔子学院存在的价值和影响。

今后，如何让更多孔子学院在人文交流，特别是政府合作中发挥更大作用，扩大合作范围，增加合作的持续性是值得进一步关注和加强的问题。孔子学院要更多地获取政府理解、支持和资源，为政府合作搭建更多的交流平台。同时，平衡好汉语教学与政府合作的比例也是不容忽视的重要内容。

第五节　英国的特色孔子学院

《孔子学院发展规划（2012—2020）》提出“鼓励兴办以商务、中医、武术、烹饪、艺术、旅游等教学为主要特色的孔子学院”。特色孔子学院是指以不同主题文化为切入点，以传播汉语和中华文化为办学宗旨的孔子学院。特色孔子学院的主题相对集中，目标性也更强，主要围绕中华传统文化（如中医、武术、美食、戏曲等）以及当代中国（如商务和旅游）来展开。

在英国的 29 所孔子学院中特色孔子学院有 6 所，包含 1 所中医孔子学院、3 所商务孔子学院、1 所出版孔子学院和 1 所舞蹈艺术孔子学院。需要特别指出的是，6 所特色孔子学院中有“四个第一”，它们是全球第一家以中医为主题的孔子学院、第一家商务孔子学院、第一家以舞蹈和艺术为主题的孔子学院，以及第一家校企合建的孔子学院。

一、以中医为主题的孔子学院：伦敦中医孔子学院

伦敦中医孔子学院是全球第一所以中医为特色开展汉语教育和中医养生文化推广的孔子学院。2008 年由英国伦敦南岸大学与中国黑龙江中医药大学、

哈尔滨师范大学三方共同建设，其中，英国伦敦南岸大学负责办学场地和基础设施，黑龙江中医药大学负责中医专业课程，哈尔滨师范大学负责汉语专业课程。该孔子学院有中医学历教育和汉语言教育，现设有中医针灸本硕连读专业（学制 4 年）、中医研究硕士专业（学制 3 年）等 3 个学历教育专业，2011 年招收首批硕士研究生。根据英国的文化特点，该孔子学院开发了适用于各年龄段的本土化教材，并根据学生的文化程度创新教学方法。学院专用教学楼设有中医教室、中医临床教学诊所、语言文化教室等，开展中华文化推广、汉语教学、中医教学与临床实习、文化活动等内容。①

凭借中医领域的特色和优势，该孔子学院特别注意服务社区，其项目设计都围绕社区民众来展开，包括面向中小学的“中华养生周”活动、面向大学教职工的“健康系列讲座”活动和面向英国社会民众的“送健康”活动等品牌项目，旨在推广中医健康知识，帮助更多英国民众拥有健康的生活方式。

“中华养生周”活动是中医孔子学院的文化品牌项目，包括孔子学院内部的养生保健知识讲座和“中华养生周”巡演活动两部分。首届中华养生周活动于 2009 年启动，内容包括武术、中医保健、中国绘画、中国书法、民族舞蹈和中国茶艺，巡演 103 场，讲座 50 场，影响遍布英国 16 个城市的 42 所中小学和高校。活动产生了积极影响，5 所中小学递交了设立孔子课堂的申请，12 所中小学要求开设中华文化和中医保健体验课程。该项目的持续组织产生了广泛社会影响。

“健康系列讲座”始于 2011 年 4 月，主要包括“气功及其医疗保健”“如何有效减肥”“远离紧张压力”和“中医基础理论知识”四个主题，这些主题关注日常生活问题，结合中医知识，有效地吸引了大量员工及学生。气功讲座为现场学员讲解气功在医疗保健中的应用；减肥讲座介绍针灸和按摩的减肥法，以及针对不同体质个体的具体方法；压力讲座是最受欢迎的讲座，介绍如何运用自我按摩保健法进行调节，面对生活工作上的压力；中医讲座从阴阳五

① 潘淼 . 中医药大学创建海外中医孔子学院的实践探索与研究［J］. 天津中医药大学学报，2017，36（04）：303-308.

行、情绪、四季等方面讲解一些基本的中医理论知识。[①]

面向社会民众的送健康活动中，中医孔子学院的“火车站送健康”活动影响相对较大。为了更好地宣传该活动，孔子学院还组成了中医养生宣传团队，成员包括教授中医、武术、语言和才艺的教师和志愿者。这支宣传团队为英国民众提供中医按摩服务，宣传了中华文化和中华养生，得到了英国民众的广泛好评。

二、以商务为主题的孔子学院：伦敦商务孔子学院

以商务为特色的英国孔子学院共有三所，伦敦商务孔子学院、利兹大学商务孔子学院、赫瑞瓦特大学苏格兰商务与交流孔子学院，其中伦敦商务孔子学院成立时间最早，其办学具有广泛的代表性。

伦敦商务孔子学院（以下简称“伦敦商务孔院”）是全球首家商务孔子学院。该孔子学院成立于2006年，由汇丰银行、渣打银行、德勤会计师事务所、太古集团、英国石油公司发起，由伦敦政治经济学院和清华大学合作承办。[②]伦敦商务孔院的语言教学、文化活动呈现出明显的商务服务特色，为中英两国的商务交流与合作搭建了重要桥梁，促进了中英两国在经济文化等领域的合作和共同发展。2014年，被孔子学院总部评为“全球先进孔子学院”；2015年，被评为“全球示范孔子学院”。

该院以英国工商界高层管理人员及对与中国进行商务往来感兴趣的人士为主要的教学对象。内容以讲授汉语、当代中国文化、经济、法律为主，具体包括基础汉语和商务汉语、中国商务文化的教学与研究、当代中国问题研究；此外，还根据需要举办商务问题公共讲座及研讨会、汉语师资和商务汉语师资培训等。[③]

在研究领域，该院曾举办“中国模式”学术报告会，英国著名经济学家

① 健康月送健康——记伦敦中医孔子学院开展系列健康讲座［EB/OL］. http://www.hanban.edu.cn/article/2011-05/06/content_256965.htm.

② 焦新. 全球首家商务孔子学院落户伦敦［N］. 中国教育报，2006-04-08（001）.

③ 刘佳平，叶蓉. 商务孔子学院初探［J］. 国际汉语教育，2012（02）：55-61+204.

S. Athar Hussain 教授等三位发言人就中国经济的迅速崛起以及“中国模式”做了精彩报告，还曾邀请英国法律界精英共同研讨了“中国对未来全球法律和商业的影响”等。①

伦敦商务孔院曾联合伦敦政治经济学院中国发展协会、全球事务研究所等机构联合举办欧洲地区最大的以中国发展为主题的大型论坛活动——LSE 中国发展论坛。自 2009 年首届论坛开展以来，已连续举办十届，每一届论坛都有着鲜明的时代主题，围绕中国经济发展的关键点、中国在国际舞台上角色的变化、中国国内发展机遇与国际接轨的前景、中国新时期改革的理念、转型中的中国、寻求中国发展的新平衡、中国现代化的进程、中国在复杂的国际局势中如何前行、十字路口的中国、重塑中国视界等主题展开讨论，体现了中英两国学者对中国和世界经济发展的关切。十年间，世界各国高校的著名学者、跨国企业的商业精英以及各国相关领导人等都曾出席论坛，对中国发展及其在世界经济中的定位进行热烈探讨，为世界经济发展和人类命运共同体共谋福祉，受到 BBC 中国、凤凰卫视、金融时报，新华社等中外著名媒体的关注，产生了广泛影响。

在教学方面，伦敦商务孔院主要开设商务汉语课程，曾经邀请来自全球五大洲 20 多个国家和地区的 60 余名从事商务汉语教学的专家学者，就“国际语境下的商务汉语教学”展开研讨，为商务汉语教学的发展建言献策。②

此外，伦敦商务孔院还经常举办各类招待会，为中英两国的商务人士等创造交流合作平台。2010 年，该院联合 BBC 英伦网举办“中秋月圆　中英联欢”中秋晚会，集结了伦敦国王学院英国男生合唱团、在伦敦的中国文化爱好者、广大留英学子等中外人士。③2011 年，孔子学院举办春节招待会，LSE 著名经

① 伦敦商务孔子学院成功举办了“中国模式”学术报告会［EB/OL］. http://www.hanban.edu.cn/article/2010-11/05/content_188317.htm；伦敦商务孔子学院专题研讨中国对未来全球法律和商业的影响［EB/OL］. http://www.hanban.edu.cn/article/2012-07/03/content_445692.htm.

② 全球首届“国际语境下的商务汉语教学”研讨会在伦敦商务孔子学院召开［EB/OL］. http://www.hanban.edu.cn/article/2010-03/29/content_143315.htm.

③ 海上生明月，天涯共此时——英国伦敦商务孔子学院举办“中秋月圆中英联欢”活动［EB/OL］. http://www.hanban.edu.cn/article/2010-10/25/content_187487.htm.

济学家、全球管理中心主任 Danny Quah 教授和会计学教授 Richard Macve，以及中国发展学会（CDS）主席 Lao Wensi，《金融时报》的 Jie Zhang 等中外学者出席，探讨中国经济发展的重要问题。[①]2012 年，学院为英国上议院举办新年招待酒会，英国上议院终身议员同时也是商务孔子学院学员的韦鸣恩男爵（Lord Wei）、中国驻英使馆教育处公参田小刚、英中贸易协会 CEO Stephen Philips 等国会议员、政治金融法律界人士共 200 余人参加了本次活动。[②]

伦敦商务孔院之所以特色鲜明、成绩斐然，原因在于其发展过程中有着强大的智囊团为其提供智力支撑。该孔子学院拥有一支由高水平的商务、教育精英组成的顾问委员会，为孔子学院的建立和发展做出了重要贡献。[③]

顾问委员会成立于 2010 年，主要服务于孔子学院的发展和建设。委员会成员包括 CIBL 顾问委员会主席、清华大学前副校长谢维和教授、伦敦政治经济学院副校长 Janet Hartley 教授、英国石油集团政治顾问 John Baldwin、德勤会计师事务所中国服务部主席 Collin Hudson、汇丰集团监管政策及发展全球总监 Charles Haswell，以及渣打银行资本市场部副主席 Thomas Harris 爵士。委员会主席是谢维和，副主席为 Charles Haswell，增设清华大学曹莉教授为秘书长、伦敦商务孔院英方总协调人卢红博士为顾委会副秘书长。

顾问委员会成员拥有优秀的专业素养、丰富的实践经验以及良好的个人声誉和影响力，他们会通过讲座来传播思想，如顾问委员会成员渣打银行副理事长汤姆斯·哈瑞斯（Tomas Harris）爵士就外资银行在中国的重要地位进行了讲演。[④] 顾问委员会还会定期举办会议，围绕自身建设问题，总结办学成果和经验，规划未来，促进孔子学院的发展。

---

① 伦敦商务孔院春节招待会成了“中国研究超市”［EB/OL］. http://www.hanban.edu.cn/article/ 2011-02/14/content_225611.htm.

② 伦敦商务孔院成功举办英国上议院春节招待会［EB/OL］. http://www.hanban.edu.cn/article/ 2012-02/20/content_406468.htm.

③ LSE 伦敦商务孔子学院卢红教师荣获“大英帝国卓越勋章”［EB/OL］. http://www.hanban.edu.cn/article/2015-07/09/content_608791.htm.

④ 伦敦商务孔子学院邀请渣打银行副理事长开设专题讲座［EB/OL］. http://www.hanban.edu.cn/article/2011-11/02/content_366088.htm.

三、以出版为主题的孔子学院：牛津布鲁克斯大学孔子学院

牛津布鲁克斯大学孔子学院（以下简称“牛津孔院”）是全球第一家校企合建的孔子学院，也是首家以出版为特色的孔子学院。该孔子学院成立于2015年，由外语教学与研究出版社（以下简称“外研社”）和英国牛津布鲁克斯大学合作设立。牛津孔院致力于整合中英出版界的优势资源，打造国家汉语教材出版平台，为英国本土教材编写者提供专业、持续的服务，树立出版特色孔子学院的品牌。

牛津孔院成立之初就定位鲜明——以出版为特色。该孔子学院围绕中国主题出版、文创交流、学术交流、在线语言社区等四个方面做出探索。

出版资源开发是牛津孔院的鲜明特色。在中国主题出版方面，依托牛津布鲁克斯大学实力雄厚的出版专业和师资队伍以及中国出版界的标杆企业——外研社，牛津孔院在中文出版资源的开发上做出了重要的实践探索。2015年牛津孔院成立的揭牌仪式上，首部面向全球市场策划、出版并推介中国内容的图书——《中国园林》亮相英伦，这是牛津孔院参与策划的第一本中国主题出版物，作者是中国已故的著名古建筑园林艺术专家陈从周先生。为了让英国读者感知当代中国，体验中华文化，接下来《孔子的智慧——迈向全球化领导之路》《汉字》《中国书法》《中国画》《中国现代美术之路》等中国主题图书也将陆续由牛津孔院与外研社伦敦公司合作推出。

2017年，欧洲汉语教学研讨会在英国牛津大学圣凯瑟琳学院举行，围绕英国麦克米伦教育和外研社国际汉语出版中心联合出版的国际汉语教材《走遍中国》《汉语900句》等进行了讨论，还专门邀请教材编写专家西蒙·格林诺（Simon Greenall）和华东师范大学丁安琪教授分享英语和汉语教材编写的宝贵经验，为汉语教材编写和科研成果转化为出版物提供了全新的视角。①

在文化交流方面，牛津孔院围绕出版资源特色，开展了与主题相通的文化活动。它的首场文化活动就是牛津孔院成立后举办的“中华思想文化术语书

① 融合国际汉语教研成果，打造出版特色新型孔院——记2017年欧洲汉语教学研讨会［EB/OL］. http://www.hanban.edu.cn/article/2017-08/03/content_695327.htm.

法作品展”。全部作品由北京师范大学书法系的青年师生完成，其创作内容都来源于由外研社主持、国内外30多所大学及研究机构参与、近百名学者参与的“中国思想文化术语传播工程”的研究结果。本次展览将“中华思想文化术语”这一“中国内容”与书法艺术这种“中国形式”相结合。牛津孔院计划陆续策划一系列包括展览在内的特色文化创意活动，以英国观众更能理解和接受的方式去讲述“中国故事”。

牛津孔院2016年还举办了首场大型文化活动“孔子学院总部文艺演出”，上演了《化蝶》《欢沁》等中国传统的文化作品。① 该孔子学院举办的“潘公凯建筑设计展”，吸引了近200名来自中英高校、艺术界人员到场观展，受到了牛津市市长穆罕默德·阿尔塔夫·汗（Mohammed Altaf-Khan）、中国驻英使馆教育公参王永利、牛津布鲁克斯大学副校长保罗·因曼（Paul Inman）的高度关注。

此外，牛津孔院也为学生和当地社区提供有关中华文化的夜校课程，以满足更多对中华文化感兴趣的当地人的需求，服务当地中文学习者。

在学术交流方面，牛津孔院充分利用两家合作创办方的学术研究及出版优势，通过创建国际化的学术刊物、举办高质量的学术研讨会，使中英两国学者在中国主题的学术研究领域拥有更好的倾听与对话的平台。外研社计划借助《国际汉语教育》期刊，为汉语国际教育与传播打造一个高起点、高标准的国际化学术平台。

在语言服务方面，牛津孔院利用外研社已经建设五年的“国际多语言公共服务平台”（Chineseplus.com），并与中国最为领先的语言社区网站——Wordoor合作，尝试建立一个特色在线语言社区，通过提供母语教学者与学习者之间一对多、一对一等多种形式的教学服务，让语言不再成为中英青年之间沟通交流的障碍，而牛津孔院将成为这个在线语言社区的线下学习与活动中心，最终实现线上与线下的互动与结合。②

---

① “文明之光”点亮英国牛津之夜［EB/OL］. http://www.hanban.edu.cn/article/2016-06/06/content_645951.htm.

② 全球首家出版特色孔子学院正式揭牌成立［EB/OL］. http://edu.qq.com/a/20151027/041849.htm#p=1.

作为最年轻的英国孔子学院之一，牛津孔院创新了一种社会参与的孔子学院建设模式，为孔子学院的发展融入了更多社会力量，为英国汉语教育、教研、科研成果转化和出版流通提供了有效途径，也为国际汉语教材和相关著作的出版发行创造了有效平台。

四、以舞蹈为主题的孔子学院：伦敦大学金史密斯舞蹈与表演孔子学院

英国伦敦大学金史密斯舞蹈与表演孔子学院（以下简称“金史密斯孔院”）是全球第一家以舞蹈和艺术为主题的孔子学院。该孔子学院成立于 2012 年，由北京舞蹈学院与伦敦大学金史密斯学院联合申办。舞蹈与表演孔子学院将汉语学习与舞蹈和艺术结合起来，让更多人有机会接触并了解丰富多彩的中国传统文化和艺术，为英国艺术界了解中华文化、拓宽艺术视野、拓展中国市场开辟了新的道路，也推动了中英两国间的文化与艺术交流。该孔子学院在 2017 年第十二届全球孔子学院大会上被评为“2017 年全球先进孔子学院”，同时入选 2018 年首批 12 家试点文化孔子学院之一。

该孔子学院将中国艺术元素融入汉语与文化教学，并在师资培训、教学活动、教材设计上进行推广。2014 年学院针对孔子学院艺术师资力量进行了专门的师资培训，旨在培养教师将艺术与对外汉语教学相结合的能力，培训中，来自多所海内外高校的专家和一线资深教师围绕中国传统艺术教学，如音乐、舞蹈等进行了热烈讨论。[①]2015 年，孔子学院迎来了中国著名表演艺术家，《西游记》孙悟空扮演者六小龄童——章金莱。章金莱访问期间在孔子学院做了一场“我的艺术之路”的主题演讲，受到孔子学院师生和当地华人华侨的欢迎。[②]作为中国内地第一位走进孔子学院的艺术家，六小龄童在国际舞台上传播了中国的优秀猴戏文化以及中国艺术精神。2016 年，该孔子学院举办艺术公开课、

---

① 金史密斯舞蹈与表演孔子学院举办汉语教师培训［EB/OL］. http://www.hanban.edu.cn/article/2014-06/23/content_542121.htm.

② 六小龄童做客伦敦大学金史密斯舞蹈与表演孔子学院［EB/OL］. http://uk.hanban.org/article/2015-03/09/content_577782.htm.

文化体验活动和文化艺术表演为主体的猴年新春活动，吸引了大批学生前来听课、观看和体验，教学表演团队凭借精湛的表演艺术水准来展现中华艺术文化，赢得了师生的赞赏。[①]

该孔子学院已经形成了春节活动巡演的主要文化品牌活动。不同于其他孔子学院的春节庆祝活动，金史密斯孔院呈现出其独有的艺术特色。首先，孔子学院作为春节晚会的协办方和编导方，组织和排练了很多经典节目。2015 年，举办的迎新春系列文化活动包含书法、中国民乐、武术等 20 余场文化活动，为伦敦及周边多个学校和社区送上了精彩纷呈的中国节目，增进了英国民众对中国文化的了解。[②] 其次，它展示了中国文化的独特魅力，并成功地将中英两国艺术融合在一起，如把西方大提琴、小提琴、钢琴与中方的二胡、中阮和谐交融在一起演奏作品《梁祝》和《夏》。[③] 再次，它以受众为区分，对外采用巡演的方式，对内采用体验方式，赢得英国社会认可的同时，也培养了许多精通中华文化艺术的英国学生。

【小结与思考】

英国特色孔子学院占比很高，种类丰富，以中医、商务、舞蹈表演、出版等为主题的 6 所特色孔子学院接近英国孔子学院总量的 1/5。这些特色孔子学院实现了办学功能的拓展。孔子学院的一般功能是通过普通汉语教学及中华文化活动实现的，而特色孔子学院则定位为围绕特色主题进行专业领域的汉语和中华文化传播。这不仅能够有效地帮助英国学生学习汉语、从不同角度理解中华文化，其运营实践对特定主题文化的海外传播和传承也能够发挥积极作用。

---

① 金史密斯舞蹈与表演孔子学院举办 2016 猴年贺新春活动［EB/OL］. http://www.hanban.edu.cn/article/2016-03/15/content_634034.htm.

② 英国金史密斯学院孔子学院举办迎新春系列文化活动［EB/OL］. http://www.hanban.edu.cn/article/2015-02/20/content_576214.htm.

③ 金史密斯舞蹈与表演孔子学院开展 2018 年迎新春特色系列活动［EB/OL］. http://www.hanban.edu.cn/article/2018-03/09/content_722398.htm.

英国之所以存在高比例的特色孔子学院，有两个方面的原因：一是，随着国际交流与合作的不断深入，世界各地对中国语言文化的学习与了解需求逐步分化，趋向多元。中外交流与合作呈现出全方位、多层次的发展态势。特色孔子学院便是对这一趋势的积极回应。二是，孔子学院在全球的分布存在一定的不均衡现象，某些“热点”地区较为密集。为保持可持续发展，这些“热点”地区的孔子学院在建设的目标与方向上必然有所区别，否则会陷入重复建设、资源浪费乃至恶性竞争。伦敦的孔子学院便各具特色，构成一种优势互补的良好态势。

特色孔子学院已经逐渐得到英国当地接受和认可。为了确保特色孔子学院运行更加平稳，优势更加突出，有些方面还值得深入探讨：

一是办学定位。特色孔子学院全方位蕴含中华文化的内容，如何更全面、更准确地传播中华文化，如何平衡汉语和专业主题的关系，是确保其良性发展的重要前提。应明确汉语教学为基础、主题文化传播为特色的办学定位，即立足语言教学的同时，以主题文化传播和交流项目为先导，开展多角度、多层面的汉语和主题文化普及、宣传与推广活动，以特色孔子学院为教学和传播的中心，将服务范围从院校逐步覆盖到周边地区，切实发挥桥梁和纽带的作用，推动中国与世界各国在教育、医疗和文化等领域的沟通了解、交流合作。

二是办学质量。首先，特色孔子学院不仅要求承办机构具有较高的专业水平和优势，还要保证汉语言文化教学水平和学校的整体国际化水平。有些承办机构虽然有主题文化领域的优势和特色，但在汉语文化教学方面的水平相对滞后。如何将承办机构的优势和特色与汉语教学有机结合起来，全面提升办学水平，是承办院校创建特色孔子学院面临的问题之一。其次，如何将主题文化从单纯的讲座培训、继续教育发展为学历教育，也是特色孔子学院建设和发展需要思考的问题。再次，专业主题和汉语文化国际传播结合，对特色孔子学院师资能力的要求更加全面，合格的师资相对不足。此外，适合海外教育的相关专业领域的配套教材也比较缺乏。

随着孔子学院规模不断扩大，建设多元化和专业化特色孔子学院成为发展趋势。[①]特色孔子学院在未来发展规划中，应因地因校制宜，突出特色发展，广泛对接当地实际需求，发挥当地资源优势，并利用中方院校自身优势，开展丰富多彩而又独具特色的教学和文化活动，形成具有自身优势的办学模式。[②]

① 马丽杰．非洲地区孔子学院与职业教育结合的探索与实践［J］．职业技术教育，2016，37（35）：78-80.

② 谈谈孔子学院新院长的工作［EB/OL］. http://www.sohu.com/a/155078694_826665.

后 记

学术发展大体上有三种基本路径：一是对现实的观察、把握和研究，二是对理论的批判和发展，三是对知识的验证和积累。[①]孔子学院研究也在学术探究的道路上前行成长着，无论是年度文献的数量还是研究的广度和深度，都在不同程度上有所体现。经过三年的探索，《孔子学院研究年度报告》的框架体例得以确立，文献来源趋于固化，编撰团队基本稳定，工作流程也在调整优化的基础上不断科学高效，第一章编撰说明中的图示即是对报告形成过程的梳理和总结。

《孔子学院研究发展报告（2016）》和《孔子学院研究年度报告（2017）》面世以来，得到社会各界的关注，感谢专家学者的意见和建议，感谢孔子学院总部/国家汉办对拙作的肯定和鼓励，感谢海外孔子学院提出的宝贵意见和信息。特别感谢商务印书馆的大力支持，周洪波总编辑一以贯之的关心和指导令人肃然起敬，责任编辑袁舫编审专程来山东大学指导交流，与编撰团队座谈共商，其敬业精神和敬事风范令人感动和难忘。与此同时，笔者也和业内很多专家就报告的思路和发展进行了面对面的交流，美国堪萨斯大学赵勇教授、美国德克萨斯大学圣安东尼奥分校连大祥教授、华南理工大学的安然教授、英国理启蒙大学张新生教授、美国巴克内尔大学朱志群教授、北京语言大学卢德平教授等先后做客山东大学，开展专题研讨，相谈甚欢，获益良多！

① 孔繁斌．公共性的再生产［M］．南京：江苏人民出版社，2008：11.

在做《孔子学院研究年度报告（2018）》的过程中，大家也不断研讨，各抒己见，有一些新的思路和共识。比如曾讨论到底要做“记事本”还是“夹心饼干”？年度报告的基本功能就是呈现事物或学术成果年度进展的情况，尊重事实，记述事实、分析事实，在事实中洞察规律、洞悉发展，就像“记事本”一般。但是，不可回避的是学术研究通常是有情感选择和价值导向的，带有笔者一定的烙印，这也是古往今来学术百花齐放的魅力之所在。年度报告的编撰团队作为孔子学院的一线建设者和研究者，一方面对孔子学院事业有挥之而不去的深厚感情和执着追求，另一方面对这些研究成果也有自身的思考与反馈。所摘录文献的选择本身是一种折射，而更多预期和读者分享的思索和希望研讨的命题，则呈现在“小结与思考”中，也就是“夹心饼干”的“心”之所在。小结与思考既是体例上的延续，也是综合集成、交代和陈述未尽的重点内容，其次就是笔者在分析摘录文献过程中的所思所想，有些是评述，有些是诘问，有些则是研究拓展。文稿杀青之时，大家还是认同并实践了“夹心饼干”的模式，“饼干”呈现事实，“夹心”突出标志，也希望读者能对此提出意见建议。

报告中，教学研究、发展研究和影响研究所使用的文献资料主要来源于期刊、专著等较为传统的学术载体，而案例研究和舆情研究的资料来源则更加丰富，也具有自身的特点。对这些素材的处理加工和分析，笔者自身的态度、导向则可能更加明显，有些时候为了更好揭示内容还需要相应的分析工具，比如“舆情研究和话语分析”章节，就使用了“话语分析”理论、新闻分析等方法，这些理论和方法的使用是对素材的一种加工提升和价值揭示的方式，导向性可能更加突出，但是也更符合案例和舆情的文本特质和章节特点。

因为年度报告，感觉到岁月的“匆匆太匆匆”，也增加了更多和专家学者的交流机会，多了和学生们促膝论道的时光，蓦然觉得报告就像咖啡，研磨出味道也研磨了时光，又像香茗，沉淀了岁月，也沉淀了学术探究的收获。无论是咖啡的浓郁还是茶的清香，都希望她能发酵发散，释放自身的味道！

博士团队中不断有新的年轻人加入，大家也获得了不同层面的成长，这是一位教师最为欣慰之处。《孔子学院研究年度报告（2018）》的编撰团队共8人，其中，文献数据库检索统计及第一章的主笔人是王琦，教学研究的主笔人是矫雅楠、发展研究的主笔人是王彦伟、影响研究的主笔人是马晓乐、舆情研究的主笔人是刘洪东和孟昀、案例研究的主笔人是孔梓。所有文献的汇总筛选甄别工作，在主编的带领下大家共同参与意见。

宁继鸣

2018年初秋于山东大学